사
이
보
그
가
되
다

사이보그가
되
다

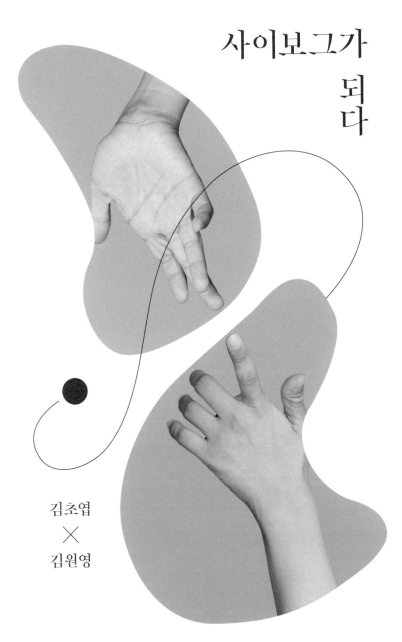

김초엽
×
김원영

사ᄆ계절

일러두기

이 책에 수록된 사진은 별도로 저작권 표기가 되어 있는 경우를 제외하고는 모두 사진작가 이지양의 작품이다. 이지양은 최근 몇 년간 장애인들이 저마다 다른 신체와 감각을 가지고 경험하는 고유한 세계를 사진에 담는 작업을 해왔다. 이 책의 두 저자인 김초엽, 김원영과는 2019년 '정상 궤도' 전시를 함께 준비했으며, 김원영과는 2018년 '당신의 각도' 전시에서도 협업한 바 있다. 이 책에는 2020년 김원영과 김초엽이 함께 글을 쓰고 대담을 하는 과정에서 촬영한 사진들 이외에, 앞의 두 전시와 2020년 '잘 못 보이고 잘 못 말해진' 전시에 출품된 사진들도 함께 쓰였다.

"우리는 모두 사이보그다." 한때 도발적인 선언이었던 이 말은 이제 좀 낡게 들린다. 원한다고 다 사이보그가 되는 것도 아니며, 기계와 매끄럽게 결합할 수 있다는 약속은 잘 지켜지지 않는다. 대중의 환호를 받는 사이보그가 있는가 하면, 자신의 손상된 몸이 기계와 결합해 있다는 사실을 감추어야 하는 사람도 있다. 김초엽과 김원영은 각자의 몸을 둘러싼 테크놀로지와 세계를 관찰하면서 과연 누가, 어떤 방식으로 사이보그가 되는지 묻는다. 이들은 '장애인을 위한 따뜻한 테크놀로지'를 요구하는 것이 아니라 몸과 테크놀로지와 사회가 어떻게 재설계되어야 하는지 상상하고 제안한다. 그 재설계는 깜짝 놀랄 만한 테크놀로지가 나올 50년 후가 아니라, 바로 지금 장애인의 삶을 중심에 두고 시작되어야 한다는 이들의 주장에 동의하지 않을 수 없다.

— 전치형(카이스트 과학기술정책대학원 교수)

프랑켄슈타인 박사가 만든 괴물이 한겨울 누군가의 집 창문 밖에 서 있다. 그는 따뜻한 온기로 가득 찬 저녁 식사 광경을 바라본다. 그 응시는 쓰라리고 원통한 어딘가를 늘 건드린다. 내가 저 '정상성'의 세계에 속할 수 있을까. 소수자들은 끊임없이 자신의 존재와 그를 둘러싼 환경에 대해 질문한다. 자신 안에서 자신을 바라보고, 사회가 보는 시선으로 자기 밖에서 자기를 바라본다. 이 이중 삼중의 시선 속에서 우리는 '괴물' 그리고 '사이보그'이다. 그러나 '괴물들'은 또한 안다. '괴물'이 되는 일은 종종 불편하고 화나지만, 그 '괴물 됨'의 경험이 우리를 가장 인간답게 사유하고 질문하게 함을. 『사이보그가 되다』를 읽으며 상상한다. 모두가 각자의 방식으로 일어나고, 걷고, 듣고, 보고, 말하고 춤추는 장관을. 각자의 방식으로 자신의 상태에 따라 도움을 주고받으며 서로가 서로에게 속해 있는 영토를. '결여'가 아닌 '압도적인 고유성'을 가진 이 아름다운 '괴물들'의 시끌벅적한 축제를!

— 김보라(영화감독)

김원영

1.

웹툰 〈나는 귀머거리다〉의 한 에피소드에서 컴퓨터 게임에 빠져 있는 라일라의 방으로 고구마가 날아든다. 평소와 달리 열쇠를 챙기지 못한 라일라의 엄마가 청각장애가 있는 라일라를 부르기 위해 초인종을 누르는 대신 고구마를 창문 사이로 집어 던진 것이다. 일상에서 종종 겪는 곤란한 상황을 작가는 자신을 투영한 캐릭터로 코믹하고 발랄하게 재현한다. 이제는 애플의 iOS14를 장착한 디지털 기기가 고구마를 대신할 듯하다. 이 새로운 운영 체제에는 벨소리를 지각해 시각 정보로 알려주는 기능이 추가되었다. 초인종 소리나 화재 시의 비상 벨소리, 고양이나 아이의 울음소리를 감지해서 사용자에게 지금 무슨 소리가 나는지 알려준다. 물론 이는 단순한 예일 뿐이다. 이제 장애나 질병으로 인한 곤경은 특출 난 의지나 정치적 실천, 재기 발랄한 기지에 의존하지 않아도 시가 총액 2000조 원의 테크 기업이 개발하는 제품들이 모두 해결해줄지도 모른다.

나는 골격계 관련 질병을 가졌는데, 이런 질환을 가진 아이들은 어린 시절 골절이 많이 일어나고 뼈가 제멋대로 자란다. 안정적으로 생활하기 위해서는 외과 수술을 수없이 시행해야 한다. 최근에는 골다공증 치료제로 개발된 파노린 등의 약제를 성장기 연 3, 4회 주사하는 시술이 외과 수술을 대신하고 있다. 내 지인의 아이는 나와 같은 질환을 가졌지만 4세가 된 지금까지 심한 골절을 경험하지 않았다(나는 4세까지 적어도 10회 이상 뼈가 부러졌다). 과학 지식과 기술의 발전은 모든 사람의 삶의 질을 높이는 듯 보이며, 그 가운데 장애인들의 삶이 개선되는 모습은 과학기술이 펼칠 미래의 청사진을 그릴 때 가장 선명한 곳에 배치하고 싶은 감동적인 사례다.

2006년이 시작되던 겨울 서울대학교 정문 근처에서 매일같이 집회가 열렸다. 황우석 전 서울대 교수의 인간 배아 줄기세포 연구가 허위라는 사실이 학계와 언론에서 폭로되고, 서울대 조사위원회 역시 황 교수 연구팀의 논문이 진실이 아니며 연구 윤리를 위반했다는 결론을 내리던 때였다. 일부 사람들은 황우석 교수의 연구 성과를 가로채려는 세력이 황 교수 연구팀을 모함한다고 생각했다. 그의 지지자들 가운데는 장애인과 그 가족들이 있었고, 시위 현장에도 휠체어를 탄 사람들의 모습이 보였다. 당시 대학생이던 나는 이 사건의 전후 상황과 학교 정문에서 펼

처지는 시위를 보며 마음이 복잡했다. 사람들은 성경의 한 구절에서 예수가 '앉은뱅이'에게 "일어나 걸어라"라고 말하는 순간을 기대하듯 황우석 교수와 그의 연구 성과에 희망을 걸었다. 어린 시절 여름성경학교에서 저 구절을 배울 때 나는 '앉은뱅이'라는 말이 마음에 걸렸다. 그런 예수님이 정말로 있다면 얼마나 좋을까. 하지만 성인이 된 2006년의 내 생각은 조금 달랐다. 예수님이 "일어나 걸어라"라고 말하지 않고, "걷지 않아도 좋으니 (네 방식대로) 당당히 일어나라"라고 말했다면 더 좋지 않았을까?

2.

이 책은 2018년 겨울 김원영이 김초엽에게 이메일을 보내며 시작되었다. 나는 김초엽이 2017년 SF 소설가로 본격 데뷔하기 전부터 SNS를 통해 그를 알고 있었다. 대학원에서 연구자로서 김초엽이 어떤 공적인 자리에 참석했을 때, 주최 측은 "청각장애를 극복하고" 그런 자리에 섰다는 식의 소개 멘트를 했고 김초엽은 이를 비판적으로 다룬 글을 썼다. 소설가이기 이전에 김초엽은 자연과학 연구자, 여성, 청각장애를 가진 사람이면서 자신의 '소수성'이 지닌 사회적 의미에 대해 성찰하는 사람이었다. 이후 그가 SF 소설가가 되어 발표한 글을 읽으며, 내가 만약 장애와 과학기술에 관한 담론에 당사자로서 목소리를 낸다면 김초엽 작가가 가장 훌륭한 파트너일 것이라는 믿음을 굳혔다. 우리는 각기 다른 성별 정체성, 지적인 배경(과학과 법학), 장애 유형을 가지고 있고 약 10년의 시간 차를 두고 한국 사회에서 성장했다. 이것이 과학기술을 바라보는 입장에 어떤 차이를 만들어 낼지 궁금했다. 김초엽 작가가 이 작업을 함께하겠다는 회신을 주었을 때 기쁘고 반가웠다.

우리는 분명 달랐지만, 작업을 진행하면서 우리가 장애인이라고 분류되는 특정한 정체성 집단에 속해 있고, 사회에서 '비정상'이나 어딘가가 '결여된' 존재라고 규정되는 일상에 맞서왔다는 공통점이 훨씬 크다는 것을 발견했다. 우리 두 사람은 모두 열다섯 살 전후에 처음 장애를 보완하는 보조기기(휠체어와 보청기)를 만나 그것과 어떤 식으로든 관계를 맺으며 살아왔다. 그때부터 우리는 스스로를 뭐라고 규정해야 할지 불분명한 가운데서 고민의 시간을 보냈다.

20세기 후반 장애권리운동이 세계적으로 전개되었고, 한국 사회에서는 2000년대 초중반에 이르러 폭발적으로 대중화되었다. 나와 김초엽은 모두 장애권리운동과 장애학의 자장 안에서 성장했다. 이 말은 우리가 장애로 인해 일상에 불편함을 겪더라도 "일어나 걸어라"보다는 "(걷지 않아도 좋으니) 네 방식대로 일어나라"는 주장이 합당한 경우가 더 많다고 생각한다는 뜻이다. 장애가 있다고 규정된 우리의 몸을 쉽게 부정하고 치료하고 구원하겠다는 주장을, 그것이 설사 과학적 의견에 토대를 두고 있더라도, 우리는 신중하고 비판적으로 바라본다. 과학 지식을 신뢰하고 기술의 효용에 기대를 걸지만, 첨단 지식과 기술의 발전이 언제나 인간의 문제를 매끄럽게 해결하지는 않는다는 점에도 주목한다. 지금 이곳의 삶을 소외시키거나 나 자신을 온전하지 못한 존재로 규정할 가능성이 있는 이야기를 우리는 우려한다.

3.

사이보그cyborg는 기계와 결합한 유기체를 일컫는 용어이지만 현대의 첨단 기술문명이 낳은 새로운 존재의 상징처럼 쓰인다. 김초엽은 보청기를 착용하고 김원영은 휠체어를 타며 생활하듯, 우리는 기계와 결합한 유기체라는 점에서만 보아도 '사이보그적인' 존재일 것이다. 그렇지만 보청기와 휠체어가 우리의 전부를 설명할 수 없으며, 마치 아이언 맨의 슈트처럼 우리를 멋진 미래의 존재자로 만드는 것도 아니다. 다른 한편 우리가 사이보그적인 존재라고 스스로를 이해한다고 해서 SF 영화 속 캐릭터들처럼 내가 인간인지 아닌지를 매일 아침 궁금해하는 것도 아니다.

다만 우리는 과학기술과 밀접하게 연관되어 살아가고, 장애인을 치료하고 구원한다는 일부 기술 엘리트들의 유토피아적 언설 속에 등장하며, 인간인지 아닌지를 매일 아침 고민하지는 않지만 '온전한 인간'인지 아닌지, '동등한 인간'인지 아닌지를 고민한 시간은 제법 길었다. 그렇기에 이 책에서 우리는 사이보그라는 상징을 통해 우리의 경험과 자기 정체성을 반추해보면서,

장애에 관한 주된 과학기술 담론이 얼마간 어떤 존재들을 더 소외시키거나 그저 소비한다는 점을 비판적으로 검토하고자 했다. 그리고 장애를 가진 사람들을 포함해 불완전하고 취약하다고 여겨지는 존재들의 연대와 의존을 모색하는 미래의 과학기술은 무엇일지, 그 기술은 누구의 주도로, 누구를 위해서 개발되고 보급되어야 하는지를 함께 고민해보았다.

우리는 과학기술학 분야의 전문 연구자는 아니지만 국내외 연구자들의 문헌을 참조하고, 서로 의견을 나누고, 각자의 경험과 배경에 기대어 과학기술 영역에 장애와 질병, 취약한 몸을 가진 사람들의 경험과 의견이 더 많이 반영되기를 바라는 마음으로 이 책을 썼다. 그럼에도 현대 과학기술 관련 최신 논의들을 제대로 참조하지 못했거나 이해하지 못한 부분이 적지 않을 것이다. 이는 분명 우리의 한계이다. 하지만 김초엽 작가와 나는 이 책을 쓰면서 더 큰 한계를 우려했다. 그것은 우리가 충분히 전문적이지 않다는 사실이 아니라, 장애나 질병이 있는 사람들의 경험을 말하기에 우리의 경험이 충분히 보편적이지 못하다는 점이었다. 제도권 교육을 거치고, 필요한 정보를 모으고, 관련 분야 연구자나 활동가들과 대화할 수 있는 것은 한국 사회를 살아가는 장애인으로서는 얼마간 우리가 지닌 특권이다. 이 책을 가능하게 했던 우리의 경험과 자원은, 다른 한편으로 각자의 환경과 조건에서 기술과 관계 맺으며 살아가는 많은 장애인들의 삶을 주의 깊게 고려하는 데는 방해가 될지도 모른다. 그럼에도 독자 여러분이 이 책을 읽으며 저자들이 스스로 걱정했던 한계에 조금이라도 덜 갇혔다고 느낀다면, 이는 장애를 가진 동료 시민들의 경험과 이야기, 정치적 투쟁에 빚진 덕분임을 분명히 하고 싶다.

차례

1부   우리는   사이보그인가

1부 　　　 우리는 　　　 사이보그인가

1장   사이보그가 되다   김초엽

다이아몬드 행성의 사이보그 남자

처음으로 내가 쓴 소설이 공식 지면에 실렸던 날을 기억한다. 한 과학 웹진에 SF 중편을 투고했는데, 몇 달 뒤에 회신이 왔다. 소설을 게재하겠다는 내용이었다. 소설이 실린 날은 나의 스물세 번째 생일이었다. 중편 분량치고는 상당히 많은 원고료도 받았다. 내 소설이 가치를 인정받았다는 생각에 무척 뿌듯했다. 그전에 신문이나 잡지에 칼럼을 실은 적은 있지만, 소설은 이제 막 습작을 시작했을 뿐이라 내가 아주 대단한 일을 해낸 것처럼 느껴졌다. 친구들에게 온종일 자랑을 했던 기억이 난다. 그렇지만 소설을 공개한 이후 별다른 반응은 없었다. 그다음 번 기회를 얻기까지도 오랜 시간이 걸렸다. 여전히 나는 이것을 계기로 데뷔했다거나 작품 활동을 시작했다고 말하기에는 민망한 습작생이었다.

소설은 한 사이보그 남자가 나오는 이야기였다. 과거에 사고를 당해 신체 절반을 기계로 대체한 주인공은 산성비가 내리는 위험한 외계 행성으로 파견된다. 이야기를 나눌 수 있는 대상은 관리 로봇 하나뿐인 행성에서, 남자는 그곳의 특산품인 다이아몬드를 얻어 지구로 가는 수송선에 싣는 반복적인 일상을 보낸다. 이야기가 진행되면서 그가 인간을 마주칠 일 없는 고독한 공간으로 스스로를 격리했다는 사실이 서서히 드러난다. 그는 자신이 기계 신체에서 깨어나 표정과 감각을 잃어가던 순간의 악

몽을 꾸고, 거울에 비친 자신이 아직도 인간이라고 할 수 있는지 물으며 괴로워한다. 절망 속에서 파트너와의 관계까지 엉망이 되어 결국 인간이라고는 아무도 없는 행성의 파견 엔지니어로 자원하여 지구를 떠난다. 사실 그는 죽음을 생각하고 일종의 자살 행위로 행성에 갔지만, 그곳에서 감정을 가진 로봇과 교류를 시작하며 어떤 존재가 영혼을 갖는다는 것의 의미는 무엇인지 고민한다.

지금 생각해보면 내가 쓴 이 소설에는 상당히 많은 문제가 있다. 일단 자신의 인간성에 대해 고민하는 사이보그는 수십 년쯤 된 낡은 이야기다. 로봇과 인간의 우정, 로봇의 영혼이라는 소재도 이미 너무 많이 쓰였다. 게다가 소설의 중심 소재와 이야기가 잘 어우러지지 않는다. 이 소설을 쓰기 전에 다른 SF 작품을 좀더 많이 읽어봤더라면 첫 페이지를 다 써내려가기도 전에 이 내용이 너무 진부하다는 것을 알아차렸을 것이다. 그래서 나는 이 원고를 잊고 싶은 '흑역사'의 일종으로, 정식 발표한 소설이 아닌 습작으로 취급해왔다. 소설가들은 대부분 처음으로 완성한 소설에 대한 질문을 받기 마련이라 예전에 그런 소설을 쓴 경험이 있다는 이야기는 종종 했지만, 마지막에는 늘 한마디를 덧붙였다. "그래도 그건…… 읽지 마세요."

그런데 최근에는 이 글에 대해서 조금 다른 생각을 하기 시작했다. 이런 의문이 생긴 것이다. 왜 나의 첫 소설은 하필 사이보그에 관한 이야기였을까? 소설의 주인공은 전형적인 SF의 주인공이라 할 만한 영미권 계열의 이름을 가진 중년 기혼 남성으로, 내가 이입할 여지라고는 전혀 없다시피 한 인물이었다. 하지만 그런 인물이 사고를 당하여 표준 인간 바깥으로 밀려난 이야기를 꽤 긴 분량으로 써내려갔던 것을 돌이켜 생각해보니, 그가 결함을 가진 사이보그가 되었다는 설정이 나의 이입을 약간이나마 이끌어내는 지점이었던 것 같다.

SF는 태생부터 인간 바깥으로 밀려난 존재들에 관한 이야기를 해왔다. SF의 시초로 여겨지는 메리 셸리Mary Shelley의 『프랑켄슈타인』은 인간이 만들어낸 괴물의 이야기다. 흉측한 외모를 가진 이 괴물은 인간의 언어와 지성을 습득하지만 인간으로 받아들여지지 못한다. 괴물은 복수를 꿈꾸고 이야기는 파국으로 치닫는다. SF의 괴물 이야기들은 『프랑켄슈타인』의 계보를 잇는다. 유전적 키메라, 안드로이드, 사이보그, 복제인간, 좀비, 외계인. 과학의 산물이기도 하고 갑작스레 맞닥뜨린 재난이기도 한 그들에게는 인간과 다른 어떤 으스스함이 깃들어 있다. 이 괴물들은 때로 인간을 위협하는 존재로, 때로는 연민을 자아내는 존재로 등장한다. 그런데 이 괴물들에게 자신의 모습을 잠깐 투영해보는 독자는 있을지 몰라도, 그들이 정말로 자신과 같은 존재라고 생각하는 독자는 많지 않을 것이다. 자신이 프랑켄슈타인 박사보다는 괴물에 가까운 존재라고 확신하는 사람이 몇이나 될까. 인간이 되기를 갈망하는 로봇 이야기를 읽으며 눈물을 흘리더라도 어쨌든 나는 로봇을 안타까워할 수 있는 인간이지 않은

가. 복제인간의 폐기당할 운명은 가슴이 아프지만, 어쨌든 나는 복제인간이 아닌 원본이다. 그러니까 그 공감은 단지 픽션에 대한 공감에 그친다. 현실로 돌아오면 내가 인간이라는 사실은 여전히 굳건하다.

하지만 나는 아주 당연한 것으로 생각해왔던 나의 인간 됨에 대해서 적어도 한 번은 어떤 균열을 느낀 적이 있다. 대학생 때 '포스트휴머니즘posthumanism' 수업을 듣던 어느 날이었다. 그날 교수님은 기술에 의해 탄생할 새로운 인간인 '포스트휴먼'의 예시들을 보여주셨다. 인공 귀와 제3의 팔을 단 행위예술가, 절단된 다리에 인공 보철물을 장착하고 트랙을 달리는 장애인들이 화면에 차례로 떴다. 그들은 낯설고 멀게 느껴졌다. 교수님은 기술 문명과 인간이 밀접하게 결합한 이 시대에 인간은 앞으로 어떻게 변해갈 것인지를 함께 생각해보자고 하셨고, 이미 우리 모두가 일종의 포스트휴먼이라는 이야기로 수업을 마무리하셨다. 하지만 그 수업을 듣던 학생 중에서 정말로 자신이 포스트휴먼이라고 생각한 사람이 있었을까? 기계 다리를 달고 뛰어다니는 사이보그들에 비하면 강의실에 앉은 학생들은 하나같이 평범했다. 나도 마찬가지였다. 하루 종일 스마트폰을 쓰고 아이패드로 수업 내용을 필기하지만, 그렇다고 나를 포스트휴먼이라고 자칭하는 건 너무 과장되어 보였다. 그러니까 사이보그는 아직 멀리 있는, 추상적인 존재가 아닐까. 그런 생각을 하다가 문득 이상한 기분을 느꼈다.

그때 내가 양 귀에 착용하고 있던 보청기의 존재감이 느껴졌다. 나에게서 쉽게 떨어져나가고, 신체 어디와도 완전히 이어져 있지는 않지만, 하루 종일 나에게 입력되는 소리 감각을 제어하는 최첨단의 기계. 언제나 외이도를 막고 있어 이물감을 느끼게 하는 두 개의 보청기. 그것은 교수님이 보여준 사이보그들의 보철과 얼마나 다른가?

그 순간 나는 또 다른 '사이보그적'인 사람들을 떠올렸다. 이를테면 인공 와우를 한 사람들. 인공 와우의 내부 임플란트는 두개골에 이식되어 청신경과 이어진다. 인공 와우를 쓰는 지인과 이야기를 나누다가 기계의 배터리가 떨어져 교체하는 동안 대화를 멈추고 기다렸던 일을 생각했다. 그 강의실에 있던 나도 외출할 때마다 보청기 배터리를 챙겼고, 필통에도 늘 따로 한 팩을 가지고 다녔다. 나와 그 지인의 감각은 기계와 전원에 의존하고 있으니 우리에게는 기계와 신체가 완전히 분리된 개념이 아니었다.

이어지는 학생들의 토의를 들으며 자꾸만 마음속에 당혹스러운 감정이 싹텄다. "기계와 인간이 결합한다면 어디까지를 인간으로 보아야 할까요?" "사이보그는 여전히 인간일까요?" 평소와 같이 서로 자유롭게 의견을 교환하는 시간이었고, 오간 질문들도 그런 수업에서 흔히 나올 법한 이야기였다. 그런데 나는 그 이야기들을 들으면서 다른 생각에 빠져 있었다. 평소 토의 수업에 열심히 참여하는 편이었기 때문에 그날도 손을 들고 "혹시,

어쩌면…… 저를 사이보그로 볼 수도 있지 않을까요?" 같은 말을 할 수도 있었지만, 아무 말도 하지 않았다. 어떤 고립감을 느꼈지만, 그 이질적인 감정의 정체를 무어라고 말해야 할지 설명하기 어려웠다. 지금 강의실에 이런 기분을 느낄 사람은 나밖에 없다는 생각이 들었다.

돌이켜 보면, 그건 아마도 내가 그 장소에 존재할 리 없는 대상으로 여겨진다는 의미에서의 이질감이었던 것 같다. 나를 제외한 모두가 화면 너머, 저 먼 곳 어딘가, 이 공간 바깥의 사이보그를 말하고 있을 때, 어쩌면 지금 이곳에 있는 내가 사이보그일 수도 있다는 어색한 깨달음. 어떤 질문 앞에서도 무결하고 굳건한 '인간'이 아니라, 인간성의 시험대에 올라 "너는 인간이니?"라는 질문을 받는 존재들과 내가 이어져 있을지도 모른다는 사실이 주는 당혹스러움. 하지만 내가 정말로 사이보그에 가까운 존재일 수도 있다는 생각을 하기까지는 그 이후로도 오랜 시간이 걸렸다.

낯설고도 익숙한 장애인 사이보그

최초의 사이보그는 인간을 우주에 보내기 위해 고안되었다. 미국의 맨프레드 클라인스Manfred Clynes와 네이선 클라인Nathan Kline이 1960년에 미국항공우주국NASA 학술회의에 제출할 논문을 준비하면서 '사이버네틱스cybernetics'와 '유기체organism'의 합성어로 '사이보그cyborg'라는 단어를 만들었다. 사이보그는 기술에 의해 개조된 새로운 형태의 인간으로 장기 이식과 약물 주입, 기계와의 결합 등을 통해 극한의 우주 환경에서도 생존할 수 있는 증강된 인간을 의미한다. 이처럼 사이보그라는 개념은 당장 실현 가능한 기술이라기보다는 먼 미래의, 언젠가 개발되어야 할 기술에 대한 추상적인 아이디어에서 출발했다. 그러나 점차 여러 문화와 예술, 학문 영역으로 퍼져나가 구체적인 형상을 갖기 시작했다.

현대 대중문화에서 사이보그는 첨단 기술의 최전선으로 여겨진다. 형사 로보캅이나 윈터 솔저와 같은 캐릭터들이 대표적인 사이보그다. 그들은 기계로 몸을 대체하고 초인간적인 존재로 거듭난다. 기계 몸은 대부분 원래의 신체보다 강력하고 기능이 뛰어나다. 사고로 다친 신체를 대체하는 경우도 있는데, 그 경우에도 새롭게 얻은 사이보그 신체는 보통의 신체보다 탁월한 기능을 가진다.

한편 그렇게 화려하지는 않지만 이미 현실화된 사이보그 기술들도 있다. 주로 손상을 보완할 목적으로 쓰이는 기술이다. 영국의 아티스트 닐 하비슨Neil Harbisson은 처음으로 사이보그로서 '시민권'을 인정받은 사례라고 할 수 있는데, 선천적 색맹인 그는 색깔을 소리로 바꾸어 감지하는 특수한 센서를 머리에 부착한 채로 여권 사진을 촬영해 정부의 승인을 받았다. 닐 하비슨의 기계처럼 눈에 띄지는 않지만 신체의 손상을 보조하기 위해 인공 심장이나 제세동기, 인공 고관절, 인공 와우를 이식한 사람들도 기계와 신체의 결합을 경험한다. 그 밖에 보청기를 쓰거나 휠체어를 타고 다니는 장애인들도 기계와 신체가 밀접하게 연결되어 있는 사례다. 현실의 보조공학이 발전할수록 장애인과 사이보그의 연관성은 뚜렷해진다. 장애인 보조공학 경기인 '사이배슬론cybathlon'의 이름은 '사이보그'와 경기를 뜻하는 '애슬론athlon'의 합성어이고, 첨단 보조기기를 착용한 장애인들을 '사이보그'로 지칭하는 뉴스 기사들도 흔히 눈에 띈다.

하지만 장애인 당사자들이 스스로를 사이보그로 여기거나 그에 비유하는 일은 드문 것 같다. 많은 장애인들이 삶 속에서 기계와의 밀접한 연결을 경험하지만, 사이보그의 대중적인 이미지는 장애인의 삶을 설명할 수 없다. 실제 삶에서 기계와 연결되는 건 매끄러운 경험이 아니기 때문이다. 현실의 기계는 피부를 짓무르게 하고, 온갖 염증을 일으키고, 끊임없이 잔고장이 나며, 지속적인 관리와 전문가의 점검을 필요로 한다. 기계는 값이 비싸고, 기술은 불완전하며, 보조기기는 때로 과대광고 되기도 하는 일종의 상품이다.

아빠는 내가 처음으로 보청기를 하던 날 "우리 딸이 육백만 불의 사나이가 되었네"라고 말했다. 나는 그날 이후로 첨단의 기계를 귀에 장착하고 살아왔다. 그러나 시간이 흘러 다시 보청기의 의미를 생각해보기 전까지 나는 나 자신이 사이보그라고 생각해본 적이 한 번도 없었다. 보청기는 영화 속의 세련된 최첨단 기계가 아니라 단지 감추고 싶은 기계였다. 내가 다른 사람들과 다르다는 값비싼 낙인이었다. 보청기 가게에서 기종을 고르고 피팅fitting을 하던 날, 청능사聽能士는 귓속으로 완전히 들어가 보이지 않는 기종을 선택할 것을 권유했다. 보청기의 셸shell(외형)이 제작된 날 나는 거울을 보며 기계가 정면이나 측면에서 잘 보이지 않는 것을 확인했다. 그것은 원래부터 감추도록 의도된 기계였다.

보청기는 기계의 방식으로 내 삶을 조금씩 제약했다. 어디에 가든 배터리를 챙겨야 했고, 배터리가 다 되었다는 경고음이 울리면 불안감을 느꼈다. 학교를 마치고 집에 가다가 갑작스레 비가 쏟아지면, 나는 좀 젖더라도 비싼 보청기부터 모셔야 했다. 사람들에게 보청기를 감추는 일도 쉽지 않았다. 친구들은 내 옆에 붙어 수다를 떨다가 귀에 있는 '이상한 것'을 쉽게 알아차렸고, 때로는 음악을 같이 듣자며 이어폰을 내미는 호의를 둘러 거절해야 했다. 뒤에서 부르는 소리를 내가 잘 못 들을 때 친구들은 "야, 너 보청기 해야겠다"라며 웃었지만, 그 악의 없는 말 앞에서 "나 정말 보청기 하고 있어"라고 말하기는 쉽지 않았다.

한편 보청기가 가져온 것이 모두 다 혼란만은 아니었다. 처음 보청기를 쓰기 시작했을 때, 나는 보청기의 기술적인 세부 사항을 찾아보느라 인터넷 검색을 하며 많은 시간을 보냈다. 내 삶에 개입하는 이 기계에 호기심이 생긴 것이다. 온라인에 올라와 있

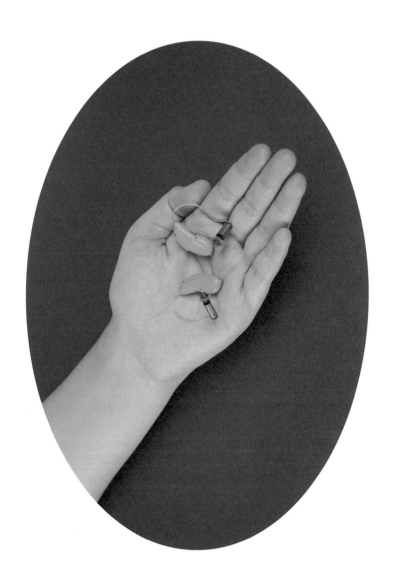

"실제 삶에서 기계와 연결되는 건 매끄러운 경험이 아니다."

는 보청기에 대한 설명과 피팅 방법을 전부 읽고, 보청기를 사용하는 사람들의 카페에 가입해서 더 자세한 정보를 찾아보곤 했다. 때로는 부족한 영어 실력을 동원해 해외 웹사이트에 올라온 자료들을 찾아 읽었다.

보청기가 단순히 외부 소리를 증폭하기만 하는 장치가 아니라는 것은 쉽게 알 수 있었다. 가장 단순한 형태의 보청기는 실제로 소리를 증폭하기만 하지만, '멀티 채널'을 가진 보청기는 여러 음역대를 구분해서 청력을 보완한다. 나와 같이 고주파수에서 청력이 급감하는 그래프를 가진 사람들은 저주파수 대역은 증폭하지 않고, 고주파수 대역에서 증폭하는 피팅 그래프를 갖게 된다. 또한 고주파수의 음역대를 저주파수의 음역대로 이동하는 음향학적 기술을 적용하기도 한다. 스마트폰이 없었던 2000년대 중반에도 지금으로 치면 블루투스와 비슷한 중계 기능을 가진 보청기들이 있었다. 강연과 같은 행사에서 마이크에서 나오는 소리를 중계 장치를 통해 보청기로 바로 입력해주는 기능이었다. 외국에서는 보청기와 연계된 '히어링 루프hearing loop'라는 시스템이 공공장소나 호텔 등에 도입되어 있었다. 일종의 공공 무선신호 시스템으로 보청기 사용자가 매번 중계 장치를 준비하지 않아도 설치된 루프를 통해 말하는 사람의 목소리를 보청기의 텔레코일telecoil로 바로 전달받을 수 있게 하는 것이었다.

그런 고급 기능들은 보급형 모델인 내 보청기에는 없었지만,

나는 이 손톱만 한 기계에 적용된 여러 가지 기술들이 궁금했다. 단지 흥미롭기 때문만은 아니었다. 나는 보청기라는 기계를 어떻게 내 삶의 일부로 받아들여야 할지, 그것이 정말로 효과가 있긴 한지, 앞으로 더 발전할 가능성은 있는지, 그래서 내가 미래에 '정상적인' 삶을 살아갈 수 있을지 알고 싶었다.

보청기의 원리를 알아가는 과정은 나의 감각을 이해하는 과정과도 맞닿아 있었다. 왜 내가 어떤 말은 쉽게 놓치고 어떤 말은 잘 알아듣는지, 사람은 어떻게 소리 신호를 말소리로 해석하는지, '어음 분별력'이 나쁘다는 것의 신경 수준의 원인은 무엇인지, 보청기에 적용된 기술들은 그것을 어떻게 보완하는지를 나는 열심히 찾아보았다. 그리고 언어별로 음역대가 다르다는 것, 말소리는 여러 음역대로 구분되기 때문에 자음 자체가 본래 고음역대에 있거나 모음의 영향으로 고음역에 분포하는 경우 등이 생긴다는 것, 난청인의 말소리 구분 능력이 과학적으로 완전히 해명된 것은 아니며, 보청기는 나의 감각을 약간 보완해줄 뿐 나를 다른 사람들과 '똑같이' 듣게 하는 것은 아님을 알게 되었다.

나는 예전보다 나의 감각에 대해, 보청기에 대해 더 잘 알게 되었지만, 내 일상의 문제들은 여전히 해결되지 않은 채 남아 있었다. 내가 회복될 수 없다는 것을 받아들이고, 장애인 등록을 해야겠다고 생각했다. '공식적으로' 장애인이 된 건 스물세 살 때였다. 청각장애 진단까지는 6개월 정도가 걸렸다. 첫 번째 청력 검사를 했을 때 의사는 이 정도면 장애 등급이 나올 것이라고 했다. 한 달마다 병원에 가서 청력 검사를 받았고, 마지막에는 뇌파 검사를 했다. 의사가 나에게 건네준 진단서는 국민연금공단의 심사기관에 제출하기 전까지는 절대 열어볼 수 없도록 밀봉된 상태였다. 필요한 서류를 공단에 내고, 몇 주가 흐른 뒤에 나는 장애 진단 결과를 통보받았다. 청각장애 3급이었다.

장애인 등록을 한 후에 우연히 보조공학 기기 박람회를 구경한 적이 있다. 다른 행사에 참석하려다가 같은 건물에서 전시회를 하고 있다고 해서 들렀는데, 부스마다 다양한 최신 보조기기를 전시하고 있었다. 보통의 전자제품 매장에서는 볼 수 없는 것들이었다. 그중에는 신기하게 생긴 도구들, 유용한 기능을 가진 듯 보이는 기계들도 많았다. 그런데 나는 파란색 파티션 사이를 돌아다니는 동안 점차 시큰둥해졌다. 제품 카탈로그에서 내 보청기에 대해 설명하는 내용이 현실과 크게 다르다는 것이 생각났기 때문이다. 보청기는 내가 좀 더 잘 듣게 해주었지만, 사회에 적응해서 살아가기에 충분할 만큼 잘 듣게 해주는 것은 아니었다. 보청기 회사가 홍보하는 것과 내가 경험하는 것은 달랐다. 어쩌면 이곳의 보조기기들도 그런 것일 수 있었다. 이 기계들을 꼭 필요로 하는 사람도 있겠지만, 이런 부스에 전시될 정도의 최신 기기라면 장애인들이 직접 구입하기에는 비싼 가격일 거라는 생각도 들었다.

그다음 해에 나는 장애 학생들을 위한 해외 연수 프로그램으로 런던에 갔다. 거기서 무척 인상적인 경험을 했다. 왕립시각장애인협회의 건물 한 층이 시각장애인을 위한 도구로 꾸며진 주방과 글자 인식 기계들을 전시하는 공간으로 쓰이고 있었다. 시각장애인 직원이 우리에게 그 공간의 기계들을 소개했다. 일부는 첨단 기술이 적용된 고가의 기계였지만, 어떤 것들은 단순한 아이디어의 전환으로 일상에 도움을 주는 도구였다. 직원은 시각장애인을 위한 도구의 기본 원칙은 정보를 소리나 촉각으로 전환하는 것이라고 말했다. 그곳의 주방 도구들은 손이 닿는 곳에 간단한 안전장치를 더하거나 소리를 내도록 설계하는 것으로 그 원칙에 충실하게 작동했다.

주방을 구경하며 막연한 생각에 사로잡혔다. 나에게도 '전환하는 도구'들이 있다면 어떨까. 그때 내가 한 생각은 분명 소리를 듣고 싶다는 것은 아니었다. 소리를 들으려면 어느 날 갑자기 놀라운 신약이나 치료법이 개발되고, 부작용도 없어야 할 텐데 그런 걸 기대하지는 않았다. 나는 저 멀리 있는 최첨단의 기술, 의학의 획기적인 발전이 아니라 좀 더 현실적인 아이디어들이 내 삶을 바꿀 수도 있다는 사실을 깨달았다. 정확히 그게 무엇인지는 분명하지 않았지만 말이다.

향상하는 대신 전환하는 기술

대학원을 졸업할 무렵 친구가 카카오톡으로 사진을 한 장 보내주었다. 강의 계획서 일부를 캡처한 것으로 내용을 살펴보니 장애 학생에게 편의를 제공한다는 안내문이었다. 학교에서는 그간 장애 학생을 위한 편의가 공식적으로 안내되지 않았는데, 내가 졸업할 때가 되어서야 비로소 안내문이 추가된 것이다. 제공되는 지원 목록 가운데 속기 문자통역이 눈길을 끌었다. 나는 오랫동안 문자통역의 존재 자체를 몰랐다. 신입생 때부터 나에게 '도움이 필요하면 언제든지 말하라'고 해주신 친절한 교직원 분들이 계셨지만, 어떤 도움이 필요한지 몰라 요청도 하지 못했다. 강의를 절반도 알아듣지 못하고, 강의 자료와 텍스트북에만 의존해서 공부하던 날들이 떠올랐다. 처음부터 문자통역이라는 옵션을 알고 있었더라면 좋았겠다는 생각이 들었다. 더 잘 듣는 방법을 찾아다니며 매번 좌절하는 대신 다른 방식으로 정보를 받아들일 수도 있다는 생각의 전환이 조금 늦게, 천천히 찾아왔다.

처음으로 문자통역을 경험한 것은 대학생 때 장애 학생 연수 프로그램에 참석하면서였다. 워크숍 자료를 띄운 프레젠테이션 화면 옆에서 실시간으로 발표자의 음성이 자막으로 흘러나왔다. 현장에서 속기사가 말소리를 기록하고, 그것을 곧바로 화면에 보여주는 방식이었다. 그날 나는 발표자의 말을 전혀 놓치지 않았다. 그런 일은 처음이었다. 하지만 평소에도 속기 지원을 받을 수 있으리라고는 기대할 수 없었다. 비용도 많이 들고 우리 학교에는 장애 학생이 거의 없으니 개인을 위해 속기를 지원해줄 거라고는 생각도 해보지 않았다. 그 무렵 청각장애인 개인을 위한 문자통역 서비스가 '에이유디AUD 사회적협동조합'을 통해 제공되기 시작했다. 에이유디는 속기사를 배정해주고, 속기사의 기록을 인터넷 서버로 중계하는 프로그램을 운영하는 기업이었다.

대학원을 졸업하고, 정부 소속 위원회의 민간위원으로 참여하면서 나 개인을 위한 문자통역을 처음으로 경험했다. 지식재산권과 관련된 정책을 검토하는 자리였는데, 청년이자 여성이고 특허권과 저작권 양쪽 모두에 약간의 경험이 있어 후보로 추천된 듯했다. 담당자 분이 의사소통을 위해 필요한 것이 있느냐고 연락하셨을 때, 나는 회의에 속기사를 배정해달라고 요청했다. 정말로 해줄까 하는 생각도 들었지만, 이후 열린 모든 회의에 속기사가 동석했고, 나는 회의에서 오가는 말들을 모두 볼 수 있었다. 대학생 때 학생 활동을 하느라 수많은 회의에 참석하면서도 적당히 눈치로 알아들어야 했던 것과는 완전히 다른 경험이었다.

작가 활동을 시작하면서 문자통역을 더 적극적으로 이용했다. 북토크나 대담 행사, 여러 패널이 함께 대화를 나누는 자리에 초청받으면 질의응답이나 대담 전체를 속기로 문자통역해달라고 부탁했다. 여의치 않을 때는 포스트잇을 이용해 질문을 받거나, 스태프 혹은 진행자가 내용을 요약해서 속기해주는 방식으로 진행했다. 대본이 마련된 자리에서는 구글의 '음성 자막 변환' 앱을 사용하기도 했다. 이는 음성을 문자로 변환하는 모바일 안드로이드 앱으로, 구글이 미국의 농인 대학과 협업하여 만든 프로그램이다. 아직까지 한국어 성능은 그리 뛰어나지 않지만, 정해진 대본이 있는 상태에서 말을 놓치지 않으려는 용도로는 유용하다. 문자통역을 제공받기 어려운 지방 행사에서는 '소보로(소리를 보는 통로)'를 사용해본 적도 있다. 소보로 역시 AI 기반의 문자통역 프로그램인데, 핀 마이크를 연결하자 행사 내용을 충분히 따라갈 수 있을 정도로 기록이 되었다. 담당자들에게 문자통역이 필요하다는 낯선 상황을 매번 설명하는 과정이 처음에는 어색하고 번거로웠지만, '질문을 잘못 알아들어서 행사를 망치면 어떡하지' 하는 불안감이 사라지자 한층 편안한 마음으로 무대에 설 수 있었다.

　그런 경험들을 통해 분명히 알게 된 것이 있다. 나에게 지금 당장 필요한 것은 더 잘 듣는 일이 아니라는 것이다. 언젠가 미래에는 그것이 가능할지 몰라도 현재의 시점에서 보청기나 의료 기술을 이용해 내가 필요한 만큼 잘 듣는 일은 불가능하다. 집중해서 듣더라도 잘 듣지 못하는 상황이 생길 수밖에 없다. 시험 성적을 올리는 것처럼 노력한다고 해서 그만큼의 결과가 나오는 일이 아닌 것이다. 나에게는 말소리를 내가 이해할 수 있는 정보로 전환해주는 과정이 필요했다. 다시 말해서 먼 미래에 도래할 완벽한 보청기나 청력 치료제에 대한 약속이 아니라, 새로운 방식의 의사소통과 그런 소통 환경을 가능하게 하는 기술이 내 삶

김초엽　　　　　　　　　　　　　　　　　　　　　*35*

을 실제로 개선했다. 그 기술은 먼 미래가 아니라 현실과 가까운 곳에 줄곧 있었는데, 오랫동안 나에게 선택지로서 주어지지 않았을 뿐이다.

나는 점차 이것이 청각장애에만 해당되는 일이 아니라는 생각을 했다. 지하철역에 엘리베이터를 설치하기 어려운 상황은 엘리베이터 설치에 엄청난 기술이 필요해서가 아니라, 처음부터 그곳이 장애인의 출입을 고려하지 않고 설계되었기 때문에 발생한다. 비장애인 중심으로 설계된 건물의 문제를 뒤늦게 알아차리고 고치려다 보니 추가적인 비용과 시간이 드는 것이다. 시각장애인을 위한 점자 보도블록을 제대로 정비하고, 키오스크에 음성 안내를 포함하는 것은 미래적인 기술이 필요한 일이 아니다. 주의를 기울이느냐 아니냐의 문제이고, 우선순위의 문제이다. 흔히 사람들은 장애를 치료할 과학기술과 의학의 '위대한' 발전에 기대를 걸지만, 그렇게 멀리 가지 않더라도 장애인들의 삶을 실질적으로 개선할 수 있는 선택지들이 있다. 그러나 그 대부분은 여전히 접근이 불가능한 상태다.

얼마 전에 나는 청각장애인을 위한 진동시계를 샀다. 잠들기 전까지 액정화면을 보는 습관을 고치고 싶어서 스마트폰을 가급적 멀리 두려다 보니 아침에 일어나지 못하는 일이 생겼다. 알람 소리는 너무 고음역대라 들을 수 없고, 진동은 멀리 놓아두면 느껴지지 않았기 때문이다. 그래서 구입한 진동시계는 알람시계치고는 꽤 비싼 가격이었지만 효과가 좋았다. 어쩌나 효과가 좋은

지 아침에 거의 까무러칠 뻔한 적도 있다. 그 이후로는 사용 빈도가 줄어들긴 했지만, 나는 여전히 그 시계가 만족스럽다. 그 시계는 나와 같은 사람들을 위해 디자인된 것이고, 원한다면 언제든 스마트폰 대신 머리맡에 둔 채 잠들 수 있다. 진동시계를 사고 보니 영국에서 시각장애인용 주방 도구들을 보았던 그날이 생각났다. 청각장애인이 무사히 잠에서 깨어나는 사소한 일상에서부터 사회적 상호 작용에 참여할 가능성까지, 이 모든 것이 오직 미래에 도달할 치료 기술에만 의존해야 할까? 고주파수의 알람 소리를 들을 수 있도록 나의 청각신경을 치료하고 교정하는 것과, 내가 잠에서 깨어날 수 있도록 진동 기능이 있는 시계를 만드는 것 중에서 어느 쪽이 더 가까운 길일까?

나는 진동시계에도 작은 만족감을 느끼지만, 사람들이 미래의 과학기술을 통해 보고자 하는 것은 그보다 더 대단하고 탁월한 장면이다. 듣지 못하는 사람이 소리를 듣고, 하반신이 마비된 사람이 자리에서 일어나 걷기 시작하는 기술이 더 많은 사람들의 찬사를 이끌어낸다. 더 나은 보청기, 더 나은 인공 와우가 새로운 모델명으로 옷을 갈아입고 시장에 쏟아져 나온다. 하지만 나는 그것들이 완벽할 수 없다는 걸 이미 안다. 몇 달 전 난청·이명 카페에 접속했다가 난청 치료제가 임상 시험 단계에 들어섰다는 소식을 보았다. 청력 회복을 위해 재활 훈련에서 대안 의학에 이르기까지 모든 방법을 시도해보다 좌절한 사람들, 신약 개발 소식만을 기다리는 사람들이 있다. 그들이 남긴 이런 댓글을 본다. "절망적이고 좌절하게 하는 현실이지만, 미래에 기술이 더 발전하면 해결될 거라는 희망을 가지고 살아갑시다." 희망 없는 현실에서 희망을 찾고자 하는 그 마음을 이해한다. 하지만 미래가 아닌 지금 이곳에서 조금 더 잘 살아갈 가능성은 없는 걸까? 치료와 회복만이 유일한 길처럼 제시될 때 장애인들의 더 나은 삶은 끝없이 미래로 유예된다.

어쩌면 현실의 장애인들은 비장애인들에 비해 더 극적으로 기술과 관계를 맺고 살아가는지도 모른다. 보청기, 휠체어, 의족, 문자통역, 엘리베이터, 스크린 리더는 우리의 삶을 개선하고 유지하기 위해 꼭 필요한 역할을 한다. 그런데 장애와 기술의 이러한 현실적인 관계는 구체적으로 포착되거나 설명되지 않는다. 사람들이 과학기술과 의학에 기대하는 것은 언제나 장애인을 치료하고 교정하는, 누운 자리에서 일으켜 세우는 극적인 효과다. 고가의 보청기를 구매했을 때 내가 주위 사람들에게 가장 많이 들었던 말은 이런 것이다. "그럼 이제 내 말도 다 들리는 거야?" 보청기를 쓰는 것이 그렇게 큰 도움을 주지는 않는다고, 없는 것보다 나은 정도라고 하면 사람들은 의아한 표정을 지었다.

나는 청력 손상을 보조하기 위해 보청기를 사용하지만, 그것은 극적인 회복과는 거리가 멀다. 나는 보청기를 착용하고도 강연과 대담에 참석할 때면 문자통역을 이용하고, 음성-문자 변환 프로그램을 통해 오디오 콘텐츠의 내용을 유추한다. 현실에서 충분히 이해하지 못한 대화를 이메일과 카카오톡으로 이어간다. 나의 사회적 상호 작용은 IT 기술이 제공하는 문자적 소통에 크게 기댄다. 모든 온라인 텍스트를 내 삶에서 제거한다면 나는 사회와 단절될 것이다. 나와 기술의 관계는 매우 긴밀하고, 그 상호 작용은 계속해서 변화하며 확장한다. 그러나 그것은 사람들이 장애인과 기술의 관계를 떠올리는 방식과는 상당히 다르다.

사이보그의 매력적인 이미지는 활발하게 소비되지만 실제로 기술과 결합하여 살아가는 장애인 사이보그의 삶은 미래 담론의 중심에 놓이지 못한다. 휠체어를 탄 사람이 어떤 방식으로 움직이는지, 어디로는 갈 수 있고 어디로는 갈 수 없는지, 시각장애인이 편하게 읽을 수 있는 전자 매체는 어떤 형식인지, 이런 것들은 미래를 논의하는 자리에서는 배제되는 주제들이다. 현실의 장애인 사이보그들은 미래의 이미지도 아니고 정치적 상징도 아니다. 우리는 몸에 밀접하게 개입하는 기술을 이용하고, 그 기술과 관계를 맺는다. 때로 그 관계는 매우 불안정해서 기계는 기능과 함께 고통을 가져온다. 기계와의 결합은 삐거덕거리고 지저분하며 낡고 불편하다.

기술은 해방일까, 혹은 억압일까. 사이보그는 현실일까, 아니면 비유일까. 장애인을 위한 '따뜻한 기술'은 정말로 장애인의 삶을 더 나아지게 할까. 기술의 발전 속에서 장애는 언젠가 사라지고 말 제거의 대상일까. 최후의 미래에도 여전히 누군가는 장애인으로 살아갈까. 장애인 사이보그의 삶은 현재에 관한 이야기이자 미래에 관한 이야기이다. 거의 모든 사람이 예전보다 더 기술과 밀접한 관계를 맺고 살아가는 시대에, 어느 누구도 기술의 영향력으로부터 자유롭지 않은 '포스트휴먼'의 세계에서, 말하자면 장애인 사이보그는 포스트휴먼의 최전선에 서 있다. 그렇지만 현실의 진짜 사이보그들에 대해 말하지 않는다면, 포스트휴먼도 사이보그도 공허한 상징으로만 남고 말 것이다.

이 책에서 나는 장애인 사이보그를 바라보는 여러 관점들을 분석하고, 그것이 어떻게 현실의 장애인들의 삶과 어긋나는지를 살펴보려고 한다. 장애인들은 기계, 기술, 환경과의 복잡한 상호 작용을 일상에서 경험한다. 어떤 장애인 사이보그들은 기술과 장애의 모순적인 관계를 드러내고, 그 관계에 직접 개입하기를 선언하고 있다. 그 복잡한 과정과 선언을 따라가다 보면, 어쩌면 장애인 사이보그들이 도달할 미래를 상상해볼 수도 있을 것이다.

그 미래는 언젠가 노화하고 취약해지고 병들고 의존하게 될 모든 사람이 마주할 미래이기도 하다. 살아가는 동안 누구나 어떤 시기에는 정상성의 범주에서 밀려난 존재가 된다. 단지 그것을 상상하지 않으려 애쓸 뿐이다. 그래서 나는 장애인 사이보그를 이야기하는 것이나 기술과 취약함, 기술과 의존, 기술과 소외를 살피는 것이 결국 모든 이들의 문제이기도 하다고 말하고 싶다. 독립적이고 유능한 이상적 인간과 달리, 현실의 우리는 누구도 취약함에서 자유롭지 않기 때문이다.

2장   우주에서 휠체어의 지위

김원영

반려종 휠체어

수나우라 테일러Sunaura Taylor의 그림에서는 보송보송 털이 났거나 달 위를 달리는 휠체어를 볼 수 있다. 들판 위에 가느다란 털로 덮인 휠체어가 놓여 있고, 푸른 달 표면 위로 나무 같은 휠체어들이 흩어져 있다. 왜 (심지어 달에서) 누구도 태우지 않은 채 휠체어만 덩그러니 남겨져 있을까 궁금하지만 쓸쓸한 그림은 아니다. 보통 홀로 놓여 있는 휠체어를 보면, 쇠약한 몸으로 그 위에 앉아 있던 누군가가 이제 세상을 떠난 것이 아닐까 하는 생각이 든다. 혹은 얼마 전까지 거기 앉아 있던 사람이 두 다리로 벌떡 일어나서 이제는 모든 어려움이 극복되었다고 말해주는 상징처럼 보일 때도 있다.[1]

테일러의 그림 속 휠체어는 '주인'이 죽었거나 장애로부터 해방되어 쓸모없어진 기계가 아니라, 그 자체로 누군가와 함께하는 반려종伴侶種처럼 느껴진다. 물론 현실에서 휠체어와 그렇게 만나기는 어려울 것이다. 어느 가정이든 휠체어는 없는 편이 낫지 않을까? 당신이 채권회사의 직원이라고 생각해보자. 오랜 빚을 받아내기 위해 채무자의 집을 방문했다. 문을 열자 현관 한쪽

---

1 나는 수나우라 테일러의 그림을 앨리슨 케이퍼Alison Kafer의 논문 "Crip Kin, Manifesting", *Catalyst: Feminism, Theory, Technoscience*, Vol. 5, No 1, 2019, p.9 에서 보았다. 앨리슨 케이퍼 역시 이 휠체어들이 누군가 장애를 극복하고 달려 나간 흔적이 아니라, 그 자체로 현존하는 것 같다고 말한다.

〈북극의 휠체어Arctic Wheelchair〉, 〈털북숭이 휠체어Furry Wheelchair〉,
〈달 위의 휠체어들Wheelchairs on the Moon〉(왼쪽 위부터 시계 방향으로)

"테일러의 그림 속 휠체어는 누군가와 함께하는 반려종처럼 느껴진다."

구석에 반으로 접힌 휠체어가 신발장에 기댄 채 놓여 있다. 악랄한 사채업자가 아닌 이상 빚 독촉이 망설여질 것이다. 휠체어는 여하간 그런 종류의 물건이다. 뽀송뽀송한 털옷을 입고 있어도, 무라카미 하루키 소설의 주인공이 묘사하는 '봄날의 곰'처럼 함께 풀밭을 구르고 싶은 마음은 들지 않는다.

나의 첫 번째 휠체어는 털옷은커녕 차가운 철제 프레임에 낡고 두꺼운 가죽 등받이와 시트로 이뤄진 거대한 모델이었다. 병원 복도 한쪽에 병동 번호를 새긴 채 놓여 있는 범용 모델. 가격은 18만 원. 이 대형 휠체어에 처음 앉은 날 나는 열다섯이었고, 가을이었다. 몸에 비해 휠체어가 지나치게 커서 바닥으로 푹 들어간 몸으로 양팔을 치켜 올려 팔꿈치를 직각으로 만들어야 바퀴에 손끝이 닿았다. 애초부터 직립보행을 하던 사람들이 휠체어에 앉으면, 태어나서 처음으로 누군가의 허리나 가슴에 시선을 두고 공공장소를 오가는 경험을 하게 된다. 나는 잠깐의 기간을 제외하면 대부분 바닥을 기어서 다녔으므로 휠체어에는 '올라' 앉았다.

시점이 그만큼 높아졌다. 손가락과 손목을 이용해 간신히 핸드림(휠체어의 뒷바퀴를 따라 부착되어 있는 손잡이)을 잡고 바퀴를 굴리자 일종의 도약감을 느꼈다. 다만 내가 살던 마을에는 바퀴로 이동이 가능한 곳이 거의 없었다. 집 안에서 몇 번을 타보았고, 마당에 나가 하늘을 보고 강아지를 만졌다. 달 표면은커녕 봄날의 초원에도 가지 못했지만 휠체어를 타기 전보다는 확실히 많이 이동할 수 있게 된 셈이고, 눈높이가 높아져 기뻤다.

몇 개월이 지나 특수학교에 입학하면서 휠체어를 가져갔다. 요령이 생겨 바닥에 두꺼운 책을 깔고, 신발을 느슨하게 신어 덩치 큰 휠체어 위로 몸을 뽑아 올렸다(나는 팔이 길다. 긴팔원숭이와 유사하다). 어깨 높이가 올라가자 비로소 양팔이 핸드림에 적절한 각도로 닿았다. 체중 대비 팔 근력이 좋은 나는 그때부터 바람을 가르듯 계단도 턱도 없는 재활학교 공간을 질주했다. 높아지고 가벼워진 기분이란! 이것이 움직이는 생물(動物)의 경험이라니! 나는 처음으로 자유로웠다.

새로운 배움의 기회와 친구들, 이전보다 훨씬 넓은 공간을 누비는 해방감에 신이 났다. 그렇게 학교에 입학하고 며칠이 지났을 때, 재단 이사장실이 있는 출입구 쪽 전신 거울 앞을 지나다 내 모습을 마주하고 말았다. 큰 철제 휠체어 위에 앉은 작은 신체, 길고 튼튼한 팔, 10대 사춘기 남자애가 거기 있었다.

"너는 도대체 누구니?"

거울 속 존재가 내게 물었다. 나도 그에게 질문했다.

"너는…… 사람이냐?"

거울 앞에 선 장애인 사이보그

우리는 기억도 나지 않는 어린 시절의 어느 때에 거울 앞의 기묘한 존재가 우리 자신임을 배운다. 난생처음 타인의 시선으로 자신의 얼굴을 바라보는 법을 배우면서 우리는 자기의식을 지니게 된다. 어른이 된 뒤에도 종종 거울을 멍하니 들여다보다 뜻밖의 내 얼굴에 놀랄 때가 있다. 너무 못생겨서(혹은 매우 드물지만 잘생겨서), 나이가 지나치게 많아 보여서, 또는 그 얼굴이 놀랄 만큼 객관적인 대상으로만 지각되어서 마치 바깥의 사물을 바라보듯, 타인을 바라보듯 내 얼굴에 아득한 거리감을 느낀다.

나의 몸이 나와 동떨어진 객관적인 사물이나 타자로 보일 때면 나의 존재가 무엇인지 혼란스럽지만, 다른 한편 저 '사물 같은 몸'이 내 의지로 통제된다는 사실 앞에서 새삼스러운 신비로움을 경험하기도 한다. 김보라 감독의 영화 〈벌새〉에서 가정 폭력과 친구의 배신 앞에 분투하다 지친 중학생 은희에게 영지 선생님이 말한다.

"은희야, 힘들고 우울할 땐, 손가락을 봐. 그리고 한 손가락, 한 손가락 움직여……. 그럼, 참 신비롭게 느껴진다? 아무것도 못 할 것 같아도 손가락은 움직일 수 있어……."

손가락을 10초 정도, 그저 바깥의 아무 의미 없는 사물처럼 멍하니 바라보라. 그러면 도대체 나라는 존재가 무엇인지 얼마쯤 혼란스러울 것이다. 이때 그것을 움직여보자. 그 순간 정말로 내가 세상과 연결된, 신비로운 통제력을 가졌음을 조금은 경험할 것이다.

SF 영화에는 인간의 신체와 기계가 결합한 사이보그나 로봇이 자신의 정체성을 질문하는 장면이 자주 등장한다. 그 계기에는 일종의 '거울'이 있다. 미국의 케이블 채널 HBO의 드라마 〈웨스트월드〉 시리즈에서 휴머노이드 로봇 돌로레스는 인간들이 쾌락을 위해 미국의 서부 개척 시대처럼 꾸며놓은 공원 안에서 폭력과 성적 착취를 반복해 겪는다. 그러던 어느 날 자신의 삶에 대해 질문을 던지는 목소리를 듣고는 그 목소리를 찾아 나선다. 첫 번째 시즌 마지막 회에 이르면 돌로레스가 마주한 '질문자'는 바로 자기 자신이었음이 밝혀지는데, 자기 존재에 대한 의문과 정면으로 마주하는 이 장면에서 돌로레스의 맞은편에는 거울처럼 질문하는 자신이, 그러나 지금껏 생각해왔던 자신과는 전혀 다른 표정에 전혀 다른 옷을 입은 채 마주 앉아 있다.

일본 애니메이션 〈공각기동대〉의 주인공 쿠사나기는 뇌의 일부를 제외하고는 모두 기계로 이뤄진 사이보그다. 의식을 관장하는 전자화된 두뇌(電腦)의 일부가 본래 인간의 것이기에 쿠사나기는 인간으로 대우받지만, 자신에게 정말로 인간의 속성이 있는지 의심한다. 지금 경험하는 의식은 진짜 '의식(영혼-Ghost)'인가? 그저 컴퓨터의 정보 패턴에 불과한 것은 아닌가? 뇌가 있다면 의식이 있는 것인가? 쿠사나기는 스스로를 '고스트'라고 부르는 어떤 목소리를 느끼며 일할 때에도 그것에 의존하는데, 어느 날 '고스트'가 쿠사나기에게 말한다.

"지금 우리는 거울을 사이에 두고 보듯 흐릿하게 마주 보고 있지만……."[2]

정체성에 관한 물음은 내 안에 '타자'가 등장해서 그 타자의 눈으로 나를 바라볼 때(거울을 사이에 두고 마주 볼 때) 시작된다. 자신을 낯선 존재로 인식할 기회가 없었던 사람은 자기 존재의 의미와 본질에 의문을 던질 일이 거의 없다. 물론 그런 의문을 지니지 않고도 잘 살아갈 수 있을 것이다. SF 영화의 '휴먼'들은 휴머노이드 로봇이나 사이보그처럼 자기 정체성을 의심할 필요가 훨씬 적고, 자신을 낯설게 볼 계기도 많지 않다. 표준이고 정상에 해당하는 존재, 현존하는 시스템의 안정성 가운데서 충분히 편안한 존재는 자신에게 의문을 품을 이유가 별로 없다.

그렇다면 자기 안의 타자와는 어떻게 만나게 되는 걸까? 나는 어린 시절부터 내가 '장애인'이라는 이름표를 달고 있음을 알았다. 간단한 일이었다. 내 다리가 왜 다른 아이들의 다리와 다른지도 알았다. 동네 친구들과 나는 너무나 달랐다. 아이들은 걷고, 달리고, 키가 크고, 다리가 굵었다. 반면 나는 기어가고, 더빨리 기어가고, 키가 작고, 팔이 굵었다. 당연히 적지 않은 날들을 나의 이런 상황에 화를 내며 보냈다. '왜 하필 나만 이렇게 태어난 거지?' 이것이 정체성에 관한 질문일까? 그렇지는 않은 것 같다. 이것은 내가 왜 이러한 삶의 조건을 타고났는지에 대한 물

2 〈공각기동대Ghost in The Shell〉는 1991년 시로 마사무네士郎正宗가 출간한 원작 만화책부터 2020년 공개된 넷플릭스의 3D 애니메이션 〈공각기동대 SAC 2045〉까지 여러 판본이 존재한다. 여기서는 팬들 사이에서 가장 고전으로 평가받는 오시이 마모루押井守 감독의 1995년 애니메이션 영화판을 인용하였다.

음일 뿐이지 내가 어떤 존재인가에 대한 의문은 아니었다. 친구들은 분명 나와 달랐지만 그들의 존재가 나 자신을 타자의 시각으로 보게 만들지는 않았던 것 같다. 내 머릿속의 나는 언제나 친구들과 같은 인간인데, 단지 어딘가가 '부족한' 인간이었기 때문이다.

결핍, 즉 '부족한 상태'에 대한 인식이 곧 정체성에 대한 질문을 낳는 것은 아니다. 결핍된 A는 '(아직) A가 아닌 상태'일 뿐이지 B나 C가 아니다. 교통사고를 당해 한쪽 다리에 골절을 입고 한 달간 깁스를 한다고 해서 그 상태가 곧 새로운 정체성에 대한 물음을 제기하지는 않는다. 이는 그저 원래의 몸 상태가 '아닌' 상태에 불과하다. 치료가 가능한 질병으로 일시적으로 병원에 입원한 적이 있는 사람은 병동 엘리베이터에 비친 환자복 입은 자신을 바라보며 '내가 뭐 하러 이렇게 아등바등 살았나. 아프면 끝인데'라는 생각을 해보았을 것이다. 이는 내 인생에 대한 성찰이지 새로운 정체성에 대한 물음은 아니다. 학교에 가지 못하고 혼자 집에서 많은 시간을 보낼 때 나는 당연히 거울을 자주 들여다보았다. 그곳에는 '정상적인 아이의 모습이 아닌' 아이가 있었다. 이 모습은 왜 하필이면 나만 '비정상'인지에 대한 의문을 자주 불러일으켰다. 그렇지만 단지 원망의 감정만 있었던 것은 아닐 테다. 분명히 나라는 인간에 대한 어떤 새로운 설명을 나는 원했을 것이다. 하지만 당시에는 '정상이 아닌'이라는 말 이외에 나를 설명할 언어가 존재한다고는 상상조차 하지 못했다.

내가 도대체 어떤 존재인지 스스로 묻기 위해서는 나의 내면에 타자의 시선이 있어야 했지만 나는 그 타자를 상상하기 어려웠다. 어린 시절 거울에 비친 내 모습은 친구들보다 '부족한' 상태였기에 그 '없음'으로부터 어떤 다른 존재가 상상될 여지가 없었다(무엇이 없을 때 원래 있었거나 있어야 할 것을 상상하지 '없음' 자체를 상상할 수는 없다). '없음' 자체를 상상하기 위해서는 나를 지배하는 생각 체계에 오류(타자)가 발생해야 한다. 휠체어를 타고 특수학교에 진학했을 때 내가 거울 앞에서 마주한 존재는, 비록 볼품없고 추해 보였지만 바로 '인간+휠체어'의 결합된 모습으로 거기에 있었다. 그 낯선 존재, 낯선 대상이 나를 바라보며 질문했다.

"너는 도대체 누구냐?"

나는 되물었다.

"그곳에 '있는' 너는 도대체 누구냐?"

혼란스러웠지만 내가 그저 '없음(부족함)'의 존재는 아니라는 사실을 발견하는, 거울 속 나와의 대화가 시작되었다. 오랜 기간 나를 지배하던 생각 회로에 오류(타자)가 등장한 셈이다.

의족과 휠체어는 몸의 일부일까

내 몸에 대한 질문은 휠체어를 어떻게 생각하는가라는 문제와 분리될 수 없었다. 휠체어는 나의 결핍을 보조하는 수단에 불과한가, 새롭게 내 몸을 구성한 나의 일부인가. 1970년 인류학자 그레고리 베이트슨Gregory Bateson은 질문했다. "내가 시각장애인이고, 지팡이를 사용한다고 가정해보자. 나는 땅을 두드리며 간다. '나'는 어디서 시작하는가?"[3] 몸의 경계를 확장하는 문제는 21세기 정체성을 둘러싼 사변에 그치지 않는다. 하나의 사례를 살펴보자.

아파트 경비 노동자 A씨는 1995년 교통사고로 오른쪽 다리를 절단한 이후 줄곧 의족을 착용한 채 일했다. 2010년 12월 28일 A씨는 근무하던 아파트 단지의 눈을 치우다 넘어졌고, 그 일로 의족이 파손되고 말았다. 업무 중 의족이 부서졌기에 A씨는 근로복지공단을 상대로 산업재해보상보험법(산재보험법)에 따른 요양급여를 청구했다. 이에 근로복지공단은 산재보험법에 따른 요양급여를 받으려면 근로자가 업무와 관련하여 부상을 당하거나 질병에 걸린 경우라야 하는데, A씨는 의족이 파손되었을 뿐 부상을 당한 것은 아니라면서 요양급여 지급을 거절했다. A씨는 법원에 소송을 제기했지만 1심과 2심 재판에서 모두 지고 말았다. 법원역시 근로자의 '부상'이란 신체에 상처를 입는 것을 의미하기 때문에 의족이 파손된 것을 이유로 요양급여를 지급할 수는 없다는 근로복지공단의 처분이 정당하다고 판단한 것이다.

---

3 그레고리 베이트슨, 박대식 옮김, 『마음의 생태학』, 책세상, 2006, 691쪽.

이 사례에서 근로복지공단과 1심, 2심 법원은 법률에 쓰인 내용을 글자 그대로 해석했을 뿐이다. 산재보험법은 업무상 근로자의 '부상'이 있어야 보험금(요양급여)을 지급한다고 규정한다. '부상'은 상식적으로도 사전적으로도 인간의 '몸'이 다치는 사태다. 그렇게 해석하지 않는다면 근로자가 일하던 도중 스마트폰이 망가지거나 타고 온 자전거가 부서져도 보험금을 지급해달라고 할지도 모른다. 그러나 A씨의 입장에서는 의족을 휴대폰이나 자전거와 같은 사물이라고 생각할 수는 없었을 것이다. 의족은 다리에 탈착이 가능하지만 신발이나 스마트폰, 자전거처럼 몸과 쉽게 결합/분리되지는 않는다. A씨는 1995년부터 의족을 착용했으므로 그것은 실제로 몸의 일부처럼 작동했을 것이다. 일할 때 늘 몸에 연결되어 있으면서 체중을 지탱하고, 바닥에 놓인 무거운 물건을 밀고, 택배를 양손에 들었을 때는 현관문을 여는 역할을 하는, 그의 몸 자체였을 것이다. 망가진 의족은 그의 업무뿐 아니라 삶에 완전히 통합된 기본 조건이어서, 다른 보조기기(휠체어나 다른 의족)로 대체해도 아무렇지 않은 그런 장비가 아니었을 것이다.

A씨는 대법원에 상고했다. 이 사건에 장애인 관련 공익 소송을 진행하는 법률가들과 국가인권위원회가 A씨의 입장을 지지하는 의견서를 제출했다. 원고를 지원하는 이들은 의족 파손에 보험금(요양급여)을 지급하지 않을 경우 장애인들이 실질적으로 불평등한 대우를 받는다는 논리를 강조하면서, 무엇보다도 의족

이 장애가 있는 개인의 신체와 분리 불가능한 몸의 일부라는 점
을 재판부에 납득시키고자 애썼다. 장애인의 몸과 보조기기의
관계를 성찰한 대법원은 2심 판결을 뒤집고 A씨의 손을 들어주
었다. 대법원은 판결문에서 이렇게 말한다.

현재의 의학기술 수준으로는 의족을 신체에 직접 장착하는 대신 탈
부착할 수밖에 없어 원고와 같이 의족을 장착한 장애인들은 수면
시간 등을 제외하고는 일상생활의 대부분을 의족을 착용한 상태로
영위하고 있는 사실…… 의족 착용 장애인들에게 의족은 기능적,
물리적으로 신체의 일부인 다리를 사실상 대체하고 있는 사실……
신체에 의족을 탈부착하는 것이 용이하지만은 않은 사실…… 등을
종합적으로 고려하면, 의족은 단순히 신체를 보조하는 기구가 아니
라 신체의 일부인 다리를 기능적, 물리적, 실질적으로 대체하는 장
치로서, 업무상의 사유로 근로자가 장착한 의족이 파손된 경우는
산업재해보상보험법상 요양급여의 대상인 근로자의 부상에 포함된
다고 보아야 한다.[4]

어디까지를 인간의 신체로 볼 것인지는 현실적인 쟁점이다.
위 판결은 물리적인 '탈부착 가능성' 등을 중요하게 고려했다.
스마트폰은 몸에서 쉽게 떨어지고 분리되지만, 시각장애인에게

4 대법원 2014. 7. 10. 선고 2012두20991 판결.

는 문자 정보를 음성으로 전환해주어 그의 인지 기능 일부에 깊이 통합되는 장치다. 그렇다면 스마트폰을 '탈부착 가능성'만으로 그 이용자의 신체와 완전히 별개의 물건으로 취급할 수 있을까? 설령 스마트폰을 신체와 통합된 장치로 본다 해도 업무 중 스마트폰이 파손된 시각장애인이 '부상'을 입었다고 말할 수 있을까? 몸과 사물(기계)의 관계는 결코 단순하지 않고, 이는 점점 더 중요한 법률문제가 되어간다.

이렇게 논쟁적이지만 하나는 분명하다. 장애인의 '결함'을 보조하는 장비로 여겨지던 목발, 의족, 휠체어, 보청기, 흰 지팡이, 스마트 기기 등을 더 이상 외부에 부수된 보조장치로만 여길 수 없다는 점이다. 이러한 기기들이 그저 나의 '결함'을 보조하는 도구에 불과하지만은 않다는 감각은 장애인들에게는 꽤 오래된 것이다. 법률상 '장애인 보장구'라는 이름으로 규정되고, 이를 구매하는 데 필요한 비용의 일부를 국민건강보험공단에서 지원받으려면 의사의 의학적 진단이 있어야 하지만, 그럼에도 이것들은 단지 의료기기가 아니었다. 이를 뭐라고 달리 설명할 언어가 없었을 뿐이다. 우리가 장애인의 경험을 '사이보그적인 것'이라고 생각하고 말할 수 있다면, 보장구는 우리 몸의 '결핍감'을 더 선명하게 만들기를 멈추고 우리의 신체를 재구성할 가능성이 될지도 모른다.

휠체어가 되어서

현대에는 여러 종류의 휠체어가 있다. 크게는 전동 휠체어와 수동 휠체어로 분류할 수 있다. 전동 휠체어는 배터리를 이용해 전기를 동력으로 삼으며, 조이스틱으로 방향과 속도를 제어한다. 먼 거리나 언덕을 힘들이지 않고 이동할 수 있고, 혼자 힘으로 휠체어를 밀기 어려운 중증 장애인도 손이나 발, 호흡을 통해 움직임을 제어할 수 있다. 수동 휠체어는 바퀴에 붙은 핸드림을 직접 조작하거나 등받이 뒤에 있는 손잡이 부분을 누군가가 잡고 밀어주는 방식으로 이동한다. 크게 일반형과 활동형으로 나뉘는데(농구용, 테니스용, 육상용 등 운동선수를 위한 종목별 휠체어도 있다), 혼자 힘으로 휠체어를 밀고 다니거나 승용차에 싣고 내리는 일이 많은 사람은 대부분 활동형 휠체어를 이용한다.

나는 특수학교에 입학하고 한 학기가 지났을 무렵 처음 만났던 철제 프레임의 병원용 휠체어를 버리고 활동형 휠체어로 바꿨다. 이번에는 60만 원 정도의 가격이었고, 무게는 첫 번째 휠체어의 절반도 되지 않았다. 활동형 휠체어는 일반형과 달리 무게중심이 뒤에 놓여 있고 등받이가 낮다. 이러한 구조 덕에 작은 앞바퀴 부분을 혼자 힘으로 들어 올리기가 쉬운데, 그래야만 노면이 거칠거나 작은 턱이 있을 때도 걸리지 않고 넘어갈 수 있다. 익숙하지 않으면 뒤로 자빠질 위험이 있어 조심해야 한다.

덩치가 큰 일반형 휠체어에 비해 새로 바꾼 활동형 휠체어는 내 몸에 더 밀착된 일종의 인터페이스였다. 휠체어의 크기와 구조가 내 몸의 형태와 미세한 움직임에 잘 조응하면서, 비로소 내 몸으로 현실 속 공간을 살아가는 기분이 든 것이다. 상체를 뒤로 젖히며 하체를 복근으로 당기면 앞바퀴가 따라 올라온다. 제자리에서 몸을 틀면 거의 같은 각도로 휠체어도 회전한다. 좁은 공간에서 위치 변경을 해야 하는데 회전에 필요한 공간을 확보하기 어렵다면, 제자리에서 양쪽 핸드림을 잡고 왼쪽이나 오른쪽으로 몸을 틀며 '펄쩍' 점프한다(기껏해야 10센티미터 정도이긴 하지만). 허리가 아프면 앞바퀴를 들어 소파 같은 넓은 의자에 상체를 기대고, 앞바퀴와 다리는 위로 올린 채 휴식을 취한다. 중학교 1학년이던 1997년부터 나는 계속 그것을 타고, 밀고, 들어 올리고, 점프하고, 눕고, 90도를 돌았다. 휠체어는 지긋지긋한 물건일까? 평범한 채권자는 휠체어가 있는 집에서 빚 독촉을 하기 어렵다. 그런가? 수나우라 테일러의 그림처럼 보송보송 털이 난, 달 표면을 가로지르는 따뜻하고 귀여운 몸통은 아니었지만, 나는 휠체어가 되었다en-wheeled.

휠체어를 탄 '모자란(결여된)' 인간에서 휠체어와 통합된 어떤 존재로 나를 희미하게 인식했을 때 나는 비로소 정체성 물음 앞에 본격적으로 서게 되었다. 과거에는 종교나 국가가 인간의 정체성 물음에 일정한 답을 내려주었다. 사람들은 자신의 신분, 성별, 신체 조건을 그 사회의 정치적, 신학적 권위가 부여한 내용대로 규정하고 살았다. 우리의 시대는 소위 자유주의가 지배하

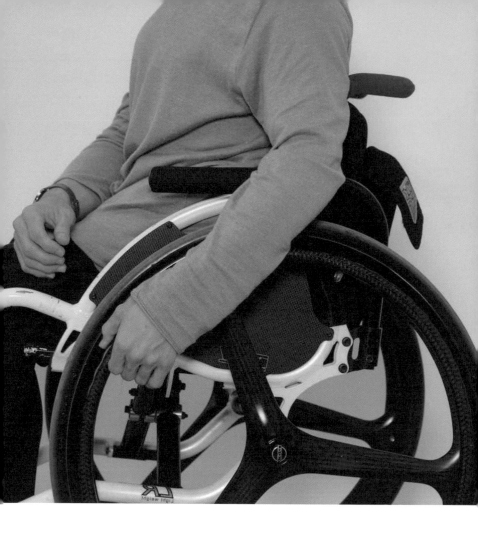

"내가 거울 앞에서 마주한 존재는
'인간+휠체어'의 결합된 모습으로 거기에 있었다.
나는 휠체어가 되었다."

는 시대이며 개개인은 자신의 정체성을 묻고 답하기 위해 각자 투쟁한다. 그렇다고 우리가 자신에 대해 묻고 답하는 과정이 '자유로운' 것은 아니다. 우리는 (역설적이지만) 자유주의적 질서 안에서 살아가며, 그 질서는 정치권력, 지배적 문화, 종교, 언어, 미디어, 거대 자본의 영향으로 구성된다. 그리고 그중에서 강력한 힘 하나를 꼽는다면 바로 과학이다.

과학 지식은 어떤 질서들을 부수지만 그 또한 새로운 질서가 된다. 현재의 과학은 인간을 특정하게 설명하고 규정하는 데 종교나 전통적인 문화적 질서에 비해 합리적으로 보인다. 거울 속에서 커다란 휠체어 위에 앉아 긴팔원숭이 같은 모습을 한 나에 대해서 과학은 내가 마법사나 저주받은 존재가 아니라 생물학적으로는 최소 수만 년 전 한반도에 도착한 고대 인류의 유전적 후손임이 틀림없고, 특정한 유전 질환 때문에 몸통과 다리에 비해 길고 튼튼한 팔을 가지게 되었으며, 더 좋은 의료적 지원과 보조공학 기기를 이용하면 '보통의 몸'을 가진 사람들과 유사한 삶을 살 수도 있음을 알려준다. 과학의 설명은 내 몸을 신의 저주나 은총("신께서는 네 몸을 통해 이루실 역사가 있는 거란다")으로 보는 입장보다 덜 게으르고, 더 희망적이다.

최근 들어 목 아래의 모든 신경이 손상된 사람도 웨어러블 로봇을 몸에 착용하고 보행하는 일이 가능해졌다. 뇌파를 인지하는 로봇 팔을 생각만으로 조종해 혼자 밥을 먹거나 글씨를 쓸 수도 있다. 중증 장애인들이 안구의 움직임만으로 컴퓨터를 조작할 수 있는 안구 마우스도 이미 수년 전에 개발되었으며, 전동 휠체어는 그 자체로 공학적 수준에서 수동 휠체어의 발전된 버전이다. 휠체어는 점점 더 가벼워지고 있고, 계단을 오르는 모델도 나왔다. 나아가 애초에 유전적 손상 여부를 임신 전에 진단하는 생명공학 기술(착상전유전자진단술)이 보편화 단계에 이른 지 오래다. 운동을 관장하는 신경세포에 유전적 손상을 입어 발생하는 척수성근위축증을 가진 사람들을 위한 유전자 치료도 2019년부터 시작되었다(수년에 걸쳐 투여하는 치료약 스핀라자는 회당 9235만 원, 한 번에 치료 효과를 내는 졸겐스마는 25억 원이다). 이와 같은 테크놀로지의 발전은 결국 '장애가 없는 세상'이 도래하리라는 기대를 부풀린다. 기술은 나를 포함한 장애인들에게 포기하지 말라고(단 25억 원이 있어야 하지만) 말한다. 과학기술의 혁신이 조만간 당신을 장애로부터 해방시켜줄 거라고 약속한다.

과학의 발전은 분명 장애가 있는 사람의 삶의 질을 높이고 고통을 줄여나가고 있다. 나는 이러한 과학적 발견과 기술의 응용을 지지한다. 그러나 과학이 장애에 관한 정체성 물음을 '장애에도 불구하고' 여전히 네가 인간이며, 조만간 그 장애는 극복될 것이므로 너는 더 '온전한' 인간 공동체에 포함될 수 있다고 전제하는 이상, 장애 그 자체의 의미를 규정하지identify 않는다는 점을 성찰해야 한다. 과학이 장애를 여전히 '없음의 상태(결여)'로만 바라본다면 휠체어는 기술적으로 아무리 발전한다 해도 여전히 보행 능력 '없음'의 문제를 해결하는 보조기기로만 간주될 것이다. 우리는 실제로 더 발전된 휠체어를 타고 더 많은 일을 할 수 있게 되었음에도 불구하고, 여전히 스스로를 더 크게 결핍된 존재로 생각할지 모른다.

다른 한편으로 20세기 후반 DNA 게놈지도가 완성되어갈 무렵, 그래서 인간의 정체성 물음을 더 이상 종교나 정치가 아니라 과학이 답변하게 된 바로 그 시대에 역설적으로 장애는 병이 아니라 인간 존재의 한 양상이자 차이의 문제로 생각되기 시작했다. 전 세계의 많은 장애인들이 어느 날 거울 앞에서 팔이 없고, 청력이 낮고, 시력이 없고, 키가 지나치게 작거나 너무 큰 자신의 모습을 질문하는 타자를 만난 것이다. 농인[5]들은 수화언어를 사용하는 자신들에게는 청력이 '없는' 것이 아니라 농문화Deaf culture가 '있다'고 주장했다. 자폐성 장애를 가진 사람들은 자신의 신경 패턴이 비정상이 아니라 특정한 방식으로 '다르게' 구조화되었다고 목소리를 높였다(신경다양성neurodiversity). 즉 장애라는 인간의 경험이 병리학의 대상에서 존재론의 문제로 이동한 것이

---

5 통상 청각장애인으로 정의되는 사람 가운데 수화언어를 제1의 언어로 쓰거나 정체성의 일부로 깊이 받아들이는 사람들을 농인이라고 부른다. 농聾은 이제 한자어의 본래 뜻과 달리 감각적 결함을 지칭하는 말이 아니라 특정한 문화와 언어를 표현하는 말이 되었다. 영어에서는 대문자 'D'를 쓴 'Deaf'가 이러한 의미로 쓰인다. 우리나라에서 2016년 제정된 「한국수화언어법」은 "'농문화'란 농인으로서의 농정체성과 가치관을 기반으로 하는 생활양식의 총칭을 말한다"(제3조 제4호)라고 정의한다. 이 법에 따른 농인은 "청각장애를 가진 사람으로서 농문화 속에서 한국수어를 일상어로 사용하는 사람"(제3조 제2호)을 뜻한다.

다. 저널리스트이자 소설가인 앤드류 솔로몬Andrew Solomon은 "지금 이 시점은 예컨대 여자 주인공이 소파에 누워 숨을 거두려는 순간에 비로소 남자 주인공이 그녀에 대한 사랑을 깨닫는 그랜드 오페라의 마지막 장면과 비슷하다"고 비유한다.[6] 커다란 기계 위에 앉은 유인원의 모습을 한 나를 '없음(결여)'이 아니라 그 자체로 '있음'에 해당하는 존재로서 만나려는 순간, 과학기술은 장애를 가진 내가 최첨단 휠체어나 로봇 외골격을 장착한 채 계단을 오르고, 장애의 유전 가능성은 철저히 소거된 시대를 열어가고 있다.

첨단 기술로 무장한 사이보그가 되면 나의 없음은 정말로 없어질까? '사이보그 같다'는 말은 영화 속 슈퍼히어로를 비롯해 화려한 디자인의 의족을 신고 육상 트랙을 달리는(의족을 신었다는 것 이외에는 전형적인 기준에서 무척 건강하고 아름다운 몸을 지닌) 일부 스포츠 선수들에게나 특별함을 부여할 뿐 실제 기계와 결합해 사는 사람들은 여전히 별종으로 취급되기 쉽다. 장애인을 별종으로 취급하는 사회적 태도에 맞서기 위해 장애가 있는 사람들은 보통 이렇게 말한다. "나는 휠체어만 탔을 뿐이지 당신과 똑같은 인간이라고요." 휠체어는 보행 능력을 대체해서 나의 이동성을 높여주지만 인간으로서 내가 온전한 존재라고 주장하기 위해서는 오히려 휠체어를 내 몸 바깥에 놓인 그저 부수적인 것

---

6 앤드류 솔로몬, 고기탁 옮김, 『부모와 다른 아이들 1』, 열린책들, 2015, 13쪽.

으로 여겨야 하는 셈이다. 말하자면 사이보그가 되는 일은 소수의 슈퍼히어로를 제외하면 나의 '결여된 인간성'을 보완하기는커녕 나를 더 기괴한 존재로 만들 수 있다.

현실에서 기계와 결합한 존재란 아이언 맨 슈트를 입고 하늘을 날거나 온갖 화려한 차종으로 변신하는 모빌리티를 타는 존재가 아니라, 낡은 철제 수동 휠체어를 탄 이들, 오래된 전동 휠체어를 타고 배터리가 방전될까 걱정하는 이들, 3일에 한 번씩 신장 투석기에 접속하고 4시간씩 혈액의 노폐물을 걸러주느라 스케줄 조정에 곤란을 겪는 이들이다. 그러므로 '사이보그가 되어서' 스스로를 온전한 존재로 받아들이기 위해서는 언젠가 도래할 첨단의 기계와 결합하거나 기계 없이도 '정상적인 몸'이 될 날을 기다리는 것이 아니라, 지금 당장 일상에서 사용하는 기계들과 더 안전하고 자연스럽고 편안하게 공존하는 길을 모색해야 한다. 바로 지금 이곳의 현실에서 '온전한 사이보그'로 살아가기 위해서는 기술과 어떻게 관계를 맺어야 할지, 과학기술의 연구와 발전, 그 결과에 대한 평등한 접근을 고민하는 사람들은 어떤 관점을 가져야 할지를 다음 장부터 함께 살펴볼 것이다. "나는 휠체어만 탔을 뿐(탔음에도 불구하고) 당신과 똑같은 인간"이라고 주장하는 대신, "나는 휠체어를 탔고 그 점에서 당신과 같지 않지만, 우리는 동등하다"라고 말하는 일은 어떻게 가능할까.

3장   장애와 기술, 약속과 현실 사이   김초엽

장애를 극복하는 따뜻한 기술?

난치성 질환이나 장애가 있는 사람들은 '언젠가……'로 시작하는 위로의 말을 자주 듣는다. "언젠가 의학이 발전하면 치료 방법이 나올 거예요." "언젠가 기술이 발전하면 고칠 수 있을 거예요." 나 역시 많이 들었던 말이다. 소설가로서 했던 인터뷰 기사에 이런 댓글이 달린 적도 있다. "불쌍해. 그래도 언젠가 청력을 회복할 기술이 나올 거예요." 아마도 사람들은 비극적인 현실에 처한 장애인들이 '언젠가는……'이라는 희망을 품고 살아가기를 바라는 마음으로 그런 말을 건네는 듯하다. 듣는 입장에서는 조금 당혹스럽기도 하다. 이러다 할머니가 될 때까지 '언젠가는……' 하는 위로를 들으면 어떡하지? 나쁜 의도라고 생각하지는 않는다. '언젠가'를 기원하는 그 모든 말이 불필요하고 무례하다고 말하고 싶지는 않다. 힘든 상황에 처한 사람에게 어떤 말을 해야 할까 고민하다가 건네는 위로일 수도 있다고 생각한다. 그런데 이 흔한 '위로' 속에서 우리 사회가 기술과 장애, 의학과 장애의 관계를 어떻게 바라보는지가 선명하게 드러난다.

발전된 기술로 채운 미래의 상상도에서 우리는 낙관적 세계를 본다. 질병도 장애도 사라진 세계, 노화로 인한 고통이 없는 미래, 어쩌면 죽음마저도 극복한 미래. 그 미래에는 장애인들이 정상성을 획득하고, 질환을 가진 사람들은 치료될 것이라는 약속이 만연해 있다. 걷지 못하는 사람이 휠체어를 박차고 일어나 걷고, 듣지 못하는 사람이 세상의 소리를 다시 듣게 될 것이라는 희망이 낙관의 대미를 장식한다. 그리고 사람들은 그 모든 기술에 '따뜻한'이라는 수식어를 붙이며 찬사를 보낸다.

2020년 3월 26일, KT는 '제 이름은 김소희입니다 - 마음을 담다'라는 제목의 광고를 공개했다. KT가 기가지니 AI 음성 합성 기술을 적용하여 농인인 김씨에게 '목소리'를 선물하는 과정을 담은 것이다. 연구원들은 김씨의 목소리를 추론하기 위해 가족들의 목소리를 녹음하고, 김씨의 구강 구조를 연구해서 목소리를 '복원'해나간다. 다음 화면에서 김씨의 가족들이 거실에 모여 앉아 각자 할 일을 하고 있는데, 갑자기 텔레비전이 켜지며 영상 하나가 뜬다. 영상 속에서 김씨가 합성된 '목소리'로 이야기하기 시작한다. 가족들은 김씨의 목소리를 들으며 눈물을 흘린다. 유튜브에서 1100만 뷰를 기록한 이 광고에는 수많은 댓글이 달려 있다. "감동적이다." "눈물이 난다." "기술이 나아가야 할 방향을 알겠다."

그런데 이 광고를 휴대폰으로 처음 보았을 때, 나는 아주 당혹스러운 사실을 깨달았다. 광고 초반부에는 내용을 이해하는 데 아무 문제가 없었다. 김씨는 초반에 수어로 말하는데 그 내용은 한글 자막으로 통역되었고, 가족들의 인터뷰에도 자막이 있었다. 그런데 김씨의 목소리가 기가지니 AI 기술로 흘러나오는 가장 중요한 장면에서 갑자기 자막이 사라졌다. 대신 이런 자막이 떴다. '이 목소리는 기가지니 기술로 복원된 김소희 씨의 목소리입니다.' 뒤늦게 볼륨을 높였지만, 휴대폰 스피커 소리를 특히 잘 못 듣는 나는 김씨의 '목소리'를 알아듣기 힘들었다. 김씨의 입모양을 보고 무슨 말을 하는지 추측해야 했다. 입모양을 비추지 않을 때는 그마저도 할 수 없었다. 기가지니는 수어를 쓰는 김씨에게 목소리를 '선물'했다. 그런데 이 목소리가 향하는 대상은 청인들이다. 정작 농인인 김씨나 나와 같은 청각장애인들은 기가지니가 만든 목소리를 명확하게 들을 수 없다. 그러니까 기가지니가 김씨에게 선물한 '목소리'는 청각장애인을 위한 목소리가 아니라, 청인들이 청각장애인에게서 듣고 싶어 하는 목소리다.

장애 언론 『비마이너』에 실린 「농인이 왜 음성 언어로 말해야 하는가?」[1]라는 글은 이 광고를 보는 농인 및 청각장애인의 입장을 보여주는데, 가족들이 수어를 배워 김씨와 소통하기보다 김씨가 '말을 하고 듣기를' 바란 것은 전형적인 청능주의Audism라고 지적하고 있다.[2] 이 밖에도 많은 농인과 청각장애인들이 농인에게 목소리를 선물한다는 발상의 청인 중심적인 관점을 비판했다.[3] 수어 대신 구화(음성 언어)를 주 언어로 사용하는 일부 청각장애인들도 청능주의에 의한 차별을 경험하며, 이들은 거의 평

---

1 최유경, 「농인이 왜 음성 언어로 말해야 하는가?」, 『비마이너』, 2020년 4월 6일.

2 물론 광고에서는 보여지지 않은 출연자들의 다른 경험과 상황이 있을 것이다. 다만, 나는 여기서 광고에 출연한 김씨나 가족들이 아니라 KT가 캠페인 영상을 청인 중심적으로 연출했다는 사실을 비판하고자 한다.

생에 걸쳐 발음의 어눌함을 지적당한다. 그러나 반대로 청각장애인이 비장애인들을 향해 왜 입모양이 잘 보이게 말하지 않는지, 왜 그렇게 입을 불분명하게 움직이는지를 지적하는 일은 드물다. '올바르게', '목소리로' 말하라는 요구는 오직 청각장애인들만을 향한다.

음성 합성 AI 광고처럼 기술이 장애인들에게 정상성을 '선물'하고 비장애인들이 그것을 보며 감동받는 구도는 너무 흔하다. 보조기술의 발전과 더불어 영상 매체가 보편화되면서 더욱 유행하게 된 일종의 '감동 콘텐츠'인지도 모르겠다. 온라인에서는 청각장애인들이 소리를 듣는 순간을 보여주는 영상이 인기를 끄는데, '오늘 아침 우리 딸의 새 보청기가 켜지던 순간When our daughter's new hearing aids are turned on in the morning'이라는 해외 영상을 한번 살펴보자. 아직 몸을 가누지 못하는 4개월 된 아기가 어리둥절한 표정으로 등장한다. 아기는 주위를 둘러보더니, 착용한 보청기를 켜는 순간 카메라를 향해 활짝 웃는다. 보청기로 들려오는 엄마의 목소리에 반응한 것이다. 2019년 12월에 처음 소셜미디어에 공유된 이 영상은 전 세계로 널리 퍼져나갔다. 감동적이라는 댓글이 무수히 달렸다. "마음을 녹이는 영상이네요." "아

---

3 2020년 4월 시민단체 '장애의 벽을 허무는 사람들'은 해당 캠페인 광고가 농인 및 수어에 대한 부정적 인식의 확산을 부추길 수 있다며 국가인권위원회에 진정서를 제출했다(「"우리는 '목소리 잃은' 사람이 아니다" 농인들, KT 광고 차별 진정」, 『비마이너』, 2020년 4월 23일).

기가 들을 아름다운 소리를 상상해보고 있어요." 기가지니 광고의 댓글들과 매우 비슷하다. 이 영상은 한국의 웹사이트에도 수시로 올라온다. 무언가 익숙한 풍경이 언어의 경계를 넘어 재현되고 있는 것이다.

유튜브에서 'Hearing for the First Time(처음 소리를 듣는 순간)'이라고 검색하면 비슷한 영상을 아주 많이 볼 수 있다. '처음 소리를 듣는 농인들Deaf People Hearing Sound for the FIRST Time', '처음 소리를 듣는 스물여섯 살의 에이미Amy hears sound for the first time@26 years old'……. 심지어 그런 장면만을 모은 '컴필레이션' 영상까지 있다. 이 영상들은 수십만, 수백만에서 천만이 넘는 조회 수를 기록한다. 트위터에서 10만 번이나 공유된 한 게시물에는 이런 사족이 달려 있다. "과학은 영예롭다Science is glory." 국내의 여성 농인 단체 '세상을 바꾸는 농인들'은 이 '첫 소리' 영상들에 대해 이렇게 지적했다. "보청기와 인공 와우를 통해 처음으로 소리를 접한 청각장애인의 감정과 반응에는 개인차가 있다."[4] 모든 농인이나 청각장애인이 소리를 듣고 싶어 하는 것은 아니고, 소리를 들은 사람들 역시 항상 소리에 만족하는 것은 아니다. 처음 소리를 들었을 때의 감정이 기쁨이 아닌 공포나 스트레스일 수도 있다. 하지만 이런 '감동 영상'을 보는 비장애인들은 보청기를 착

---

4 세상을 바꾸는 농인들, 「너, 이게 얼만지는 아니? - 보청기, 인공 와우에 대해」, 2018년 11월 23일(http://youtu.be/LBdXkZXm4p4).

용한 청각장애인들의 반응에서 일관되게 '소리를 되찾은 기쁨'을 읽어내려고 한다.

2020년 1월에 공개된 현대자동차의 '두 번째 걸음마' 브랜드 캠페인도 비슷한 서사를 다룬다. 현대자동차의 웨어러블 로보틱스를 홍보하는 이 영상의 주인공은 장애인 양궁 국가대표 박준범 선수다. 광고는 '우리는 그들이 가장 그리워하는 순간을 되돌려주기로 했습니다'라는 카피를 띄우면서 박 선수가 웨어러블 로봇을 착용하고 자리에서 일어서는 모습을 보여준다. 그때 부모님이 안으로 들어서며 박 선수를 목격하는데, 이 순간은 어린 시절의 박 선수가 걸음마를 처음 시작하는 장면과 오버랩된다. 즉 그가 다시 일어서는 순간은 '두 번째 걸음마'인 것이다. 이 브랜드 캠페인 영상 '두 번째 걸음마'는 세계적인 디자인상인 레드닷어워드의 2개 부문에서 최우수상과 본상을 각각 수상하기도 했다. 현대자동차의 인간 중심 모빌리티 철학을 잘 보여준다는 이유에서였다.

음성 합성 AI, 웨어러블 로봇, 그리고 보청기를 통해 들려오는 '첫 소리' 영상들의 연출이 의도하는 바는 일관적이다. 기술은 장애인에게 정상성을 선물하고, 비장애인들은 그 아름다운 순간을 보며 감동을 받고, 장애인들은 희망을 얻는 것이다. 그러나 이 연출에는 여러 문제가 있다. 먼저, 장애인이 어려움을 극복하는 과정을 통해 비장애인에게 감동을 주는 구도는 오래전 호주의 코미디언이자 작가인 스텔라 영Stella Young이 비판했던 '감동 포르노'⁵에서 조금도 나아가지 못했다. 미디어에서 거의 유일하게 허락되었던 '역경을 극복한 장애인'이라는 스테레오타입이 이제는 기술의 보조를 받게 되었을 뿐이다.

무엇보다 '인간적인 기술'을 홍보하는 이 영상들은 장애와 기술에 대해 주목해야 할 가장 중요한 질문들을 지워버린다. 장애인들이 일상에서 실제로 이 기술을 어떻게 느끼는지, 어떻게 사용하고 어떤 어려움을 맞닥뜨리는지, 이 기술이 정말로 장애인들에게 필요한 것인지와 같은 질문들 말이다. 사람들은 영상에서 장애인이 목소리로 말하는 순간, 소리를 듣는 순간, 휠체어에서 일어서는 순간을 볼 뿐 평소에도 음성 합성 기술이 소통을 도와주는지, 처음으로 들은 소리가 정말로 기쁨인지 아니면 불쾌함인지, 웨어러블 로봇이 일상에서도 사람들을 걷게 하는지는 볼 수 없다. 연출된 영상은 감동과 희망을 보여주지만, 현실은 연출 바깥에 있다.

장애인을 위한 기술이나 장치 개발은 항상 '휴머니즘'적인 실천으로, '장애를 극복하는' 방법으로 여겨진다. 앞서 이야기한 감동적인 홍보 영상들뿐만 아니라, 수어통역 기술이나 청각장애인을 위한 통화연결음, 수어 영상통화 지원 등의 접근성 기술을

---

5 스텔라 영을 비롯한 많은 장애 당사자들과 활동가들이 감동 포르노inspiration porno의 범람을 지적해왔다. 비장애인들에게 감동과 영감을 주기 위한 도구로 장애인을 사물화하는 언론과 미디어를 비판하는 표현이다.

소개하는 기사들에도 늘 '따뜻한 서비스', '따뜻한 기술'과 같은 표현이 따라온다. 매년 개최되는 보조공학 기기 박람회를 소개하는 기사들 역시 마찬가지다.

이런 기술들이 장애인의 삶에 전혀 도움을 주지 못한다는 뜻이 아니다. 이 중에는 실제로 접근성을 향상하고, 장애인의 삶을 획기적으로 개선하는 기술들도 있다. 스마트폰이 사람들의 일상에 편리함을 가져다준 것처럼, 장애인들이 사용하는 기술 역시 그렇다. 하지만 스마트폰과 달리 장애인을 위한 기술에는 항상 온정적 시선이 따라 붙는다. 장애인은 기술을 사용하는 주체가 아니라 누군가가 베푼 온정의 수혜자로 위치한다. 우리 사회가 장애 접근성과 장애 권리를 함께 고민해야 한다는 문제의식은 사라지고, '따뜻한 마음을 가진' 특정한 기업이나 단체가 소외된 장애인을 위해 시혜를 베푼다는 서사만이 반복되고 있다. 이 온정의 서사 안에서 기술과 실제로 복잡한 관계를 맺고 살아가야 하는 장애인들의 진짜 필요는 쉽게 지워지고 만다. 시혜는 위계를 만든다. 누군가 나에게 따뜻한 도움을 베푼다고 주장할 때 그것이 정말 도움이 되는지, 다른 문제를 가리고 있는 것은 아닌지 따져 묻기란 쉽지 않다. 온도를 조금 낮추어 생각해보자. '따뜻한 기술'은 그 수혜자로 설정된 장애인들에게 정말로 따뜻하기만 할까? 언젠가는 기술이 장애인을 걷게 하고, 듣게 하고, 말하게 할 테니 모두가 그 따뜻한 기술의 실현을 기다리고 있으면 되는 것일까?

"우리는 장애를 종식시킬 겁니다"

과학과 기술이 점점 기대와 낙관을 불러 모으는 방식으로 발전하는 현대 사회에서 장애인들은 기술낙관주의의 홍보 대사로 동원된다. 특히 최첨단 기술을 홍보할 때 장애인들에게 정상성을 되돌려주겠다는 주장은 대중의 마음을 뒤흔드는 강력하고 설득력 있는 메시지다.

미국 MIT 미디어랩의 교수 휴 허Hugh Herr는 그 자신이 로봇 다리를 장착한 사이보그다. 휴 허는 과거에 뛰어난 암벽 등반가로 이름을 날렸지만, 등반을 하다 사고를 당해 동상으로 인한 조직 손상을 입고 결국 두 다리를 절단했다. 이후 그는 자신의 의족을 직접 제작하는 데 관심을 갖기 시작했다. MIT에서 기계공학으로, 하버드에서 생체물리학으로 학위를 받은 다음 직접 로봇 수족을 연구해온 그는 이제 생체공학 기술이 적용된 다리를 몸에 달고 있다.

휴 허는 인간이 곧 자연과 기계의 경계가 사라진 새로운 몸을 갖게 될 것이라고 말한다.[6] 그는 생체공학 외골격을 소개하는 강연에서 끊임없이 '미래'를 강조한다. "미래에는 우리 모두가……

6　휴 허,「우리는 어떻게 사이보그가 되고, 인간의 잠재력을 확장하게 될까요?」, TED2018, 2018년 4월(http://www.ted.com/talks/hugh_herr_how_we_ll_become_cyborgs_and_extend_human_potential?language=ko).

이런 외골격을 착용하게 될 겁니다. 기술 부족을 이유로 너무 많은 상황이 장애와 빈약한 삶의 질을 초래합니다. …… 우리는 증강된 인간을 경험할 수 있는 기술적 기반을 갖추었습니다. 그리고 우리는 장애를 종식시킬 겁니다."[7] 그는 강연의 끝에 테러로 왼쪽 다리를 잃은 댄서를 무대로 불러낸다. 로봇 다리를 착용한 댄서는 비장애인 댄서와 함께 춤을 춘다. 사람들은 박수를 치며 열광하고, 댄서는 그 열광 속에서 눈물을 흘린다. 청중의 열정적인 반응을 이끌어내는 휴 허의 모습을 보고 있으면, 마치 그가 '낙관적 미래'라는 믿음을 설파하는 교주처럼 느껴진다. 휴 허의 강연을 들은 청중은 기술이 언젠가 장애인들을 구원할 것이라는 희망찬 확신을 마음 한구석에 품고 돌아갔을지도 모른다.

낙관적 미래를 말하는 사람이 휴 허뿐만은 아니다. 많은 사람들이 과학과 기술을 통해 장애를 종식시킬 것이라는 믿음에 지지를 보낸다. 트랜스휴머니즘transhumanism은 기술에 대한 낙관과 긍정이 하나의 사상이자 운동으로 발전한 경우다. 과학과 기술을 통해 인간의 신체적·정신적 한계를 벗어나고자 하는 이 운동은 전 세계의 미래학자들과 기업가들의 지지를 받고 있다. 실제로 과학과 기술은 인간의 삶을 극적으로 바꾸어왔다. 자연과 환경을

---

7 휴 허, 「달리고 등산하고 춤출 수 있게 해주는 새로운 인체 공학」, TED2014, 2014년 3월(http://www.ted.com/talks/hugh_herr_the_new_bionics_that_let_us_run_climb_and_dance/transcript?language=ko).

변형하는 것을 넘어 이제는 인간의 몸을 직접 변형하기에 이르렀다. 과거에는 죽음에 이를 수밖에 없었던 질병들이 치료되고 수명이 연장되었다. 트랜스휴머니즘은 인간의 몸에 대한 이런 개입을 긍정하고 더 적극적으로 밀어붙인다. 생명공학과 사이버네틱스로 인간의 몸을 개선하고 교정하며, 질병을 치료하는 것에 그치는 대신 인간의 능력을 직접 향상해야 한다고 주장한다. 트랜스휴머니즘은 기술이 만들어낼 새로운 단계의 인간을 말한다는 점에서 포스트휴먼 담론과도 자주 비교되는데, '인간성' 자체에 의문을 제기하는 여타의 (비판적) 포스트휴머니즘과는 다르게 트랜스휴머니즘이 확장을 통해 도달하고자 하는 포스트휴먼은 이성적이고 현명하며 건강한 존재로서의 독립적 '자아'이다.[8]

트랜스휴머니스트들의 관점에서 장애인 사이보그는 아주 멋진 아이콘이다. 트랜스휴머니즘은 인간의 한계를 뛰어넘기 위한 기술에 주목하며, 그러한 기술은 필연적으로 교정과 향상을 요구한다. 따라서 첨단 생체공학으로 장애를 극복하고 보통의 인간보다 빠르게 달리는 사이보그들은 트랜스휴먼의 훌륭한 상징이다. '도래한 사이보그 시대'를 이야기할 때 가장 먼저 등장하는 예시가 바로 장애인이다. 하반신 마비 장애인이 로봇 외골격

---

8 전혜숙, 『포스트 휴먼 시대의 미술』, 아카넷, 2015. 자유롭고 합리적인 인간 행위자를 상정하는 고전적 휴머니즘과 포스트휴머니즘에 대해서는 4장 김원영의 글에서 상세히 논의할 것이다.

을 입고 달리며, 절단장애인이 아름답게 장식된 보철 다리를 착용하고 춤춘다. 아직 기계와 인간의 결합을 막연한 미래로만 생각하는 대중을 설득할 때 장애인들은 "지금 여기에 이미 사이보그가 있다"는 증거로 매우 적합하다.

그런데 이 트랜스휴머니즘은 인류 전체의 운명에 대해 이야기하는 것처럼 보이지만, 실제로는 매우 일부의 사람들, 특정한 집단이 대변하고 있다. 아일랜드 출신 저널리스트 마크 오코널Mark O'Connell은 '런던 퓨처리스트'들의 컨퍼런스에 참석했다가 그 자리에서 비약적 수명 연장과 마음 업로드, 의약품을 이용한 정신 능력 향상, 인공 의수족과 인간의 미래를 이야기하는 사람들이 대부분 백인 남성이라는 사실을 발견한다.[9] 한스 모라벡Hans Moravec이나 레이 커즈와일Ray Kurzweil과 같이 이름을 알린 트랜스휴머니스트들의 면모를 살펴보아도 그들이 인류 전체를 대변하는 집단이 아니라는 점은 분명하다. 실리콘밸리의 '급진적 낙관주의'가 정말로 인간의 한계를 넘어서는 가능성을 찾아내더라도 그 흐름에 동참할 수 있는 사람들은 제한적이다. 만약 아주 훌륭한 신경보철 다리가 개발된다 하더라도 믿을 수 없이 비싼 가격표를 붙이고 나온다면, 그래서 아주 일부만이 그것을 착용하고 걸을 수 있다면 이를 '장애의 종식'이라고 부를 수 있을까?

먼 미래의 신경보철 다리까지 가지 않더라도 이와 같은 '그림

---

9 마크 오코널, 노승영 옮김, 『트랜스휴머니즘』, 문학동네, 2018.

의 떡'은 현실에도 이미 많다. 영어권 소셜 미디어에서는 종종 계단을 오르는 휠체어stair climbing wheelchair 영상이 널리 공유되는데, 사람들은 '기술의 이 놀라운 발전을 보라!'며 감탄한다. 사실 계단을 오르는 전동 휠체어의 프로토타입이 개발된 것은 이미 몇 년 전의 일로, 2019년 한국의 국립재활원도 박람회에서 계단을 오르는 전동 휠체어를 전시한 적이 있다. 그러나 이 휠체어는 '시장성이 없어' 보급되지 못했다. 가격은 수천만 원에 달하고, 국가 지원 사업이나 개인 보험으로 지원되는 기기도 아니어서 이 휠체어를 살 수 있는 장애인은 극소수였기 때문이다. 이 값비싼 기계들은 형태만 다를 뿐 비슷한 운명을 지닌다. 장애 활동가 김상희는 『비마이너』에 기고한 「보조공학 기기와 나의 삶, 욕망에 대하여」[10]에서 다기능 전동 휠체어를 구입하여 사용하는 경험을 서술하면서, 대출을 크게 받아 살 만큼 경제적으로 부담이 되는 결정이었음에도 "누군가 전동 휠체어 가격을 물어올 때마다 스스로 위축감"이 든다고 이야기한다. 나는 웨어러블 로봇 경기인 사이배슬론에 대해 검색하다가 우연히 국내의 한 척수장애인 카페에 들어간 적이 있다. 사이배슬론을 소개하는 기사가 카페에 공유되어 있었는데 카페 회원들의 댓글은 그다지 호의적이지 않았다. "좋아 보이지만 그림의 떡이다." "이런 거 보면 너무

---

10 김상희, 「보조공학 기기와 나의 삶, 욕망에 대하여」, 『비마이너』, 2020년 9월 16일. 이 글에 관해서는 이 책의 4장 김원영의 글(99~101쪽)에서 좀 더 심도 있게 다룬다.

비싸서 열 받고 스트레스 받는다." 훌륭한 기술이 있더라도 그것을 소유할 수 있는 사람이 일부뿐이라면, 그 기술은 결코 보편의 해결책이 될 수 없다.

나도 처음 보청기를 샀을 때 비싼 가격에 크게 충격받았던 기억이 있다. 고등학생 때 구입했던 귓속형 디지털 보청기는 하나에 300만 원, 양쪽 귀에는 그 두 배였다. 보청기 판매점에 따라 재량껏 할인을 해서 저렴하게는 절반 값에도 살 수 있지만, 원래의 정가 자체가 너무 높았다. 대학에 들어가 새로 샀던 보청기 역시 그 정도 가격이었다. 작년에는 스마트폰과 블루투스로 연결하는 보청기가 나왔다고 해서 찾아보니, 그 모델도 가장 저렴한 것이 200만 원대였고 고가형은 500만 원 정도였다. 양쪽에 20만 원대면 구입할 수 있는 에어팟에 비하면 어마어마한 가격이다. 한국에서 5년마다 지원되는 보청기의 공적 지원금은 2015년까지 34만 원이었다가 2015년 말부터 131만 원으로 확대되었지만, 대부분의 청각장애인이 양쪽 청력 손상을 가지고 있음에도 한쪽에만 지원금을 받을 수 있다. 게다가 2020년 9월 개정된 보조금 조항에 따르면, 판매 회사별로 일부 모델에만 보조금을 지원하고 지원 모델 대부분은 기능이 제한적인 보급형이다.

나는 최근에 블루투스를 지원하는 오픈형 보청기를 구입했는데, 가장 좋은 모델이 아닌데도 양쪽을 구매하는 데 400만 원을 들였다. 앞서 쓰던 것을 구입한 지 5년이 지나지 않은 데다가 공적 지원금을 받을 수 있는 모델이 줄어들어서 보조금은 받지 못했다. 지금도 많은 청각장애인들이 무리하여 큰 비용을 자부담하거나 본인의 청력 상태에 적합하지 않은 저렴한 모델을 쓴다. 보청기 수명은 5년 정도로 여겨지지만 계속 피부와 접촉하는 기계라는 특성상 그 전에 고장이 나거나 성능이 저하되는 일이 흔하다. 인공 와우를 쓰는 사람들은 더욱 곤란한 상황에 처해 있다. 인공 와우의 보험 지원 기준은 매우 엄격하고, 비보험 수술의 경우 한쪽 귀에 2000만 원 이상의 비용을 지불해야 한다. 적지 않은 유지 비용과 재활 비용도 계속해서 나간다. 그래서 청각장애인들의 인공 와우 수술은 공적인 영역에서 해결되지 못하고 유명인이나 기업의 자선 기부에 의존하고 있다. 뉴스에 종종 나오는 '유명인 모모 씨가 청각장애 아동을 위해 기부했다'는 돈은 대부분 이 인공 와우 지원 사업으로 흘러 들어간다.

한국의 장애인 취업률은 전체 인구 대비 취업률의 절반 정도에 불과하다. 일자리를 얻더라도 불안정한 자리로 내몰린다. 노동하는 장애인 10명 중 6명은 비정규직이다. 그보다 더 많은 수의 장애인들이 일을 하기 원하지만 실업 상태에 처해 있고 빈곤을 경험한다. 인터넷에서 '장애인 일자리'로 검색을 해보면 대부분이 1년이나 2년의 계약직에 최저 임금이고, 장애 유형에 따라 지원 자체가 불가능한 업무가 많다. 장애에 관한 기술 낙관론은 장애인들이 빈곤에 내몰리는 문제를, 첨단 기술에 접근할 수 없는 상황을 모른 척해야만 가능하다. 대부분의 장애인들에게 수백, 수천만 원에 달하는 보조기기 가격은 이미 현실에 있는 기술에조차 접근할 수 없게 하는 큰 장벽이다. 미래의 트랜스휴머니즘은커녕 2021년의 사이보그 기술조차도 장애인들에게는 결코 가까운 현실이 아니다.

트랜스휴머니즘이 인간의 죽음과 질병, 장애의 종말을 내세우는 것의 또 다른 문제점은 그것이 언제나 미래의 약속이라는 점이다. 과학기술학자 전치형과 홍성욱은 과학과 기술이 끊임없이 더 나은 미래를 약속하며 기술의 발전에 대한 기대와 희망을 갖게 하는 방식을 지적한다. 미래에 대한 예측은 중립적이지 않으며, '약속의 과학'이 학계와 시장에서 미래에 대한 낙관적 기대를 퍼뜨리고 있다는 것이다. '약속의 과학'은 편리와 건강을 약속하며 사회적 관심을 모으고, 민간 투자와 정부의 지원을 끌어들인다. 막대한 비용이 드는 첨단 과학의 특성이 과학 연구를 마치 주식시장처럼 돌아가게 하고 있다. 희망을 약속한 황우석 박사의 연구가 대표적인 나쁜 예다. 부풀려진 기대는 거품처럼 터지고, 사람들의 관심은 다시 다른 영역으로 옮겨 간다. 과학기술에 거는 기대와 실제로 도달한 미래는 일치하지 않는다. 스크린이 처음 등장했을 때 사람들은 종이가 없어질 거라 했고, 가상현실 게임이 처음 출시되었을 때는 모든 사람이 가상현실 속에서 살아가는 미래를 예상했다. 그러나 수십 년이 지난 지금도 그러한 미래는 멀리 있다.[11]

---

11 전치형·홍성욱, 『미래는 오지 않는다』, 문학과지성사, 2019.

기술은 장애의 종말을 가져올까

과학 뉴스는 하루가 멀다 하고 특정 질환이나 선천성 장애의 원인을 규명했다는 연구 결과를 보도한다. 살펴보면 실제로 문제를 해결하는 단계에 들어선 것이 아니라, 질환에 영향을 미치는 유전자 단서의 일부를 알아냈다거나 세포 수준에서의 치료법을 발견했다는 이야기다. 후속 연구가 잘 진행될 경우 기대를 해볼 수도 있다는 정도다. 그래도 사람들은 그런 뉴스를 접하며 '언젠가는 반드시……'라는 희망을 갖는다. 그런데 과학이 정말로 모든 질환의 원인을 낱낱이 규명하여 치료하는 일이 가능할까. 설령 그런 일이 가능해진다고 해도 정말로 장애가 세상에서 '제거'될까.

질병과 장애를 치료하려는 시도 자체가 잘못되었다고 말할 수는 없다. 누군가는 장애를 가진 자신을 있는 그대로 인정하면서도 동시에 장애를 치료하기를 원할 수도 있다.[12] 문제는 장애를 가진 사람들이 더 나은 삶을 살아가기 위해서는 '손상'을 제거해야 한다는 생각이 사회의 지배적인 관점이라는 것이다. 치료만이 유일한 해결책이라는 관점은 현실에서 장애인들이 지금보다

---

12 장애와 질병은 연관되어 있지만 다른 개념이다. 질병이 장애를 초래하기도 하고, 장애가 질병에 영향을 미치기도 한다. 그러나 장애는 신체·정신의 손상과 환경의 상호 작용으로 인한 제한을 말하는 것이지 그 자체로 질병은 아니다.

더 잘 살아갈 수 있는 다양한 가능성을 지워버린다.

자폐는 장애와 과학의 관계에 대해 생각해볼 수 있는 적절한 사례다. 질환 유전체 연구 대상 중에서 가장 주목받아온 질환의 하나이며, 현재도 자폐의 원인 유전체에 대한 연구가 대규모 데이터에 기반해 활발하게 진행되고 있다. 다소 과장을 섞으면, 자폐의 원인을 규명했다거나 치료의 실마리를 발견했다는 기사가 거의 매일 보도될 정도다. 그런데 이처럼 '주목받는' 것이 당사자들에게 늘 도움이 되었던 것은 아니다. 스티브 실버만Steve Silberman은 『뉴로트라이브』에서 자폐의 역사를 서술하면서 과학과 의학이 자폐의 원인을 알아내고 자폐인들을 교정하려 했던, 그러나 거의 항상 실패했던 사례들에 주목한다. 미국에서는 '오티즘 스피크스Autism Speaks' 같은 기관들이 많은 돈을 모금하지만 이 돈은 자폐인과 그 가족의 일상을 지원하는 대신, 자폐의 원인과 위험 인자들을 밝히는 연구로만 흘러 들어간다. 자폐인과 그 가족들은 자폐를 교정하려고만 했던 의료적·문화적 접근이 얼마나 많은 자폐인들을 고통으로 내몰았으며, 때로는 죽음에 이르게 했는지를 증언한다. 자폐인들은 이러한 의료화에 대응하여 자폐를 신경전형적neurotypical이지 않은 뇌를 가진 사람으로 보는 신경다양성운동을 벌이고 있다. 실버만은 신경다양성운동에 대해 이렇게 쓴다.

신경다양성 옹호자들은 이 선물을 자연의 실수로 볼 것을 제안한다. 해결해야 할 수수께끼이자 산전검사와 선택적 유산 같은 기술로 제거해야 할 질병으로 볼 것이 아니라, 이런 특성을 인류의 소중한 유전적 유산으로 받아들이고 적절한 지원을 제공하여 심각한 장애로 이어지는 측면들을 개선하자는 것이다. 언젠가 자폐증의 원인을 밝혀내겠다는 목표 아래 엄청난 돈을 쏟아 부을 것이 아니라, 자폐인과 가족들이 지금 당장 좀 더 행복하고 건강하고 생산적이며 안정적인 삶을 누릴 수 있도록 도와야 한다는 뜻이다. 우리가 각 인종별 유전적 특성이 완전히 밝혀질 때까지 인권 문제를 해결하지 않고 미뤄둔다거나, 언젠가 과학의 도움으로 걷게 될 때까지 휠체어 사용자들을 공공 건물에 들어오지 못하게 한다면 어떨까?[13]

의사들이나 자폐인의 부모, 자폐인 당사자들 중에도 신경다양성 개념을 받아들이지 않거나, 그 한계를 지적하는 사람들이 있다. 이를테면 신경다양성 개념이 보다 중증의 장애를 가진 사람들을 대표하지 않는다거나, 신경다양성의 가치를 받아들이더라도 여전히 치료를 필요로 하거나 원하는 사람들이 있기 때문에 의료적 모델이 자리 잡을 공간이 있어야 한다는 주장이다.[14] 자폐는 스펙트럼이고 개인에 따라 그 기능과 상태가 매우 다양하

---

13 스티브 실버만, 강병철 옮김, 『뉴로트라이브』, 알마, 2018, 606~607쪽.

14 Ginny Russell, "Critiques of the Neurodiversity Movement", *Autistic Community and the Neurodiversity Movement*, November 8, 2019, pp.287–303.

기 때문에 치료 방법의 발전이 당사자들의 선택지를 늘리는 방향이라면 그것을 나쁘다고 말할 수는 없다. 그러나 현실의 무게추가 어디로 기울어 있는지 생각해볼 필요가 있다. 장애를 가진채로도 잘 살아갈 수 있는 환경을 만들자는 주장과 기약은 없지만 언젠가 나올 치료법에 희망을 걸자는 주장 중에서 지나치게후자에만 무게가 실려 있는 것은 아닐까? 우리 사회에는 장애인을 기술과 의학으로 교정하려는 정상성 규범이 굳건하게 자리잡고 있어 장애인의 현실을 개선하자는 목소리가 발 붙일 곳이없다.

'치료를 선택하지 않을 자유'를 말하는 것이 너무 이상적으로보일지도 모르겠다. 치료할 방법이 있으면 당연히 치료해야 하는 것 아닌가? 교정할 기술이 있다면 당연히 그 기술을 선택해야 하지 않는가? 그러나 현실이 단순하지 않다는 것을 우리는이미 알고 있다. 모든 수술에는 부작용과 위험성이 있고, 신체를교정하는 일이나 기계 장치와 연결되는 일 역시 마찬가지다. 라식과 라섹, 시력 교정술, 임플란트 치아 시술 같은 흔한 수술조차도 때로는 심각한 부작용이 보고된다. 여전히 많은 사람들이눈 수술 대신 안경을, 임플란트 치아 대신 보철을 선택한다. 치료는 선택지가 될 수는 있어도 절대적이고 유일한 해결책이 될수는 없다. 완벽한 기술이 없는 현실에서 '완벽한 치료법이 나오면 어떻게 할 것인가?'라고 묻는 것은 무의미하다. 설령 먼 미래에 좋은 신경보철 다리가 개발되더라도 경사로를 선택하는 이들

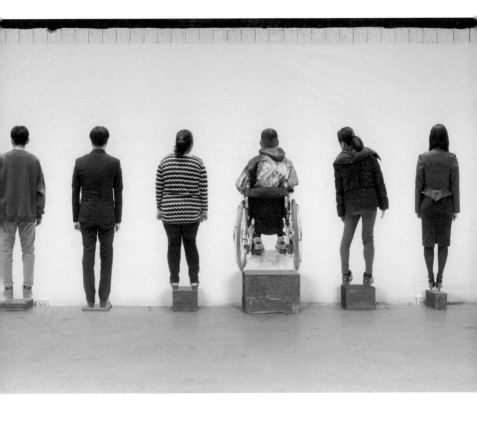

〈따라서 어떤 것은 더 작고 어떤 것은 더 크다〉

(2020년 '잘 못 보이고 잘 못 말해진' 전시)

"장애인들의 몸은 설령 같은 유형의 장애라 해도
규격화할 수 없을 만큼 다양하며, 사람마다 서로 다른 상황에 처한다."

이 남아 있을 것이다. 인공 와우가 개발된 지 수십 년이고 이식 수술도 늘어났지만, 여전히 인공 와우 대신 '농인 정체성'을 택하는 사람들이 있는 것처럼.

기술철학자이자 장애학자인 애슐리 슈Ashley Shew는 기술의 발전이 장애인의 문제를 해결하는 유일한 방법이라는 관점을 테크노에이블리즘Technoableism[15]이라고 칭하며 비판한다. 테크노에이블리즘은 기술 낙관론에 기반한 비장애중심주의다. 이러한 관점은 장애를 손상된 몸을 가진 개인의 문제로 환원하고, 그 개인에게 기술적 지원이나 교정을 통해 장애를 제거할 것을 혹은 정상적인 기능을 회복할 것을 요구한다.[16] 테크노에이블리즘의 관점에서 청각장애인에게 가장 필요한 것은 보청기나 인공 와우 혹은 청력 자체를 회복할 수 있는 의료적 시술이지, 수어통역이나 문자통역이 아니다. 수어로 의사소통하거나 음성 대신 문자 정보를 제공받는 것보다는 '소리를 듣는 것'이 정상성 규범에 더

---

15 에이블리즘ableism은 비장애중심주의, 장애차별주의, 능력차별주의 등으로 번역된다.

16 [Blog Post] Ashley Shew, "Technoableism Cyborg Bodies and Mars", *Technology and Disability*, November 2017(https://techanddisability.com/2017/11/11/technoableism-cyborg-bodies-and-mars/); [Blog Post] Ashley Shew, "Stop Depicting Technology as Redeeming Disabled People", *Nursing Clio*, April 2019(https://techanddisability.com/2019/05/01/stop-depicting-technology-as-redeeming-disabled-people/); Ashley Shew, "Ableism, Technoableism, and Future AI", *IEEE Technology and Society Magazine*, Vol. 39, No. 1, March 2020.

부합하기 때문이다.

왜 휠체어를 위해 경사로를 설치하는 것보다 로봇 외골격이 더 주목과 찬사를 받을까? 이동 보조기기를 이용하는 것보다는 '걷는' 것이 더 정상성에 가깝게 여겨지기 때문이다. 하지만 누군가에게는 소리를 더 잘 듣게 하는 기술보다 수어나 문자 정보를 제공하는 것이, 로봇 외골격보다 휠체어가 더 적합할 수 있다. 장애인들의 몸은 설령 같은 유형의 장애라 해도 규격화할 수 없을 만큼 다양하며, 사람마다 서로 다른 상황에 처한다. 테크노에이블리즘은 장애인들이 실제 삶에서 각각의 기술을 어떻게 느끼고, 그것과 상호 작용하는지를 구체적으로 고려하지 않는다.

테크노에이블리즘은 장애와 기술에 대한 사회의 협소한 관점을 드러낸다. 온정과 시혜로 뒤덮인 시선들은 장애인 사이보그의 현실에는 눈을 감고, 미래적인 이미지만을 기술낙관주의의 홍보 대사로 내세운다. 지금 이곳의 장애인들이 경험하는 고통과 장벽을 해결하는 일을 '언젠가' 기술이 발전할 미래로 자꾸만 유예한다. 경사로와 엘리베이터, 수어통역을 실현하는 데 최첨단의 놀라운 기술이 있어야만 하는 것은 아닌데도 말이다. 애슐리 슈는 기술을 통한 궁극적인 '장애의 종말'을 이야기하는 것은 마치 인류의 역사에서 '전쟁의 종말'을 말하는 것처럼 허황된 아이디어라고 말했다. 구체화되지 않은 낙관론은 현실의 고통을 축소해버린다.

우리가 과학기술에 거는 기대는 너무나 쉽게 현실과 어긋나고 또 미끄러진다. 어떤 기술도 완전무결한 해답이 될 수는 없다. 기술 낙관론자들이 약속하는 기술 유토피아는 결코 그런 방식으로 이곳에 도래하지 않을 것이다. 그렇기에 우리는 불완전한 기술과 불완전한 인간의 몸으로 지금 이 세계를 바꾸어나가야 한다. 언젠가 나타날 기적의 과학기술에 이른 찬사를 보내는 대신, 이미 현실에서 기술과 밀접한 관계를 맺고 살아가는 사이보그들의 구체적인 경험에 주목해야 한다.

이후의 장에서는 장애인 사이보그의 삶을 계속해서 살필 것이다. 장애인 사이보그는 기술과 연결되고 불화하며 살아간다. 기술에 거는 기대와 현실의 격차에 좌절하고, 보여지는 것과 숨기는 것 사이에서 갈등하며, 기계와의 불완전한 연결을 경험한다. 그 모순과 불화는 또 다른 가능성을 열어준다. 장애인들은 자신의 삶을 개선하기 위해 기술을 이용하고, 새로운 기술 지식의 생산자가 되며, 기술을 통해 세계의 구조 변경을 요구하기도 한다. 이와 같은 장애인 사이보그의 삶은 우리의 취약함과 의존성이 어떻게 기술과 관계 맺는지를 보여준다. 완전함에 도달하기 위한 기술이 아니라 불완전함과 함께 살아가기 위한 기술의 단서를, 우리는 그 관계 속에서 찾을 수 있을 것이다.

4장 청테이프형 사이보그

김원영

화성에서 살아남은 휴먼

　화성 탐사에 참여한 식물학자 마크 와트니는 예기치 못한 사고로 동료들이 모두 떠난 화성에 혼자 남는다. 상처 입은 몸에 응급 처치를 마친 후, 기지 안에 남은 식량과 장비를 살펴보며 구조대가 올 때까지 생존하기로 마음먹는다. 가진 자원은 희소하고 지구와의 연락도 두절된 상태다. 마크는 구식 디스코 음악을 틀어놓고 냉소적인 유머를 던지며 남아 있는 자원으로 최대한 생존할 수 있도록 일상을 설계한다. 과학 지식을 동원해 물을 합성하고 기지 안에서 감자를 키워 식량을 조달한다. 오래전 인류가 보낸 화성 탐사 로봇의 조악한 움직임을 기호로 만들어 지구와의 커뮤니케이션에도 성공한다. 수백 일을 홀로 버틴 끝에 마크는 화성의 대기권에서 자신을 구하러 온 동료들과 재회하고 마침내 지구로 귀환한다.

　영화 〈마션〉에서 우리는 허허실실해 보이지만 영웅적인 면모를 지닌 한 인간을 만난다. 지구에서 5600만 킬로미터 이상 떨어진 화성에 고립되는 일은 온라인 쇼핑으로 음식을 주문해 먹으며 자가 격리되는 것과는 비교할 수 없이 막막한 일이다. 그래도 마크는 의연한 태도로 유머를 잃지 않은 채 과학 지식과 합리적 사고를 바탕으로 척박한 환경을 개간하며 버틴다. 실패할 때마다 그간 일궈놓은 모든 걸 부순 뒤 생존을 단념하고 싶다가도 곧 냉정을 되찾는 인물. 마음을 추스르고 피해를 최소화하는 전략을 모색하는 합리적인 존재. 충동적인 정서 반응에도, 외부 환경의 자극에도 지배받기를 거부하고 자신과 주변을 통제하며 이성理性의 힘으로 오롯이 서는 이런 인물은 우리가 성숙한 인간의 모델로 삼을 만한 '자유롭고 독립적인 주체'다.

2000년대로 넘어오기 직전의 몇 년을 나는 휠체어를 타고 세상으로 나가 학교를 다녔다. 다양한 장애가 있는 친구들의 공동체에서 어떤 충만함을 느끼면서 내가 '정상에서 모자란 인간'이라는 생각을 조금씩 털어냈다. 그렇지만 당시 우리의 현실은 사회에서 꽤 많이 격리된 장애인학교와 장애인시설이었고, 그 좁은 세계 바깥에는 휠체어로 편히 드나들 수 있는 장소도, 이동을 도와줄 대중교통도 없었다. 우리에게 허락된 안락한 공간은 화성에 가꾼 탐사 기지만큼 작아서 우리가 궁극적으로 지구에서 온전히 살기 위해서는 바깥세상에서의 생존 기술이 필요했다.

20여 년 전 한국 사회에서 휠체어를 탄 10대 청소년은 덕트 테이프duct tape(강력 접착테이프)나 몇 알 남은 감자를 손에 쥔 채 친절하지 않은 행성에서 구조되기를 기다리는 처지와 유사하다. 이럴 때 무엇이 필요할까. 씩씩하고 유머러스한 정신, 냉정하고 합리적인 판단력, 강인한 독립심, 대중교통이 필요한 거리를 두 팔로 바퀴를 밀어 이동하는 근력 같은 것. 달리 말하자면 '휴머니즘적 영웅(자유롭고 독립적인 주체)'이 되어야 한다.

나는 꽤 우등생이었다. 승차 거부를 당하면 술에 취한 채 지나가는 택시에 욕을 하는 대신 냉정하고 유머러스하게 택시 운전사의 마음을 '개간'해야 함을 알았다. 주체란 일종의 테크놀로지다. 마크 와트니와 같은 주체로 자신을 계발해야만 친절하지 않은 행성에서 생존할 가능성이 높아진다.

어느 날부터 내 눈에 주위의 아이들이 지나치게 의존적이고 무능력해 보이기 시작했다. 시간이 걸려도 조금만 연습하면 얼마든지 우유팩을 뜯을 것 같은 반 친구가, 어머니가 교실에 들러 우유를 뜯어줄 때까지 기다리고 있는 모습을 보았는데 도저히 참을 수가 없었다.

"네가 할 수 있는 건 엄마 기다리지 말고 좀 해!"

나는 소리를 질렀다. 친구는 나의 장애와 자신의 장애는 다르다고 (정당하게) 항변했다. 나는 이 척박한 장소에서 생존하기 위해 조악한 기술을 손에 쥔 채 고군분투하고 있는데, 다른 아이들은 천하태평하다고 생각했다.

인간을 넘어선 인간

휴머니즘humanism은 인간(휴먼)을 동물과 구별되는 자유롭고 합리적인 행위자로 여긴다. 인간만이 자유롭고 합리적인 존재일 수 있는 이유는 이성에 있다고 생각한다. 아리스토텔레스는 다른 동물에게는 없는 인간만의 고유한 속성을 이성에서 찾은 첫 번째 사람이었다.[1] 서양의 근대 사회는 이런 시각이 본격화하며 전개되었다. 16~17세기 유럽의 철학자들은 인간을 외부와 구별되는 고유하고 독립된 정신을 가진 존재로 파악했다. 이성을 잘 계발해 사용할 수만 있다면, 그래서 자연의 원리를 수학적으로 분석하고 측정할 수 있다면 인간은 자연에 종속되기보다 자연을 이용할 수 있으리라는 믿음이 굳어졌다. 인간은 합리적으로 사고하고 노동하는 존재로서 자연은 물론이고 왕을 비롯한 타인의 의지에 종속되지 않는 자유로운 주체로 태어났다.

물론 휴머니즘의 인간상은 우리에게 그런 잠재력이 있다는 뜻일 뿐 현실의 우리가 곧 그렇다는 말은 아니다. 인간은 보통 충동적이고, 의존적이며, 바깥의 힘에 휘둘리는 나약한 존재다. 잠재성은 계발되고 훈련되어야 한다. 전통적인 휴머니스트들은 그래서 좋은 교육이 중요하다고 믿었다(인문학humanitas은 바로 휴머니즘적 주체로 성숙하려는 인간에게 필요한 지적 탐구를 일컫는 말이었다). 21세기 휴머니스트들은 교육에 걸었던 기대를 과학기술에 건다. 현실의 우리는 서툴기 짝이 없지만, 적정한 테크놀로지의 조력을 받으면 달라질 수 있다는 것이다. 이른바 NBIC, 즉 나노기술Nanotechnology, 생명공학기술Biotechnology, 정보기술Information Technology, 인지과학Cognitive Science을 잘 활용하면[2] 우리는 더 강하

---

1 아리스토텔레스는 "감각적인 삶"은 다른 동물들에게도 공통적인 것이지만 "이성적인 부분의 활동적인 삶"은 인간에게 고유한 것이라고 했다(아리스토텔레스, 천병희 옮김, 『니코마코스 윤리학(NE 1098a)』, 도서출판 숲, 2013, 39쪽).

2 이종관, 『포스트휴먼이 온다』, 사월의책, 2017, 35~42쪽.

고, 합리적으로 사고하고, 오래 살고, 똑똑하고, 잘 협력할 수 있다고 믿는다. 이것이 트랜스휴머니즘으로 분류되는 우리 시대의 휴머니즘이다.

이를테면, 2030년 화성에 식민 기지를 건설한다는 일론 머스크의 꿈이 이뤄진다고 가정해보자. 스페이스 X(일론 머스크가 세운 우주 개발 기업)의 최신 우주선을 타고 화성에 도착한 우리는 솔라 시티(테슬라의 자회사로 태양 에너지 서비스에 특화된 기업)가 생성한 태양광 에너지로 화성의 대기와 얼음에서 산소와 물을 추출하여 식민지 개척을 시작할 것이다. 우주선이나 화성의 지구화 terraforming에 필요한 장비를 첨단화하는 것이 전부는 아니다. 우리 자신이 '첨단화'될 수 있다. 뉴럴링크(일론 머스크가 설립한 뇌 연구 스타트업)가 개발한다는 칩 따위를 머릿속에 심어 두뇌를 온라인 세계에 연결하면 낯선 행성에서 생존하는 법을 빠르게 익히고, 고립감이나 두려움 같은 정서 반응을 효과적으로 통제할 수도 있다. 우리는 신체를 강화하는 것을 넘어 정신적인 측면에서도 마크 와트니 같은 휴머니즘적 영웅에 가까이 다가갈 수 있다.

물론 수십 년 후 화성에 건설할 도시를 활보하는 순간을 상상하기 전에 당장 제기해야 할 물음은 이것이다. 트랜스휴머니즘의 꿈을 우리가 함께 꾼다면, 나처럼 뼈도 약하고 작은 난관에도 마음이 흔들리는 유약한 인간도 지금 이곳의 삶에서 더 강하고, 독립적이고, 자유로운 존재로 점차 변할 수 있을까?

호킹만큼 인간적이지 않다면

스티븐 호킹Stephen Hawking은 루게릭병이 얼마간 진행된 후부터 발성이 불가능해져 미리 입력해둔 문자 정보를 음성으로 전환해주는 소프트웨어를 이용해 의사소통을 했다. 그가 '시간의 역사'를 강의할 때면, 그의 몸은 전동 휠체어 위에 미동도 없이 앉아 있고 음성 보조 소프트웨어가 내는 기계 목소리만이 강연장에 울려 퍼졌다. 호킹은 각종 테크놀로지 덕분에 질병이 진행되는 가운데서도 연구를 놓지 않았고, 연구 결과를 사람들에게 전할 수도 있었다. 그가 전동 휠체어에 몸을 싣고 건조한 기계 음성으로 강연을 진행할 때, 사람들이 연단 위의 호킹을 그저 무력하고 의존적인 존재로 보지는 않았을 것이다. 오히려 그는 누구보다도 자유롭고 독립적인, '휴머니즘적 영웅'이었다. 호킹의 몸에 결합된 각종 테크놀로지는 그저 호킹의 영웅적인 면모에 동원된 보조적인 장치로 보인다.[3] 서울대 지구환경과학부 이상묵 교수는 2006년 연구 답사 과정에서 큰 사고를 입고 목 아래가 마비되어 장애인이 되었다. 그는 힘든 재활 과정을 견뎌내고,

---

3 그렇기에 미국 시트콤 〈빅뱅 이론〉의 한 에피소드에서는 세상 물정 모르는 순진한 공학 연구자인 주인공이 스티븐 호킹의 기계음을 흉내 내는 장면이 '불편하지 않게' 성립한다. 이 장면은 스티븐 호킹이라는 위대한 학자이자 (심지어) 장애인을 코미디의 대상으로 삼는 파격성을 보이면서도 그를 충분히 존중하는 태도에는 전혀 영향을 미치지 않는다. 호킹의 기계음은 호킹이 아니다. 우리는 호킹의 '본질'이 그의 탁월한 사고력과 불굴의 의지에 있다고 생각한다.

공학자답게 당시 가장 첨단의 보조기기들을 활용해 2년 후 강단에 복귀했다. 호흡으로 전동 휠체어를 조종하고, 음성 인식 소프트웨어로 논문을 쓰고 강의 자료를 만들었다(당시에는 소프트웨어의 한국어 인식 기술이 영어보다 크게 떨어져서 이상묵 교수는 영어로 강의 자료를 만들 수밖에 없었다). 그의 별명은 '한국의 스티븐 호킹'이었다. 2014년 연세대학교 공과대학 석사과정에 재학 중이던 신형진 씨가 삼성전자가 개발한 안구 마우스를 지원받아 화제가 되었다.[4] 신형진 씨는 눈동자의 움직임을 제외하면 다른 움직임은 거의 불가능한 중증 근육장애인인데, 안구 마우스 덕에 공학 연구자의 길에 더 효과적으로 정진할 수 있게 되었다. 컴퓨터 모니터에 눈동자로 클릭한 글자들을 새기며 말을 거는 그는 단지 '기계'로만 보이지 않았다. 그의 별명은 '연세대 호킹'이었다. 스티븐 호킹처럼 이상묵 교수도, 신형진 씨도 기계와 결합한 덕분에, 그리고 기계에 의지하면서도 충분히 독립적이고 자유로운 휴머니즘적 주체의 영웅적인 면모를 드러낸다.

그러나 기계와 결합한 인간이 휴머니즘적 영웅의 아우라를 발하는 경우는 오히려 예외에 가깝다. KT가 AI를 이용해 청각

---

4 삼성전자는 보급형 안구 마우스 '아이캔플러스'를 신형진 씨에게 선물했다(「'눈동자 클릭' 의사소통한 연세대 스티븐 호킹」, 『한국경제』, 2014년 11월 26일). 이전까지 안구 마우스의 가격은 1000만 원을 호가했으나 삼성전자의 보급형 모델은 가격을 크게 낮췄다. 삼성전자는 자체 뉴스룸에서 재료비가 5만 원 정도 들어갔을 뿐이라고 밝혔다. 2021년 현재 안구 마우스(아이트래커)는 특수교육 현장에서 널리 활용되는 보조기기이다. 안구 마우스 기능을 자체 내장한 아이패드 프로도 출시되었다.

장애인(농인)의 목소리를 찾아준다며 시작한 프로젝트 영상을 떠올려보라. 여기서 목소리 찾기에 참여한 농인은 과학기술과 만나 더 자유롭고 독립적인, 즉 이상적인 '휴먼'의 모습을 전혀 성취하지 않는다.[5] 그는 수어를 사용할 때 더 '인간적'으로 보인다. 웨어러블 로봇을 입고 두 발로 다시 서게 된 영상 속 장애인의 감격 어린 모습 어디에서도 휴머니즘의 이상적인 얼굴을 찾아볼 수 없다. 이상적인 휴먼은 오히려 그 옆에서 로봇을 설계해준 MIT 미디어랩 공학자의 지적이고 따뜻한 표정에서 발견된다. 어떤 종류의 기술들 덕분에 우리는 좀 더 자유롭고 쉽게 원하는 일을 해낼 수 있지만 그것이 트랜스휴머니즘이 꿈꾸는 이상적인 인간으로 우리를 데려가는 것은 아니다(최첨단 스마트폰을 손에 쥔다고 당신과 내가 어디 자유로워지던가?).

평범한 대다수의 사람들은 오히려 기계와 몸이 결합하는 정도가 강해지면 더 의존적이 될까 봐(또 그렇게 보일까 봐) 두려워한다. 노인들은 종종 "아직 두 다리가 성하니 내 몸으로 움직이겠다"며 보행 보조기기를 거부한다. 전동 휠체어, 보청기, 스마트폰 등이 장애인의 삶의 질을 크게 향상시키는 것이 분명함에도 이러한 것들이 자기 몸의 일부로 관여되는 정도가 커지면 부담을 느끼는 이유이기도 하다. 나는 전동 휠체어를 처음 탈 때

---

5 이 프로젝트에 관한 본격적인 논의는 이 책의 3장 김초엽의 글(66~69쪽)을 참고하라.

다소 그런 마음이 들었다. 수동 휠체어는 상대적으로 크기가 작고, 나의 두 팔로 이동하므로 쉽게 내 몸의 일부라는 생각이 들었지만 전동 휠체어는 어쩐지 나를 그저 '기계의 일부'가 되게하는 것 같았다. 장애인 인권 활동가 김상희 씨는 몸을 직립으로 일으켜주는 스탠딩 기능을 포함한 다기능 전동 휠체어를 사용한다. 무척 고가였지만 기립성저혈압과 허리 통증에 시달려온터라 큰 결심 끝에 이 휠체어를 구매했다. 사용 결과 자신의 몸과 조건에서 유용하고 편리한 기기였다. 하지만 이 휠체어를 이용하는 자신을 향한 사람들의 반응을 마주하며 모종의 불편함을 계속 느꼈다. 김상희 씨는 『비마이너』에 기고한 글에서 이렇게 말한다.

다기능 전동 휠체어를 타고 다닌 뒤로 사람들에게 곱지 않은 시선도 많이 받고 있다. '돈이 많아서 돈 자랑하려고 샀겠지'라는 말투로 말하는 사람도 있었고 대책 없이 사는 사람으로 취급될 때도 있었다. 부르주아 특권층으로 바라보는 사람들도 있다. 그래서 장소에 따라 작동하는 게 부담스러울 때가 많다. 사실 이런 문제는 구입 전에 예상은 했었다. 나는 빚이라도 내서 살 수가 있지만, 빚도 낼 수 없는 상황에 놓인 이들을 생각한다면 감수해야 할 불편함이라고 생각도 한다. 누군가 전동 휠체어 가격을 물어올 때마다 스스로 위축감이 드는 이유다.[6]

나는 이 고민을 얼마간 이해할 수 있다. 이런 휠체어는 지나치게 고가이고, 크기가 커서 면적을 상당히 차지하며, 각종 기능들까지 더해져 존재감이 크다. 내 몸을 더 자유롭고 편리하게 만들어줄지 몰라도, 사실상 다른 사람들의 시선이나 태도와 무관하게 나의 자유와 독립성이 증진될 리 없다. 어떤 테크놀로지와 만난 인간의 주체성은 이를 통해 기능적인 자유를 얼마나 획득하느냐가 아니라, 그 테크놀로지를 '지배할 자격'이 있느냐에 달려 있다. 아이언 맨 캐릭터가 영웅 서사의 주인공이 되는 이유는 토니 스타크가 아이언 맨 슈트를 직접 개발했기 때문이다. 휴머니즘적 영웅은 그를 더 자유롭고 강하게 만드는 테크놀로지를 능력으로 압도하거나(길들이기 어려운 야생 동물의 등에 올라타거나 아무도 들지 못하는 도끼를 들어 올리거나), 직접 창조하거나, 처절할 정도의 시험을 온몸으로 버텨내고 생존해야 한다. 그래야 그 무기(테크놀로지)를 소유할 '자격'을 인정받는다. 우연히 기이한 방사선을 쪼여서 엄청난 능력을 지닌다고 다 영웅인 것이 아니라, 애초에 넘어지고 또 넘어져도 일어서는 인물이어야 영웅이 된다. 영웅의 성장 서사는 장애와 테크놀로지의 관계에 그대로 적용된다. 첨단 기술로 무장한 고가의 테크놀로지와 결합한 장애인은 그 기술을 압도할 만한 스토리(비극적인 사고로 어느 날 갑자기 모든 것을 잃어버리는 식의) 혹은 테크 관련 직업이나 지적, 기술적 역량

---

6 김상희, 앞의 글.

(하이테크 기업의 창업자, 천재적인 공학자 등)을 지녀야 '휴머니즘적 영웅'이 될 수 있다.

김상희 씨는 오랜 경력의 인권 활동가이고 내가 좋아하는 글을 쓰는 저자이지만 '호킹'은 아니다. 사회는 뇌병변장애를 가진 여성 인권 활동가에게 휴머니즘적 영웅 스토리를 부여하는 데 인색하다. 이 때문에 스스로 위축되고, 이런 휠체어를 타는 게 너무 유별나 보이지 않을까 고심하게 된다. 나는 김상희 씨가 이런 고민 없이 적극적으로 자신의 휠체어와 함께 더 다양한 삶을 시도해보기를 응원하지만, 나라도 비슷한 생각과 정서에 빠졌을 것이다. 기술은 우리 삶을 더 편리하게 만들지만, 우리 모두를 더 '인간적'으로 만드는 것은 아니다.

인간이라는 정체성을 문제 삼는 존재

우리는 늘 인간이었다거나 단지 인간일 뿐이라고 누구나 확실하게 말할 수 있는 것은 아니다. 서양의 사회적, 정치적, 과학적 역사에서 과거뿐 아니라 지금도 어떤 이들은 충분히 인간으로 인정받지 못하고 있다.[7]

---

7   로지 브라이도티, 이경란 옮김, 『포스트휴먼』, 아카넷, 2015, 8쪽.

휴머니즘의 시대에 모든 사람이 늘 '인간'은 아니었다. 자유롭고 독립적이며 합리적인 주체로서의 잠재성이나마 지닌 존재는 유럽의 특정 지역에 사는 백인 남성이면서 장애가 없는 사람들이었을 것이다. 시대가 변하며 '인간'의 범주는 점점 확대되었지만, 애초에 휴머니즘의 휴먼이란 공허하고 편파적인 관념이었음을 비판하는 사람들이 많다. (비판적) 포스트휴머니즘이라고 불리는 입장이 대표적이다. 이들은 트랜스휴머니즘과는 반대로 과학기술의 발전이 이처럼 공허한 휴먼 개념의 '휴먼'을 완성하기보다는 더욱 해체하는 쪽으로 몰아갈 것이라 예상한다.

커뮤니케이션 기술과 정보과학의 발전은 세상에 존재하는 여러 이질적인 것들을 '코드화'하여 그 경계를 무너뜨린다. 그림과 음악은 서로 다른 정체성을 지닌 뚜렷이 구별되는 예술 양식이지만, 우리 시대에는 전자기적 정보로 코드화가 가능해지면서 질적 차이가 무너졌다. 우리는 음악이든 그림이든 모두 0과 1로만 이뤄진 디지털 정보로 코드화해서 디지털 기기에 보관하고, 출력하고, 먼 곳으로 전송하고 전송받는다. 최신형 의족(인공 보철)이 절단된 부위의 인체 신경다발을 의족의 전자기적 정보 흐름으로 코드화할 때, 인간의 '순수한' 다리와 인공적인 다리의 구분은 모호해진다. 같은 맥락에서 우리 시대에는 '순수하게' 독립적이고 자율적인 주체로서의 '나'란 무엇인지 혼란스럽다. 나는 누구의 방해나 강제도 없이 어느 날 갑자기 집에서 두부를 부치다가 퇴직금을 들고 아르헨티나 최남단 도시 우수아이아로 여행을 떠나자고 마음먹을 수 있다. 그러나 어젯밤 잠들기 직전 페이스북 타임라인에서 남미 여행 광고를 (기억하지도 못하지만) 본 것이라면? 나의 뇌는 사실상 24시간 디지털 네트워크에 연결되어 있다. 내 과거 이미지와 생각들은 네트워크 어딘가에서 디지털 정보로 코드화되어 끊임없이 떠돌고, 각기 분산된 장소에서 다른 사람의 뇌와 실시간으로 영향을 주고받는다. 외부와 분리된 독립된 '정신'을 가진 '나'라는 주체는 애초에도 환상이었을지 모르지만 점점 더 의문의 대상이 되고 있다.

트랜스휴머니즘에서 사이보그는 어디까지나 우리가 더 자유롭고 독립적인 인간이고자 하는, 우리의 휴머니즘적 주체성을 강화하는 수단으로서의 존재 방식이다. 그러나 (비판적) 포스트휴머니즘에서 사이보그란 이질적인 것들이 뒤섞인, 정보과학 시대의 '잡종적인' 주체성을 상징한다. 도나 해러웨이Donna Haraway에 따르면 하이테크 문화에서 "인간과 기계의 관계에서는 누가 생산자이고 누가 생산물인지 불확실하다. 코딩 작업으로 구성되는 기계에서는 무엇이 정신이고 무엇이 육체인지 분명치 않다." 이 시대에 "우리는 우리 자신이 사이보그, 하이브리드, 모자이크, 키메라임을 깨닫게 된다." 정보과학과 커뮤니케이션학이 고도로 발달한 세상에서는 기계와 유기체, 기술적인 것과 유기체적인 것 사이에 근본적인 분리는 없다는 것이다.[8]

해러웨이는 사물이나 타자와 경계 없이 결합한 존재로서 장애인에 주목하면서 "어쩌면 신체 마비를 비롯한 중증 장애를 지닌 사람들이 다른 커뮤니케이션 장치와의 복합적인 혼종화 경험을 가장 강하게 시도하거나 체험할 수 있을 것"이라고 말한다.[9] 이런 시각에서 보면 장애인은 고가의 첨단 휠체어를 장악하고 효과적인 수단으로 삼는 휴머니즘적 영웅 또는 기계에 전적으로 의지하는 무력한(결여된) 인간이 아니라, 휠체어나 안내견, 보청기, 활동지원사, 흰 지팡이와 한 몸이 되어 움직이는, 쉽게 규정할 수 없는 하이브리드적 존재다. 그리고 이러한 관점은 앞서 살펴보았듯 지금 이 시대를 살아가는 많은 장애인들의 경험에 잘 부합하는 듯 보인다. 이들은 첨단 기기의 보조를 받거나 기술의 존재감 따위는 소멸시켜버리는 스티븐 호킹 같은 휴머니즘적 영웅은 아니지만, 정상과 비정상, 인간과 비인간이라는 전통적인 구분을 문제 삼는 사이보그다. 커다란 전동 휠체어를 타고 '인간의 권리'

---

8 도나 해러웨이, 황희선 옮김, 『해러웨이 선언문』, 책세상, 2019, 78쪽. 단, 해러웨이는 새로운 기술이 만들어내는 혼종적(잡종적) 정체성(즉 오염된 정체성)으로서의 포스트휴먼 또는 포스트휴먼 주체성에서 점차 거리를 두면서 사이보그를 '반려종'으로서 이해한다. 해러웨이에 관한 연구서에서 최유미는 이렇게 쓴다. "정체성의 오염은 최신의 기술이 가져온 축복(혹은 저주)이 아니고, 지구상의 존재들은 처음부터 이종혼효적인 잡종이었고, 혼자이거나 개체가 아니라 반려종이었기 때문이다. 그래서 해러웨이는 사이보그를 반려종의 카테고리에 포함시킨다. 사이보그는 극히 최근의 그물망에서 형성된 반려종의 가장 어린 친족이다. …… 반려종이 된다는 것은 이 무구하지 않은 관계 속으로 들어간다는 말이다. 이 관계들을 가능한 덜 폭력적으로 덜 지배적으로 만들기 위해서 우리는 불사의 포스트휴먼이 되어야 하는 것이 아니라 퇴비compost가 되어야 한다."(최유미, 『해러웨이, 공-산의 사유』, 도서출판b, 2020, 184쪽)

9 도나 해러웨이, 위의 책, 78쪽.

를 주장하는 장애권리운동의 현장은 인간이란 무엇인가에 대해 근본적인 물음을 던지는 우리 시대의 가장 분명한 장소다.

그간 장애인들은 휴머니즘이 말하는 그 휴먼(인간)으로 인정받지 못해서 오랜 기간 싸워왔다. 휴먼 관념을 해체하고, 경계를 횡단하는 존재로서의 사이보그라는 개념으로 장애인을 바라보는 일은 그런 점에서 식자들의 이론적 유희에 불과해 보이기도 한다(아직 '인간'으로 여겨지지 못해서 차별과 억압을 받는데, '인간'을 해체하는 존재가 되어서 어쩌겠는가).[10] 그러나 우리가 새로운 사이보그의 은유를 중심으로 기술과 장애인의 몸이 맺는 관계의 실재를 상세히 들여다보는 일은, 그저 확고한 정체성을 해체하는 존재로서 장애인을 발견하기 위해서가 아니다. 나는 기술(기계)과

---

10 장애인들은 그동안 무력하고 의존적인 존재로 여겨져 늘 보호와 통제의 대상이었다. 미국 버클리대학교에서 1960년대 말 중증 장애인 에드 로버츠Ed Roberts가 시작한 장애권리운동의 이름은 '자립생활운동independent living movement'이었다. 대표적인 발달장애권리운동의 이름은 '피플 퍼스트people first'다. 20세기 후반 세계로 확산된 장애권리운동은 의료기관이나 복지시설에서 장애인이 보호받으며 생활하는 삶, 즉 시설화institutionalization에 반대했다. 통제와 예속이 아닌, 자율성과 독립을 욕망했다. 다시 말해 장애권리운동은 근대 이후 휴머니즘이 이상적으로 제시하는 바로 그 인간의 범주에 장애인도 들어갈 수 있고, 들어가야 한다는 전제에 기반한 것이다(미국 장애권리운동의 역사는 킴 닐슨, 김승섭 옮김, 『장애의 역사』, 동아시아, 2020에서 확인할 수 있다. 넷플릭스 다큐멘터리 〈크립 캠프〉 역시 흥미진진하다. 한국 장애권리운동의 역사는 김도현, 『차별에 저항하라』, 박종철출판사, 2007에 훌륭하게 정리되어 있다). 동시에 장애인의 권리를 위한 투쟁은 언제나 근대 휴머니즘의 인간중심주의를 해체하고 문제 삼는 운동이기도 했다. 2021년에는 더욱 그렇다. 수나우라 테일러의 『짐을 끄는 짐승들』(이마즈 유리 옮김, 오월의봄, 2020)이 대표적이다. 여기서 장애인은 '인간으로서' 동등하기에 권리의 주체가 되는 것이 아니라 동물로서, 동물과 함께 해방의 주체로 등장한다.

긴밀히 결합한 장애인의 몸과 일상을 들여다볼 때, 오히려 그동안 기술을 둘러싼 논의에서 보이지 않았던 존재들의 어떤 영웅적인 면모를 발견할 수 있다는 점을 강조하고 싶다. 그것은 물론 최첨단 테크놀로지를 개발하고 판매하는 실리콘밸리의 얼굴들을 말하는 것도 아니고, 반대로 기계의 힘을 빌리지만 그 기계를 압도해버리는 휴머니즘적 영웅(스티븐 호킹)의 아우라를 말하는 것도 아니다.

청테이프 같은 존재들

영화 〈마션〉에는 덕트 테이프가 자주 등장한다. 금이 간 우주 헬멧에 붙여 산소 유출을 막고, 폭발한 탐사 기지의 일부를 비닐로 봉합하는 데도 쓰인다. 덕트 테이프는 1943년 베스타 스타우트Vesta Stoudt라는 여성의 아이디어로 처음 개발되었다. 방수 기능과 접착력이 좋아 군대에서 물자를 안전하게 옮기는 데 활용되었고, 이후 존슨앤드존슨이 상품으로 출시하면서 만능 도구처럼 쓰이며 널리 퍼졌다. 1970년 아폴로 13호의 산소통 폭발 사고 시 이산화탄소 제거 장치를 임시로 설치하기 위해 덕트 테이프가 쓰인 일은 유명하다. 당대 최첨단 테크놀로지가 모두 동원되는 우주 미션에 덕트 테이프는 필수적인 요소였다(NASA가 가장 사랑하는 도구라는 말도 있다). 우리나라에서 유명한 덕트 테이프로는 청테이프가 있다. 어떤 집이든 서랍 안쪽이나 낮은 가구 위에 청테이프가 있을 것이다. 나는 대학 시절 청테이프를 대자보 게시용으로 가끔 썼다. 둥글게 말아 양면으로 접착력을 활용하면 광장의 게시판에 커다란 종이가 잘 붙었다. 자동차가 오래되면 겉면에 부식이 일어나는데 이때도 유용하다. 청테이프는 두 개의 사물을 접합시키는 데 가장 간편하고 효과적인 '테크놀로지'다. 금이 간 유리문, 부서진 플라스틱 장난감, 무거운 짐을 포장하는 종이 박스에 청테이프를 잘라 붙이면 두 사물의 관계는 수선/치료/교정/연결된다.

김혜리 영화 전문기자는 〈마션〉에 관한 글에서 마크 와트니를 연기한 맷 데이먼Matt Damon이 "고무줄 같은 존재감의 보유자"라고 말한다. 할리우드의 대형 배우이면서도 어딘가 실없어 보이고, 평범한 사람들 속에 어슬렁어슬렁 섞여 들어가는 인물이어서다. 작품 속에서 압도적 존재감을 과시하면서도 때로는 너무 흐릿해서, 런던에서는 한 시민에게 사진을 찍어달라는 부탁을 받은 적도 있다고 한다(그는 당연히 스타 배우인 자신과 사진을 찍자는 줄 알고 포즈를 취했다가 타박만 받는다. "아저씨 뭐 하세요? 저희를 찍어달라고요."). 마크 와트니는 엘리트 식물학자로서 '휴머니즘적 영웅'의 면모를 유감없이 보이기도 하지만, 다른 한편 이동 수단이었던 로버를 생명이 있는 존재처럼 아끼고, 자신이 '우주 해적'이라며 실없는 소리를 늘어놓을 때는 어린아이 같기도 하다. 이런 인물의 영웅적 면모를 효과적으로 드러낸 배우 맷 데이먼을

김혜리 기자는 이렇게 묘사한다. "사람들과 술렁술렁 어울리다가 필요할 때 조용히 영웅적 행동을 하는 인물에 맷 데이먼보다 잘 어울리는 배우는 없다. 말하자면 그는 〈마션〉에 나오는 덕트 테이프처럼 영웅적이다."[11]

나는 여기서 현실을 살아가는 사이보그가 비록 '휴머니즘적 영웅'은 아니지만 다른 방식으로 영웅적인 면모를 가지고 있음을 나의 오랜 친구들의 사례를 통해 이야기하고 싶다. Y는 휠체어를 이용하는 사람이고 청각장애가 있어 보청기를 쓴다. 그 외에 다른 만성질환도 가지고 있다. 내가 이 글을 쓰고 있는 2020년의 가을이 되기 얼마 전, Y의 자동차는 사용한 지 10년이 훌쩍 넘었고 주행 거리도 무척 길어서 교체해야 할 시기를 맞았다. Y는 운전을 하지 않으면 자유로운 이동이 불가능했지만 아직 학생 신분이어서 경제적인 여유가 없었다. 이때 Y의 오랜 친구 J가 자신의 자동차를 시가보다 훨씬 낮은 가격에 양도하기로 했다.

J는 건축사이고, 청각장애를 가진 여성이며, 경력 10년이 넘는 직장인이다. 이러한 사회적 역할을 수행하기까지 여러 장벽이 있었겠지만 성실하게 긴 시간을 버티며 직업적 전문성을 축적했다. 하지만 J는 '휴머니즘적 영웅'과는 거리가 멀다(J는 마크 와트니보다 훨씬 재미없는 '아재 개그'에 능하고, 자신의 자동차를 양도하고는 하룻밤을 슬퍼서 눈물 흘린다). J의 삶에는 여러 기술과 사람

---

11 김혜리, 『나를 보는 당신을 바라보았다』, 어크로스, 2017, 295쪽.

들이 결합해 있다. 직장에서는 소보로라는 소프트웨어와 구글이 개발한 음성 자막 변환 어플리케이션을 번갈아 활용한다. 스마트폰과 태블릿 PC는 의사소통뿐 아니라 건축 전문가라는 J의 직업 수행에도 필수적이다. 당연히 이것만으로는 충분하지 않다. 건축사 시험을 준비할 때 J는 온라인 동영상 강의에 자막이 전혀 지원되지 않아 어려움을 겪었다. J의 아버지 A가 전체 강의 영상을 모두 직접 보면서 내용을 받아 적어 자막을 만들었다. J는 강의 영상과 A가 만든 자막을 보며 시험을 준비했고, 건축사가 되었다.[12] 이런 과정을 통해 축적한 역량과 지식, 경험으로 기업에서 자신의 역할을 성실히 수행하며 경제 활동을 했고, 기꺼이 자신의 자동차를 예정보다 일찍 교체하며 Y에게 양도했다(J는 터무니없이 낮은 가격에 차를 주겠다고 해서, Y가 그럴 수는 없다며 조금 더 값을 지불했을 정도다).

　Y는 만성질환 탓에 근육량이 전보다 줄어들면서 휠체어에 작은 전동 모터를 부착해 전기력으로 휠체어 이동을 편리하게 만들었다. 그런데 휠체어 무게가 늘자 혼자 힘으로 자동차에 휠체어를 싣기가 쉽지 않았다. 이에 Y는 휠체어를 차에 실어주는 오토

12　왜 학원의 온라인 강의는 자막을 제공하지 않았는지, 제공할 의무가 있지는 않은지 비판적으로 바라볼 일이다. J에게 꼭 필요한 정보는 어째서 제대로 전달되지 못하고 J의 가족이 그 역할을 부담해야 했을까. 다만 여기서 나는 제도나 정책, 인권의 차원에서 비판할 지점들을 미뤄두고, J의 아버지가 노트북이라는 디지털 디바이스와 함께 J의 삶에 '테크놀로지'로서 결합했다는 점에 주목하고 싶다.

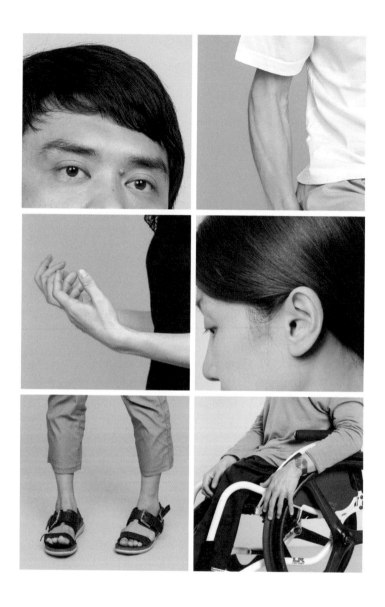

"눈에 띄지 않는 평범한 연결들의 거점에서 등장하는
사이보그적 존재는 그 연결들 때문에 힘을 발휘할 뿐 아니라, 그 연결들을
지탱하고 견딘다는 점에서 청테이프처럼 영웅적이다."

박스라는 장비를 설치하기로 했다. 오토박스는 체인으로 휠체어를 고정해 자동차 루프 위 박스 안에 자동으로 적재하는 장비다. Y는 오토박스를 장착하기 위해 2020년 늦여름 경기도의 한 자동차 공업사를 방문했다. 소리를 잘 듣지 못하는 Y는 코로나 바이러스로 모두가 마스크를 착용하는 시대에 대화에 어려움을 겪고 있었기에 내가 함께 갔다. 그곳에서 우리는 정비사 B를 만났다. 그는 한쪽 다리에 소아마비로 인한 장애가 있었다. 직장에 다니는 J를 대신하여 아버지 A가 J의 차를 운전해 공업사에 왔다. 그리고 설치 예정인 오토박스가 그곳에 있었다. 나는 기묘한 느낌이 들었다.

　Y를 잘 모르는 사람들이 Y에 관해 내가 나열한 정보들을 접한다면 Y를 항상 누군가의 도움이 필요한 의존적이고 무력한 사람이라고 상상할 수 있다. 또는 Y의 삶을 개선하기 위해서는 Y의 장애나 만성질환을 치료하는 극적인 기술이 개발되거나, 그것도 아니라면 마스크를 쓴 채 말하는 사람의 목소리까지 완벽히 인식하는 첨단 보청기, 전동 휠체어를 탄 채 자동으로 탑승 가능한 고가의 특수 차량이 당장 필요하다고 생각할지도 모른다.

　Y가 J에게서 받은 자동차에 설치한 오토박스는 대단히 특별한 기술은 아니지만 휠체어를 혼자 힘으로 차에 싣지 못하는 장애인들에게는 무척 유용하다.[13] 휠체어를 편리하고 신속히 차량에 적재해주는 이와 같은 기술이 더 저렴한 가격으로, 더 많이 개발되어 중증 장애를 가진 사람들이 쉽게 접근할 수 있기를 바

란다. 그러나 이 지점에서 나는 오토박스라는 테크놀로지가 Y와 만나는 구체적인 과정에 주목한다. 장애를 가진 B는 자동차 정비사로서 전문성을 쌓으면서, 아마 그의 주변에 여럿 있을 휠체어 이용자들에게 필요한 오토박스에도 관심을 가졌을 것이다. J의 아버지 A는 자신의 딸이 휠체어를 타지는 않지만 보청기와 디지털 디바이스를 통해 건축 전문가로 성장하는 과정을 지켜보면서, 딸의 친구인 Y의 장애와 기술이 맺는 관계, Y의 직업적 성장에 관해서도 특별한 관심을 가졌을 것이다(그가 기꺼이 J를 대신해 차를 몰고 인천에서 경기도 남쪽까지 와준 이유일 것이다). 나는 Y를 잘 알기에 Y가 마스크를 쓴 사람과 대화하기 어렵다는 사실을 인지하고 있으며, Y와 같은 휠체어를 이용하므로 (A는 잘 알지 못하는) 지체장애인용 차량의 특수성에 대해 이해하고 있다. 이렇게 Y와 나, J의 아버지 A, 정비사 B, J의 자동차, 오토박스라는 기계는 그 장소에서 만나 이런저런 방식으로 협력하고 의견을 나누면서, Y에게 적절한 오토박스를 새로운 자동차에 설치했다.

전동 모터[14]가 부착된 휠체어를 타는 Y는 오토박스와 만나서

---

13 오토박스는 500만 원에서 1000만 원 사이의 제법 고가의 기계다. 직장 생활을 하는 장애인들에게는 한국장애인고용공단이 설치비의 일부를 지원한다. Y는 운 좋게 오토박스도 중고 제품으로 구할 수 있었다.

14 이 전동 모터는 엔지니어 심재신 씨가 개발했는데, 장애를 가진 친구가 자동차에 전동 휠체어를 실을 수 없어 불편을 겪는다는 딸의 이야기가 계기가 되었다. 이 책의 7장 김초엽의 글(200쪽)에서 이 사례를 소개한다.

더 자유롭고 편안하게 자신의 휠체어, 자동차와 함께 이동하게 되었다. 이 과정에 휴머니즘적 영웅은 없다. Y는 장애인의 건강과 질병, 노동에 관한 훌륭한 연구자이지만, 지금까지 보았듯 그가 자신이 지닌 장애 가운데 '극복'한 것은 하나도 없다. 그의 삶에 값비싼 테크놀로지가 동원되지도 않았다. 그렇다고 Y와 연결된 나, J, J의 아버지 A, 정비사 B 중에서 누군가가 영웅적인 행위를 한 것도 아니다. 나는 Y를 중심으로 연결된 사람과 기계들의 네트워크 속에서 어떤 테크놀로지가 유효하게 작동하는 순간에 관한 현실적인 세밀화를 본다. 이 그림을 아무리 들여다보아도 씩씩하고 당당하고 독립적으로 문제를 해결하거나, 최첨단 테크놀로지로 자기 신체와 정신을 강화한 주체의 모습은 찾기 어렵다. 특정한 기술에 행위 주체성이 완전히 포박된 개인도 존재하지 않는다.

말하자면, Y는 우리가 지금껏 이야기했고 앞으로 더 자세히 들여다볼 구체적인 사이보그의 형상figure이다. 아이언 맨 슈트를 입고 하늘과 바다를 누비는 슈퍼히어로도 아니고, 기계와 인간, 정상과 비정상이라는 경계와 구분을 없애고 횡단하는 잡종적인 존재의 경이로운 상징도 아니다. 눈에 띄지 않는 평범한 연결들의 거점에서 등장하는 사이보그적 존재는 그 연결들 때문에 힘을 발휘할 뿐 아니라, 그 연결들을 지탱하고 견딘다는 점에서 (김혜리 기자의 표현을 약간은 변형된 의미로 인용해본다면) "청테이프처럼 영웅적이다".

2부   돌봄과 수선의   상상력

5장   불화하는 사이보그

열여섯 살, 신경성 난청을 진단받았다. 치료할 방법은 없고, 더 나빠지지 않도록 보청기를 착용하는 것이 최선이라는 의사의 말에 부모님은 주위에 수소문해 도움을 구했다. 친척의 아는 사람 중에 보청기 가게를 운영하는 분이 있다고 했다. 보청기는 값이 매우 비싸니 소개를 통해 방문하면 비용 부담을 조금이나마 덜 수 있다는 이야기를 들었다. 엄마와 함께 미리 안내받은 주소를 찾아 서면역 13번 출구로 나왔을 때, 생소한 풍경을 마주쳤다. 지하철역 앞으로 보청기 가게들이 잔뜩 늘어서 있었다. 길 건너편에도 지하철역 출구마다 보청기 가게들이 하나씩 있었다. 새로 지은 듯 반짝거리는 외관도, 꽤나 오래된 듯 간판이 낡은 가게도 있었다. 하나같이 다 보청기 가게였다. 이렇게 보청기 가게가 많은데 왜 그동안 보청기를 쓰는 사람을 한 번도 본 적이 없었을까.

보청기 가게에 들어서자 '안경점 같다'는 생각이 먼저 들었다. 청력 검사에 필요한 장비들이 구비된 검사실, 보청기를 점검하는 작은 부스, 보청기가 모델별로 놓인 진열장이 있었다. 병원에서와 달리 청력 검사도 매우 편안한 분위기에서 진행되었고, 인테리어나 벽에 붙은 포스터, 홍보 문구도 이미 청력 손상을 진단받은 사람들을 안심시키려는 듯 안정적인 느낌을 주었다. 청능사 역시 나에게 "보청기는 이상한 것이 아니다, 안경과 비슷한 것이다"라며 보청기가 평범한 물건임을 강조했다. 보청기에 무작정 거부감을 갖는 고객을 많이 대해본 것 같았다.

하지만 카달로그에 기재된 여러 보청기 모델의 가격은 안경과는 비교도 되지 않게 비쌌다. 가격을 보고 놀란 우리에게 청능사는 보청기가 수많은 첨단 기술이 집약된 '초소형 컴퓨터'와도 같다는 설명을 덧붙였다. 지금도 그렇지만 보청기는 평범한 가정에 매우 부담이 되는 값비싼 물건이었고, 당시는 우리 집 형편이 특히나 좋지 않을 때라서 삼촌의 지원을 받아 첫 보청기를 겨우 살 수 있었다.

나는 청능사가 추천하는 대로 귀 안쪽으로 완전히 들어가는 귓속형 보청기를 주문했는데, 귀 모양에 맞춘 몰드를 제작해야 했다. 완성된 제품을 받기 위해 두 번째로 방문했을 때 셸까지 제작된 보청기 실물을 처음으로 보았다. 손톱만 한 크기이지만 셸의 색깔이 빨간색, 파란색으로 선명해서 눈에 띄었다. 청능사는 보청기 착용법을 알려준 다음, 내 앞에 거울을 놓았다. 나는 시키는 대로 보청기를 귀에 넣고 고개를 이리저리 돌려보았다. 청능사가 친절하게 물었다.

"어때요. 전혀 안 보이죠?"

보청기는 잘 보이지 않았다. 거울 앞의 나는 평범해 보였다. 보청기를 착용한 열여섯 살 같지는 않았다. 옆에서 지켜보던 엄마도 고개를 끄덕였다. 귀를 답답하게 채운 이물감이 없다면 보청기는 마치 없는 것 같았다. 청능사는 거듭 강조했다.

"가까이에서는 보일 수도 있지만 여자 분들은 머리를 기르니까 곁에서 보면 거의 몰라요."

머리를 뒤로 넘기며 거울에 비친 모습을 확인했다. 그러면서 나는 이 모든 것이 자기와 어울리는 안경테를 고르는 일과는 완전히 다르다는 것을 깨달았다. 안경점의 거울과 달리 보청기 가게의 거울은 보청기가 잘 보이지 않는다는 것을 확인시켜주려는 목적으로 놓여 있었다. 나는 보청기를 착용했다는 사실을 계속 숨길 수 있었다. 그리고 아마도 그렇게 하는 것이 앞으로 나에게 요구되는 일일지도 모르겠다는 생각이 들었다.

한국에서는 커다란 외형 때문에 눈에 띄는 귀걸이형 보청기 Behind the Ear와 귀 안에 들어가 겉으로는 잘 보이지 않는 귓속형 보청기In the Ear 중 귓속형이 선호되어왔다. 귓속형은 귀걸이형보다 훨씬 크기가 작아 상대적으로 성능이 떨어지고 이물감이나 습기, 폐쇄감 등 단점이 많은데도 '보이지 않는다'는 특징이 압도적인 장점으로 여겨져온 것이다. 그런데 최근에는 귀에 걸어 사용하는 오픈형 보청기Receiver In the Canal로 유행이 옮겨가기 시작했다. 재미있는 점은, 오픈형 보청기는 귀걸이형 보청기와 구조가 비슷해서 오픈형의 이점은 대개 귀걸이형의 이점이기도 하다는 것이다. 다만 오픈형 보청기는 리시버가 귀 안으로 따로 들어오게 설계되어서 기존의 귀걸이형보다 크기가 작다. 착용해도 투명한 와이어 외에는 잘 보이지 않는다. 보청기 전문가들은 최근 오픈형 보청기의 점유율이 높아진 이유 중 하나로 기존 귀걸이형에 비해 높은 '심미성'을 들었다. 보청기의 심미성은 눈에 띄는 패셔너블함이 아니라 '보이지 않는 것'에 있는 셈이다.

보청기가 숨겨야 할 기계로 여겨진다는 것, 안경은 패션이지만 보청기는 패션이 아니라는 것이 나를 고민스럽게 했다. 친한 친구들에게 내가 보청기를 착용하게 되었다는 사실을 말할까 하다가도 '어차피 보이지 않게 만들어진 기계를 왜 말해야 하지?'라는 생각이 들었다. 방송에서 말을 잘 못 알아듣는 사람을 두고 "보청기 좀 새로 하셔야겠어요" 하고 놀리는 말은 "안경 좀 바꾸셔야겠어요"라는 말과는 아주 다르게 느껴졌다. 몇 년이 지나고 무선 이어폰이 등장하자, 그 디자인을 두고 '보청기 같다'며 비웃는 말들이 흔히 보였다. 그런 일들은 모두 장애의 낙인과 연관되어 있었지만, 나는 오랜 시간 '보청기는 부끄러운 물건인가? 아니면 그것을 드러내지 않는 것이 부끄러운 일인가?'라는 질문과 씨름해야 했다. 보청기를 드러내지 않는 것이 단지 당사자들의 콤플렉스라고 말하기에는 이 작은 기계에 부여된 어떤 사회적 이미지가 점차 뚜렷하게 보이기 시작했기 때문이다.

보이지 않는 장애

청각장애는 보이지 않는다. 내가 청력 손상을 가지고 있다고 말하지 않는다면, 상대는 나의 장애를 잘 알아차리지 못한다. 물론 몇 가지 단서로 눈치를 챌 수는 있다. 말을 잘 못 알아듣거나 발음이 어색한 것은 겉으로 드러난다. 그런데 사람들은 보통 말을 못 알아듣거나 발음이 어색한 사람을 만나면, 특히 그 사람이 젊은 사람이면 청력 손상보다는 다른 이유가 있을 거라고 생각하는 것 같다. 나도 "혹시 외국인이세요?" "치아 교정 중이세요?" 같은 질문을 많이 들었다. 농인이라면 수어를 보고 알아차릴 수 있겠지만, 음성 언어를 쓰며 살아가는 청각장애인이거나 한쪽 귀가 들리지 않는 편측성 장애 혹은 경증 장애의 경우라면 청각장애가 있다는 사실을 알아차리기가 쉽지 않다.

이처럼 겉으로 잘 드러나지 않는, 당사자가 알리지 않으면 알기 어려운 장애를 '보이지 않는 장애invisible disability', 혹은 '숨겨진 장애hidden disability'라고 부른다. 보이지 않는 장애에는 심리적인 문제, 내부장애, 만성 통증, 타인이 알아차리기 어려운 이동장애, 발달장애, 정신장애 등 다양한 종류가 있다. 이런 장애를 가진 사람들은 가시적인 장애를 가진 사람들과는 다른 결의 곤란함에 처한다. 장애가 일상에 계속해서 영향을 미치지만, 주위 사람들이 그의 장애를 즉각적으로 인지할 수 없어 필요한 도움을 주지 못하는 경우가 많기 때문이다. 심지어 주변인들이 그의 장애 상태를 까맣게 잊기도 하고, 당사자가 경험하는 고통에 둔감해지기도 한다.

어떤 종류의 보이지 않는 장애는 지속적으로 '의심'을 받는다. 이를테면 만성 통증과 같은, 때로 국가의 장애등록제에 포괄되지 않지만 일상생활에 계속해서 영향을 미치는 장애가 특히 그렇다. 수전 웬델Susan Wendell은 『거부당한 몸』에서 근육통성 뇌척수염으로 만성 질환을 갖게 된 자신의 경험을 이야기하는데, 그는

"어때요. 전혀 안 보이죠?"

외견상 환자처럼 보이지 않았고 여전히 일상적인 활동을 대체로 잘해냈기 때문에 주위 사람들은 그에게 장애가 있다고 생각하지 않았다. 그래서 웬델은 사람들에게 자신의 상황, 한계와 고통을 거듭 설명해야 했다. 『난치의 상상력』을 쓴 안희제 역시 크론병으로 인한 만성 통증과 일상에서 겪는 어려움에 대해 계속해서 양해를 구해야 하는 고충을 이야기한다. 겉으로 드러나지 않으면서, 동시에 장애 등급과 같은 명시적인 '증명'을 받지 못하는 경우는 이중고에 처하는 셈이다.

보이지 않는 장애를 가진 사람들은 장애인 전용 주차 공간 같은 편의시설을 이용하거나 도움, 보조를 요청할 때 부당하다는 시선을 받을 수 있고, 직접적인 비난을 맞닥뜨리기도 한다. "멀쩡해 보이는데 무슨 장애가 있느냐"는 식이다. 장애가 있다는 것이 그가 아무것도 할 수 없다는 뜻은 아니지만, 장애인에게 적절한 도움과 접근성을 갖춘 환경이 필요한 것은 사실이다. 그러나 장애가 부정적인 낙인의 총체로 작용하는 사회에서는 '적절한 환경과 조건에서 장애인은 기능을 수행할 수 있다'는 선택지는 사라지고, 장애는 완전한 무능 혹은 그 여부를 증명해야 하는 의심의 대상으로 이원화된다.

보청기는 상당히 특이한 기술이자 장치이다. 원래 보이지 않던 장애를 겉으로 드러나게 하는, 즉 장애를 가시화한다는 점에서 말이다. 귀걸이형처럼 밖으로 장치가 드러나는 보청기를 사용하면, 청각장애가 있다고 굳이 말하지 않아도 사람들이 쉽게 알아차릴 수 있다. 인공 와우 외부장치 역시 마찬가지다. 장애 보조 기술이나 보조장치에는 이처럼 보이지 않던 장애를 가시화하는 것들이 많다. 시각장애는 도구를 사용하지 않을 때보다 흰 지팡이를 사용할 때 더 가시화된다. 발달장애 혹은 자폐가 있는 사람이 사진이나 그림, 스마트폰 앱을 이용한 '보완 대체 의사소통'을 쓴다면 장애가 더 가시적으로 드러날 것이다. 관절염은 비가시적이지만 무릎 보조기는 관절염을 가시화한다. 이처럼 기술이나 장치의 사용으로 숨겨져 있던 장애가 가시화되는 것, 그로 인해 장애의 낙인 효과를 얻게 되는 것을 보조기술 낙인assistive technology stigma이라고 하는데, 이는 장애인들이 보조기술 사용을 꺼리거나 아예 거부하는 결과로도 이어진다.[1] 그런데 앞에서 보이지 않는 장애를 가진 사람들이 겪는 고충을 계속 이야기했으니 어쩌면 이런 생각을 할지도 모르겠다. "장애가 드러나지 않아서 힘들었으니 장애를 드러내면 더 편한 거 아닌가요?"

1 Heather A. Faucett, Kate E. Ringland, Amanda L. L. Cullen and Gillian R. Hayes, "(In)Visibility in Disability and Assistive Technology", *ACM Transactions on Accessible Computing*, Vol. 10, No. 4, October 5, 2017, pp.1-17.

사이보그라는 낙인

장애의 가시성과 비가시성, 장애 당사자가 그중에서 무엇을 선택하고 어디까지 드러낼 것인가 하는 문제는 아주 복잡하다. 장애에 대한 낙인이 존재하는 사회에서 장애를 공개적으로 드러 낸다는 것은 단순히 개인의 특성 하나를 드러내는 것이 아니다. 장애는 그 자체로 개인의 다른 특성을 모두 지우는 부정적 정체성으로 여겨진다. 특히 장애는 '무능함'과 쉽게 연결되므로 장애가 있다는 사실을 알리면 비장애인들은 경험하지 않는 부당한 사회적 평가를 얻거나 일자리를 위협받을 수도 있다. 보이지 않는 장애를 가진 사람들은 장애를 드러냄으로써 얻을 수 있는 이득(필요한 도움을 얻는 것)과 낙인을 비교할 수밖에 없고, 많은 경우 장애를 숨기고 비장애인으로 패싱passing되는 것을 선택한다.

보청기에 관한 정보를 얻기 위해 접속한 온라인 카페에는 보청기 사용으로 인해 겪는 다양한 고충들이 올라와 있었다. 그곳 사람들이 가장 많이 고민하던 문제는 자신이 보청기를 사용한다는 것을 타인에게 알려야 하는가, 청각장애 여부를 밝혀야 하는가였다. 그런 글에 대해서는 늘 의견이 갈렸다. 누군가 "그래도 공개하고 배려를 받는 편이 낫다"는 의견을 내면, 얼마 지나지 않아 "장애가 있음을 공개한 이후로 직장 동료로서 진지하게 여겨지지 않는 것 같다"는 반론이 달리곤 했다. 실제로 불이익을 본 경험을 공유하는 사람들도 있었다. 사람들은 장애로 인해 승진에서 배제되고, 중요한 일을 맡지 못하고, 해고당하는 일을 걱정했다. 노골적인 차별뿐만 아니라 미묘한 공기 같은 차별도 존재하기 때문에 장애를 알렸을 때 얻을 수 있는 주위 사람들의 지지와 도움을 포기하는 사례도 많았다. 나 자신으로 살아가는 일이 사회적 차별과 맞물려 매우 복잡한 고민을 만들어내는 것이다.

보청기 효과hearing aid effect 혹은 보청기 낙인hearing aid stigma이라는 말이 있다. 1977년 블러드Ingrid M. Blood라는 학자가 보청기를 착용한 아동들이 부정적으로 낙인 찍히는 현상에 대해 보고하며 이름 붙인 이 현상은 지금까지도 활발히 연구되고 있다. 청각장애는 노화와 직접적으로 연관되거나 인지력 저하, 성격적 결함으로 쉽게 오인되므로 청각장애인들은 자신의 청력 손상을 은폐해야 한다는 사회적 압력을 받는다. 이런 상황에서 장애를 겉으로 드러나게 하는 보청기는 장애 낙인으로 작용하곤 한다.[2]

세르게이 코크킨Sergei Kochkin의 연구에 의하면, 청력 손상이 있음에도 보청기를 사용하지 않는 35~65세 성인의 48퍼센트가 낙인 효과를 보청기 거부의 주된 이유 중 하나로 꼽았다. 그들은 기계가 눈에 띄고, 장애인처럼 보이게 하고, 우스꽝스럽거나 너무 나이 든 것처럼 보이게 한다고 말했다.[3] 노화로 난청을 갖게

---

2 Erik P. Rauterkus and Catherine V. Palmer, "The Hearing Aid Effect in 2013", *Journal of the American Academy of Audiology*, Vol. 25, No. 9, 2014.

된 노인들의 보청기 사용 거부 역시 흔한 일인데, 한 연구는 노인들이 보청기 착용을 '노화를 인정하는 것', '노인이라고 선언하는 것', '자신의 업무적 권위를 저하시키는 것' 등 매우 부정적으로 인식하고 있음을 확인했다.[4]

역사적으로 보청기 제조사들의 목표는 장애의 가시화에 거부감을 갖는 고객들을 설득하는 것이었다. 보청기가 귀 안에 넣을 수 있을 만큼 작아지기 전까지 제조사들은 보청기를 쉽게 숨길 수 있다는 점을 광고하기 위해 온갖 노력을 기울였다. 20세기 유력한 보청기 제조사였던 소노톤의 광고가 대표적인데, 포스터에는 주먹만 한 보청기를 드레스 속옷 사이에 숨긴 여성들의 사진이 실려 있다. 그 옆에는 남성 사용자들을 위해 보청기를 셔츠 밑, 정장 조끼 주머니에 넣을 수도 있다는 문구가 적혀 있다. 그러나 '보이는' 보청기의 판매는 여전히 쉽지 않았는지, 소노톤의 회장은 이런 말을 남겼다. "누구도 보청기 착용을 원치 않는다. 보청기는 매우 판매하기 어려운 물건이다." 보청기 산업은 전자제품의 소형화라는 철학이 가장 먼저 도입되는 곳이기도 했다. 트랜지스터와 집적회로IC, 군용 경량 장비 등에 적용된 여러 기술들은 보청기 산업을 통해 먼저 대중화, 상업화되었다. 청각장

3 Sergei Kochkin, "MarkeTrak VII: Obstacles to Adult Non-user Adoption of Hearing Aids", *The Hearing Journal*, Vol. 60, No. 4, 2007.

4 Margaret I. Wallhagen, "The Stigma of Hearing Loss", *Gerontologist*, Vol. 50, No. 1, 2010, pp.66-75.

애에 대한 사회적 낙인, 보청기 사용자들의 '은폐' 요구, 과학기술 및 군사 분야 전자제품 소형화에 대한 기술적 요구가 맞물려 일종의 테스트 베드 역할을 한 것이다. 그러나 비가시성에 대한 요구는 보청기의 기능을 제한해왔다. 더 좋은 성능을 내기 위해서는 크기를 무작정 작게 만들 수 없었다. 보청기의 기능과 크기는 미묘한 균형과 절충을 이루며 변화해왔다.[5]

현재도 보청기 제조사 스타키, 오티콘, 시그니아 등의 제품 안내 사이트와 국내 보청기 판매점의 홍보 블로그들은 외관상 눈에 잘 띄지 않는 제품을 주력으로 소개하고 있다. 제품마다 '귓속에 쏙 들어가는', '눈에 거의 띄지 않는', '착용 시 거의 보이지 않는', '최신 블루투스 이어폰을 착용한 것처럼 보이는' 등의 수식어가 붙어 있다. 다만 최근에는 '스타일리시한' 제품 외관을 강조하는 등 낙인 효과를 줄이려는 시도도 병행되고 있다.

보청기의 사례를 통해 확인한 것처럼 보조기술의 선택에는 그것이 장애를 얼마나 가시화하는지, 혹은 그것을 사용하는 모습이 사회적 정상성에 얼마나 부합하는지가 중요한 영향을 미친다. 사이보그들의 비가시화 요구는 장애를 드러내는 순간 차별과 혐오의 낙인을 찍는 사회적 억압과 맞닿아 있는 셈이다. 보조기술 낙인과 장애 가시성의 관계를 실제 장애인 사이보그들의 구체적인

---

5 Mara Mills, "Hearing Aids and the History of Electronics Miniaturization", *IEEE Annals of the History of Computing*, Vol. 33, No. 2, February 2011.

사례를 통해 자세히 살펴보자.

사이보그는 로봇 외골격의 꿈을 꾸는가

휴 허가 무대에 서서 "우리는 장애를 종식시킬 겁니다"라고 말할 때 그는 로봇 다리 위에 서 있었다. 웨어러블 로봇을 착용하고 걷는 장애인들은 인간 승리의 상징으로 여겨진다. 휠체어를 타고 바퀴를 굴리는 사람과 로봇 다리를 착용하고 이질감 없는 걸음걸이로 걷는 사람이 있을 때, 대부분의 사람들은 '걷는' 쪽이 더 잘 기능한다고 판단할 것이다. 그러나 장애인 당사자들에게도 '걸음'만이 편안하고 잘 기능하는 상태일까? 로봇 외골격은 정말로 걷지 못하는 사람의 유일한 희망일까?

많은 장애학자들이 로봇 외골격으로 사람을 걷게 한다는 발상의 비장애중심주의를 지적한다. 자신들을 크립보그cripborg[6]로 칭하는 세 명의 장애학자들은 「트랜스모빌리티: 사이보그(크립보그) 신체의 가능성을 다시 생각하기」[7]라는 글을 통해 여러 이동

---

6 불구를 뜻하는 '크립crip'과 '사이보그'의 합성어로 '크립'의 의미에 대해서는 7장에서 자세히 다룰 것이다.

7 Mallory Kay Nelson, Ashley Shew and Bethany Stevens, "Transmobility: Rethinking the Possibilities in Cyborg(Cripborg) Bodies", *Catalyst: Feminism, Theory, Technoscience*, Vol. 5, No. 1, 2019.

보조장치를 선택하며 살아가는 경험을 나눈다. 크립보그들이 사용하는 장치는 다양하다. 목발이나 보철 다리를 이용해 걸을 수도 있고, 이동 보조장치인 워커나 휠체어, 롤레이터rollator를 사용해 굴러가거나 미끄러져 갈 수도 있다. 어떤 종류의 이동은 정상성의 규범을 더 벗어나는 것처럼 보인다. 크립보그들이 이 장치들을 선택하는 기준은 상황과 맥락에 영향을 받는다. 장치를 바라보는 사람들의 시선, 장치를 사용하는 구체적인 상황, 그날의 신체 컨디션이 모두 선택의 기준이 된다.

세 필자 가운데 먼저 골형성부전증을 가지고 태어난 베서니 스티븐스Bethany Stevens의 경우를 보자. 스티븐스는 태어나 6년간은 주로 걸어다녔는데, 계단을 올라야 할 때는 미끄러지지 않도록 끝에 고무 캡을 끼운 지팡이를 사용했다. 처음으로 휠체어를 탔을 때 스티븐스는 속도와 자유를 느꼈지만, 어머니는 '서 있는' 편이 인간의 몸에 더 자연스럽다는 미심쩍은 이유로 지팡이를 사용하도록 권유했다. 하지만 시간이 흐르면서 '걷기'는 스티븐스의 다리뼈에 압력을 가해 점차 뼈가 구부러지게 했다. 금속 지지대 수술을 한 이후로 그는 걷지 않는다. 이제 스티븐스는 수동 휠체어와 전동 휠체어 가운데 상황에 맞는 것을 골라서 사용하며, 기기들이 자신과 연결되어 있다고 느낀다.

성인이 되어 후천적으로 크론병과 청각장애, 절단장애를 얻은 애슐리 슈는 외출할 때 의족 보철물을 착용하고, 보행 보조기(롤레이터)와 목발, 팔꿈치 목발, 지팡이를 상황에 따라 선택해서 사용한다. 날씨가 좋지 않을 때는 지팡이를 쓰고, 여행할 때는 신고 다니기 간편한 목발을 선택하는 식이다. 슈는 자신이 의족 보철물을 착용하고 있을 때 사람들이 자신을 좀 더 편안한 눈으로 바라보고, 심지어 그 보철물에서 '장애 극복'의 비전을 확인하는 것 같다고 말한다. 그러나 보철물은 사용자 입장에서는 유지 관리가 번거롭고, 허벅지를 파고들어 물집이나 가려움증을 유발하고, 값이 약 1만 5000달러에 달하며, 주기적으로 정비와 교체를 필요로 하는 장치다. 슈는 일과가 끝나면 보철물을 착용하는 대신 롤레이터를 타고 집의 매끄러운 나무 바닥 위를 가로지른다. 사람들은 롤레이터를 노인들이나 사용하는 기기라고 생각하지만, 슈에게는 단돈 80달러에 내면의 자유를 선사하는 가장 편안한 이동 장치이다.

맬러리 넬슨Mallory Nelson은 반골반 절제술을 받은 장애인으로, 팔꿈치 목발과 휠체어, 스쿠터, 자동차를 모두 이용한다. 그러나 재활 초기에는 이런 선택지들이 전혀 주어지지 않았다. 넬슨은 똑바로 서서 걷도록 요구받았고, 보철물을 선택할 수 없었으며, 치료사가 정해준 휠체어를 사용해야 했다. 그러다 대학 캠퍼스에서 장거리 이동을 위해 전동 스쿠터를 구입했는데, 휠체어나 목발을 이용할 때와 달리 스쿠터를 타면 사람들의 경멸 어린 시선을 받아야 했다. 넬슨은 이제 여러 이동 장치 가운데서 상황에 맞는 것을 골라 사용한다. 그러나 사람들은 여전히 그에게 왜 보철물을 사용하지 않느냐고 묻는다.

세 명의 이야기에는 공통점이 있다. 당사자가 아닌 주위 사람들에게 '걷기'가 가장 좋다는 정상성 규범을 강요받는다는 것, 걸을 수 없다면 걷기와 가장 유사한 의족 보철물이나 목발이 사회적으로 선호된다는 것이다. 하지만 당사자들은 일상의 수많은 상황과 환경 속에서 무엇이 자신에게 가장 적절한 장치인지를 경험으로 터득한다. 이들이 쓴 글의 제목이기도 한 '트랜스모빌리티'는 다양한 이동 방법들 사이를 자유롭게 오가며 전형적인 '이동'의 개념을 뛰어넘는 능력을 표현하는 말이다. 단일한 이동 방식monomobile을 넘어서는 가능성과 상상력이 필요하다는 의미도 담고 있다. 장애학자들은 우리 사회가 직립보행만을 정상적인 이동 방식으로 여기기 때문에, 장애인들의 다양한 이동 방식을 존중하여 그것을 위한 인프라를 만드는 대신 '걷는' 기술에만 집중하고 있음을 지적해왔다. 슈는 「업-스탠딩 규범, 기술과 장애」라는 글에서 하지 마비 장애인들을 위한 기술적 해결책의 대부분이 장애인들에게 정상성 규범에 적응할 것을 요구하는 방향으로 제시된다고 말한다. 만약 사회가 '앉아 있는 것'을 기본으로 설정하고 설계된다면, 사람들은 세계와 근본적으로 다른 관계를 맺을 것이다. 공간, 건축물, 그리고 사회적 가정은 한 사람의 삶을 제한하는 방식이 된다.[8]

---

8 Ashley Shew, "Up-Standing Norms, Technology, and Disability", Presentation as Part of a Panel on Discrimination and Technology at IEEE Ethics 2016.

나도 종종 '듣는다'는 것의 정상성에 대해 생각한다. 보청기와 인공 와우는 잘 듣지 못하는 사람을 들을 수 있도록 보조하는 기술이다. 음성 중심의 정상성 규범에 적응하도록 돕는 기술이라고도 할 수 있다. 여기에는 명백한 한계가 있다. 보청기나 인공 와우를 사용하는 사람은 시끄러운 장소나 여럿이 이야기하는 자리에서 대화에 참여하기가 쉽지 않다. 개인의 잔존 청력에 따른 제한도 크다. 한편 문자통역의 도움을 받는다면 약간 시끄럽고 여러 사람이 대화하는 자리라고 해도 의사소통에 어려움을 겪지 않는다. 하지만 나는 되도록 꼭 필요한 자리에서만 문자통역 서비스를 이용한다. 스마트폰의 실시간 자막 앱도 일방적으로 강의를 듣거나 하는 자리가 아니면 잘 쓰지 않는다. 특히 친밀한 자리에서는 내가 상대방의 목소리를 직접 듣고, 눈을 맞추고, 대화를 주고받는다는 느낌을 주고 싶을 때가 많다. 만약 그런 자리에서조차 문자통역 기술을 이용한다면, 나는 정상성의 규범에서 조금 벗어난 것으로 여겨질 것이다. 매번 지금 사용하는 것이 무엇인지 설명을 해야 할 것이고, 대화를 녹음하고 있다고 오해를 받을지도 모른다. 나는 나에게 더 나은 기능을 제공하는 기술 대신 정상성의 모방을 선택한다.

롤레이터 대신 목발을 쓰고, 덜 편안하지만 '다리처럼 보이는' 의족을 착용하고, 실시간 자막 프로그램을 여는 대신 진이 빠지도록 상대의 입모양을 보는 사람들, 다시 말해서 사이보그가 되기보다 되지 않기를, 숨겨지는 사이보그로 살아가기를 택하는 사

"장애 보조기술이나 보조장치에는
보이지 않던 장애를 가시화하는 것들이 많다."

람들이 이곳에 있다. 낙인과 '정상성'으로의 패싱에 대한 갈망, 있는 그대로 받아들여지고 싶은 마음 사이에서 장애를 가진 개인은 끝없는 긴장 속에 놓인다. 낙인이 강력한 사회일수록 장애와 질병을 가진 사람들은 그것을 감추기를 선택한다. 우리가 상상하는 미래 세계에서는 기계 몸을 드러낸 사이보그들이 거침없이 활보하지만, 우리의 현실 세계 속 사이보그들은 자신을 끊임없이 감추고 숨긴다. 장애인 사이보그는 첨단 기술의 최전선처럼 조명되지만 현재를 살아가는 사이보그들의 삶에는 '사이보그 낙인'이라는 그림자가 짙게 드리우고 있다.

사이보그 신체 유지하기

아라카와 히로무荒川弘의 만화『강철의 연금술사』에는 전쟁 이후 '오토메일'이라고 불리는 신경보철 의족·의수가 보편화된 세계가 등장한다. 오토메일은 일반적인 팔보다 더 강력한 무기가 될 수 있지만 지속적인 정비와 보수를 필요로 한다. 오토메일을 신경에 잇는 수술은 끔찍한 고통을 수반하며, 재활에도 수년의 시간이 걸린다. 오토메일 사용자들은 정기적으로 정비사에게 방문하여 기계를 점검받아야 한다. 이러한 설정은 실제의 보철 의족·의수를 생각해보아도 매우 현실적이다. 사이보그가 된다는 것, 신체와 기계가 결합하는 것이 단 한 번의 수술로 끝나는 단일한 사건이 아님을 잘 보여주는 설정이다. 기계 팔은 신체에 매끄럽게 통합되지 않으며, 신체는 '이물질'에 저항한다. 사이보그 당사자는 기계 팔에 대해 완벽한 지식을 갖고 있지 않고, 자신의 기계를 능숙하게 다루기도 쉽지 않다. 대부분의 사이보그는 기계를 유지하기 위해 다른 사람의 도움을 얻어야 한다. 기계는 그것의 장착과 유지, 조절에 고도의 지식을 요구하기 때문이다. 우리가 몸을 유지 보수하기 위해 의료 전문가들의 도움을 받는 것처럼 사이보그의 기계 역시 그렇다. 자신의 사이보그 신체를 직접 다룰 줄 아는 사람은 극히 드물다.

과학기술학자 넬리 아우츠혼Nelly Oudshoorn은 「사이보그 유지하기」[9]라는 논문에서 현실의 '심장 사이보그'들이 어떻게 자신의 장치를 유지하고 조절하는지를 살핀다. 아우츠혼의 표현에 따르면, 체내 심장 보조장치를 단 심장 사이보그들은 이미 예전부터 이곳에 살아온 오래된 사이보그다. 사이보그의 경험을 알기 위해 먼 미래의, 아직 도래하지도 않은 첨단 기술로만 눈을 돌릴 필요는 없다는 이야기다. 심장 사이보그들의 증언은 사이보그로 살아가는 것이 어떤 경험인지를 생생하게 말해준다.

체내 심장 보조장치를 쓰는 사람들은 기계가 인체 내부에 이

---

9 Nelly Oudshoorn, "Sustaining Cyborgs: Sensing and Tuning Agencies of Pacemakers and Implantable Cardioverter Defibrillators", *Social Studies of Science*, Vol. 45, No. 1, 2015, pp.56-76.

식되어 있다는 점에서 신체와 기계의 가장 밀접한 결합을 경험한다. 하지만 그들은 이 장치를 직접 통제할 수 없다. 심장 박동을 제어하는 기술은 고도의 전문 지식을 요구하며, 제대로 제어하지 못하면 생명이 위험해질 수 있기 때문이다. 그래서 이들은 장치를 이식하는 순간부터 거의 평생 동안 기술자들과의 '조절 과정'에 참여하게 된다. 심장 사이보그 당사자 – 심장 장치 – 기술자가 복잡하게 얽힌 이 조절 과정에서, 심장 사이보그들은 자신의 기계와 상호 작용하고 그에 대해 설명하는 법을 익힌다. 기계가 조절하는 심장 박동이 신체에 가져오는 이질적인 느낌, 맥박 조정기의 배터리 수명이 다해갈 때 경험하는 심장의 두근거림, 심장 장치에서 발생하는 배터리 방전 경고음 등은 사이보그 신체만의 독특한 경험이며, 또 개인마다 다른 고유의 경험이다.

심장 사이보그들은 장치의 부적절한 조정 때문에 적응에 어려움을 겪고, 내부 장치가 예상대로 작동하지 않는 것에 매우 실망하기도 하며, 적극적으로 정보를 찾고 기술자와 의사소통하며 자신의 기계에 능동적으로 개입한다. 아우츠혼은 이러한 분석을 통해 신체가 저항 없이 기술을 통합할 수 있다는 오해를, 매체가 호도하는 세련된 사이보그 이미지의 허상을 비판한다. 유기체와 이음매 없이 매끄럽게 연결되는 기계는 없다. 적어도 가까운 미래에는 말이다.

조슈아 얼Joshua Earle이 「사이보그 유지 보수하기: 설계, 분석 그리고 포괄」[10]이라는 글에서 지적하듯이 기계와 인체의 접촉은 서로를 부식시키고 마침내 고장에 이르게 한다. 물과 산성도의 변화, 신체의 치유 과정은 기계의 시스템이 신체 내에서 유지되는 것을 어렵게 하며, 체내의 이물질은 섬유화, 감염, 면역 반응을 유발한다. 사이보그를 상상하는 사람들이 그리는 세련되고 효율적인 삶 속에는 기계를 유지하고 보수하는 일상의 불편함이 제거되어 있다. 사이보그 신화는 사이보그의 현실이 기계와의 불완전한 동거, 즉 불화에 가깝다는 사실을 은폐한다. 장애학자 토빈 시버스Tobin Siebers는 『장애 이론』에서 이렇게 쓴다.

보철물을 착용하는 많은 장애인들은 그것이 한 종류의 고통을 진정시키는 대신 다른 종류의 고통을 지불하게 한다는 것을 알고 있다. 나의 어머니는 의안을 착용하셨다. 의안은 처음에는 잘 맞았지만, 주변 조직이 수축하기 시작하면서 곧 안와에서 뒤틀려 돌았으며, 안와에 염증을 일으켰다. 나는 플라스틱 보족기를 착용한다. 이것은 허리 통증을 완화해주지만, 계속 착용하다 보면 티눈이 생겨 아프고, 더운 여름에는 종아리가 까지기도 한다. …… 나는 사이보그 신화의 진실을, 비장애인이 장애를 놀라운 이점으로 표현하려는 것의 진실을 안다. 왜냐하면 나 자신이 사이보그이기 때문이다.[11]

---

10 Joshua Earle, "Cyborg Maintenance: Design, Breakdown, and Inclusion", Aaron Marcus and Wentao Wang (eds), *Design, User Experience, and Usability: Design Philosophy and Theory*, Springer, 2019, pp.47-55.

보철 다리는 원래의 신체를 짓누르고, 귓속에 삽입된 보청기는 습진과 중이염을 악화시킨다. 기계는 때로 기능과 함께 고통을 가져온다. 한편 기계와 연결된 장애인은 이전에는 없었던 종류의 감각을 경험하고, 자신의 신체와 기계의 상호 작용에 대해 고찰하며, 새로운 하이브리드 신체의 가능성을 찾아나간다. 기술이 해방 혹은 억압 어느 한쪽으로 귀결되지 않는다면, 장애인 사이보그의 가능성 역시 어느 쪽으로든 열려 있다. 그리고 그 가능성을 논의하기 위해서는 먼저 현실의 사이보그들이 경험하는 인간-기술 결합의 이중성을 있는 그대로 바라보는 것이 필요하다. 완벽하지도 매끈하지도 않은 기술과의 융합과 불화가 실제 사이보그들의 삶을 구성하고 있기 때문이다.

단일한 사이보그는 없다

지금까지 장애-기술을 바라보는 관점의 문제를 살펴보았다. 또한 정상성 규범을 따르는 보조기술이 반드시 당사자들에게 더 나은 일상을 보장하는 것은 아니며, 사이보그의 현실은 미디어의 이미지나 대중의 상상과 달리 복잡하고 위태로운 지면 위에

---

11 토빈 시버스, 손홍일 옮김, 『장애 이론』, 학지사, 2019, 117~118쪽(인용문 일부 필자 수정).

놓여 있음을 이야기했다. 그렇다면 기술은 단지 좋거나 나쁜 것인가? 장애인을 위한 과학과 기술은 아무 의미가 없는 걸까? 당사자들에게 기술이 무작정 좋은 것이 아니라 불편함을 주기도 하고 억압으로 작용하기도 한다면, 장애인을 돕는 기술의 발전은 중단되어야 하는가? 아마 대부분의 사람들이 이 질문에는 고개를 저을 것이다.

과학과 기술은 비록 그 그림자에도 불구하고 더 많은 생명을 살리는 방향으로 발전해왔다. 과거에는 이른 죽음을 맞이했을지도 모르는 사람들이 '자연적으로' 주어진 수명보다 훨씬 긴 시간을 살아간다. 어떤 기술은 장애인들이 과거에는 생각해볼 수 없던 방식으로 이동할 기회를 제공하고, 사회에 참여할 가능성을 열어줄 수 있다. 경계해야 할 점이 있다면, 모든 사람이 그렇듯이 장애인들 역시 기술의 일방적인 수혜자가 아니라는 것이다. 기술과 인간 사이의 모순적이고 충돌하는 관계는 특히 사이보그의 최전선에 있는 장애인의 삶에서 분명하게 드러난다.

장애학자 앨리슨 케이퍼는 장애인과 과학, 기술, 의학의 복잡한 관계와 맥락을 설명하기 위해 포스터 아동이었던 로라 허시Laura Hershey[12]의 예를 든다. 페미니스트이자 장애 운동가였던 로라 허시는 어린 시절에 미국 근이영양증협회Muscular Dystrophy

---

[12] Alison Kafer, *Feminist, Queer, Crip*, Indiana University Press(Kindle Edition), 2013, Chapter 5.

Association(MDA)의 포스터 아동이었다. '신경 근육 질환 정복'을 목표로 내세우는 자선단체인 근이영양증협회는 각종 미디어를 통해 수많은 광고를 내보내는데, 일라이 클레어Eli Clair가 『망명과 자긍심』에서 묘사하는 근이영양증협회의 광고 중 하나는 이런 식이다.

수동 휠체어가 반쯤 그늘에 놓여 있다. 커다란 오른쪽 바퀴는 빛의 웅덩이 속에 있다. 의자는 비어 있고, 카메라 반대쪽을 향해 20도쯤 돌려져 있다. 발판은 밖으로 젖혀졌다. 의자 위쪽엔 검은 바탕에 흰 글씨로 이렇게 쓰여 있다. "일이 잘 풀리면, 사람들이 일어나 걷게 될 거예요."[13]

근이영양증협회는 자선기금을 모으기 위해 MDA 텔레톤이라 는 대규모 행사를 매년 열어온 것으로도 유명하다.[14] MDA 텔레 톤의 홍보 포스터는 주로 근이영양증을 가진 아이들이 고통받는 모습을 보여주면서 산전 검사와 태아 치료를 위한 비용을 모금 한다. 즉 MDA 텔레톤의 포스터 아동들은 이 포스터를 보는 사 람들에게 이런 말을 하기 위해 동원되는 것이다. "나와 같은 아

---

13 일라이 클레어, 전혜은·제이 옮김, 『망명과 자긍심』, 현실문화, 2020, 212쪽.
14 1966년에 시작된 이래로 매년 노동절마다 개최되던 대규모 MDA 텔레톤은 2014년을 마지막으로 중단되었고, 현재는 축소된 규모로 운영되고 있다.

이들이 태어나지 않도록 기부해주세요." 1970년대에 포스터 아동이었던 로라 허시는 훗날 장애권리운동을 시작하면서 안티-텔레톤 운동을 이끌고, 어린 시절 자신을 모델로 내세웠던 근이영양증협회를 강하게 비판한다. 협회가 근이영양증을 가진 아이들이 태어나지 않도록 하는 일에만 거금을 투자할 뿐, 근이영양증을 이미 가지고 태어난 사람들을 위해서는 아무런 일도 하지 않는다는 것이었다.[15]

근이영양증협회의 홍보 방식에는 장애를 의료적 관점에서만 바라보는 인식이 깃들어 있으며, 장애를 가진 채 살아가는 것은 장애가 없는 삶에 비해 가치가 없다는 생각이 담겨 있다. 로라 허시는 이러한 생각에 맞서 안티-텔레톤 운동가로 활동했지만, 다른 한편 그의 삶은 기계에 상당 부분 의존했다. 그는 여러 가지 기술을 이용해 장애권리운동과 작가로서의 활동을 이어갔다. 이 두 가지는 충돌하는 것일까? 앨리슨 케이퍼는 허시의 경험을 장애와 기술의 '복잡하고 모순되는 협상'으로 읽고, 이 복잡성이 던지는 질문들을 바라보자고 말한다. 기술을 좋은 것 혹은 나쁜 것으로 재단하는 대신, 상황과 맥락 속에서 개별 기술이 장애인과 어떻게 상호 작용하는지를 구체적으로 살피자는 것이다. 중증 장애인으로서 휠체어 및 의료 장비와 밀접하게 연결된 삶을

---

15 John Ingold, "Laura Hershey, 48, Championed Disability Rights", *The Denver Post*, November 27, 2010.

살았던 로라 허시는 사이보그의 최전선에 있는 예시이자, 동시에 인간-기술 관계의 복잡성을 드러내는 존재였다. 로라 허시는 장애인의 삶에 개입하여 그 삶을 유지해주는 기술, 그리고 장애를 교정과 제거의 대상으로 바라보는 가치관 위에 놓인 기술 양쪽 모두를 우리 앞에 제시했다.

　로라 허시가 비판한 대상은 현실의 장애인들을 도구화하며 미래의 약속에만 거금을 쏟아 붓는 자선단체였다. 이번에는 이미 현실이 된 사이보그 기술이 장애 당사자들에게 어떻게 받아들여지고 있는지 살펴보자. 인공 와우는 청신경에 직접 전기적 자극을 제공하여 내이의 역할을 대신하는 임플란트 기기로, 청각장애를 해결할 수 있는 첨단 기술이자 거의 유일하게 실현된 감각 회복 기술로 여겨진다. 많은 자선단체들이 청각장애 아동의 인공 와우 수술과 재활을 지원하는 데 집중한다. 그런데 정작 당사자들의 반응이 달갑지만은 않다. 인공 와우에 대한 의료계와 농인 공동체의 갈등에는 오랜 역사가 있다. 의사들은 청각장애를 치료의 대상으로 보아 인공 와우 이식을 권유했지만, 농인을 '소수 언어' 정체성으로 인식했던 농인 공동체에서는 이를 정체성에 대한 '말살'로 여기며 대립했다. 인공 와우 이식이 상당히 보편화된 현재에도 논쟁은 계속되고 있다. 청각장애 아이에게 이식에 대한 선택권을 주지 않고 음성 언어의 세계로 편입시키는 것이 옳은지, 수어를 통한 언어 발달과 음성 언어를 통한 다소 불완전한 언어 발달 중 어느 것이 아이들을 위한 선택인지 분명한 답은 없다.

농인 유튜버 하개월이 진행한 '인공 와우 사용자들과의 인터뷰'[16]를 보면 인공 와우 시술을 했지만 이후에도 여전히 농인 정체성을 유지하는 당사자들이 있다. 시간이 흘러 인공 와우를 더 이상 착용하지 않거나 제거한 사용자들도 있었다. 그들은 공통적으로 재활 훈련과 언어 치료 과정에서 매우 힘든 일을 겪었다고 말한다. 이명과 두통, 재활 실패, 인공 와우 착용으로 생기는 생활의 제약(운동, MRI 촬영 등), 장치 유지에 드는 값비싼 비용은 인공 와우를 옹호하는 사람들이 공개적으로 말하지 않는 기술의 이면이다. 시술을 잘 했다고 생각하는 사람도, 후회하는 사람도 있었지만 입을 모아 이야기하는 것은 인공 와우가 항상 좋은 선택은 아니며, 결정에는 아주 신중한 고민이 필요하다는 점이었다. 이러한 상황은 사이보그 기술이 단일한 해답이 될 수 없다는 사실을 또다시 보여준다. 인공 와우는 '회복의 기술'이지만 결코 완전한 기술은 아니며, 절대적인 답이 될 수도 없다.

이처럼 장애인 사이보그들은 자신의 삶에 기술을 도입해 일상을 개선하면서, 동시에 기술과 불화하고 기술과 관련된 정상성 규범과도 불화한다. 그렇다면 기술이 장애에 대한 유일한 해결책이 아님을 인정하면서도 장애와 기술이 더 긍정적인 관계를

---

16 하개월, 「인공 와우 사용자들과의 인터뷰」, 2018년 11월 2일(https://youtu.be/5pV8nGA11jc).

만들어갈 가능성을 이야기할 수 있을까? 7장에서는 사이보그의 의미를 확장하면서, 기술과 관계를 맺고 그 기술의 구성에 참여하는 지식 생산자로서의 장애인 사이보그를 살펴보고자 한다.

6장   장애-사이보그 디자인   김원영

뼈 공학의 한계

한양대학교병원 정형외과를 한 살 무렵부터 열다섯 살까지 15년간 다녔다. 고 황건성 정형외과 교수는 내가 마지막 외래를 갈 때까지 치료를 전담한 주치의였다. 목소리가 굵고 풍채가 좋은 따뜻한 사람이었다. 나는 황 교수가 이끄는 정형외과 의료진에게 열 번이 넘는 수술과 매년 4, 5회의 정기검진을 받았다. 그들은 내 종아리뼈를 조각낸 후 다시 접합하고, 그 옆에 골수정 intramedullary rod이라 불리는 일종의 지지대를 삽입했다. 지지대는 키가 자라면 뼈보다 짧아지므로 주기적인 교체 수술도 받았다. 자르고, 붙이고, 지지대를 넣고, 교체하는 치료 과정을 10여 년간 지속하면서 골절 빈도가 현저히 줄었고, 체중을 다리에 싣고 서는 일이 가능해졌다. 내 몸은 기능적으로 개선되고, 구조적으로 안정되었다. 내가 '황 박사님'이라고 부르던 이 정형외과 전문의는 그 시절 내 영웅이었다.

몸을 잘 쓰게 되고 뼈가 쉽게 부러지는 문제도 꽤 해결되었지만, 사춘기가 가까워지면서 나는 새로운 문제에 직면했음을 알았다. 친구들의 몸이 매끈하고 길고 단단하게 균형이 잡혀가던 때였다. 나는 걸을 수 없어서 '정상적인 인간'에서 결핍된 존재라기보다는 나의 몸이 그들처럼 매끄럽지 않기에 인간에서 먼 존재라고 생각하기 시작했다. 그때쯤 뼈를 길고 곧게 늘려서 신장을 키우고 몸에 균형을 잡아주는 일명 '사지 연장술'이 있다는 말을 들었다. 정기검진을 위해 서울에 가는 날 황 박사님과 이 시술에 관해 의논해보기로 결심했다.

마침내 정기검진 날이 왔고, 어머니와 함께 한양대학교병원 본관에 있는 황 박사님의 진료실을 방문했다. 엑스레이 촬영 등 몇 가지 검사 결과를 살펴보며, 그는 상태가 좋으니 앞으로 운동을 열심히 하면 보행도 가능하다는 등 긍정적인 이야기를 전했다. 종종 추가 수술이 필요하다는 이야기를 듣기도 했기 때문에 나는 정기검진 때마다 잔뜩 긴장을 하곤 했다. 이번에는 수술을 하지 않아도 된다는 소식을 들었지만 여전히 심장이 두근거렸다. 나는 어머니를 슬쩍 쳐다보며 얼른 '사지 연장술'에 관해 질문해달라는 신호를 보냈다. 어머니가 조심스럽게 물었다. 검진 결과를 기다릴 때보다 더 떨리는 마음으로 대답을 기다렸다. 황 박사님은 고개를 약간 기웃하며 나를 바라보고는 굵은 목소리로 말했다.

"그러지 마, 응?"

나는 휘둥그레진 눈으로 그의 얼굴을 바라보았다. 다시 한 번 그가 말했다.

"그러지 마."

다음 외래를 예약하고 어머니와 함께 병원 건물을 나왔다. 늘 긴장감이 감돌던 병원에서 멀어지자, 나는 막연하지만 어떤 현실을 깨달은 것 같았다. 내가 아는 가장 영웅적인 사람, 허약하고 굽은 내 다리를 조각내고 재조립하고 특수한 재료의 지지대를 심어 몸의 붕괴를 막아준 구조공학자. 이 뼈-엔지니어가 앞으로는 내 문제를 해결해줄 사람이 아닐지도 모른다는, 나의 '황박사님'은 근본적으로 나를 구원할 영웅이 아닐 수도 있다는 생각이 내 마음을 뒤흔들었다. 나에게는 몸의 기능적 문제를 해결해줄 공학자가 아니라, 몸을 매끈하게 만들어줄 디자이너가 필요했다.

향유고래의 뼈와 안 보이는 보청기

인공 보철prosthesis은 사고나 질병으로 다리나 팔 등 신체의 일부를 상실했을 때 몸에 접합하는 대체물을 뜻한다. 무릎 아래 절단된 부위를 대신해서 허벅지에 부착하는 나무 의족peg legs이나 『피터 팬』의 후크 선장을 상징하는 갈고리 손hand hooks 등이 오래전부터 사용되던 인공 보철이다. 고대 이집트의 유물 가운데는 가죽과 나무를 이용해 엄지발가락을 대신하도록 정교하게 제작된 보철이 있다. 기원전 600년경 사용했을 것으로 추정되는 이 발가락 보철은 양말처럼 발에 신으면 가죽을 두른 엄지발가락 모양의 나무가 실제 발가락을 대신하도록 만들어졌다. 서양의 중세 시대에는 검이나 방패를 쥘 수 있도록 만든 의수도 있었다. 전투가 가능할 정도는 아니었으므로 손의 기능을 대체한다기보다는 기사knight의 위엄을 보완하는 디자인적 측면이 강했

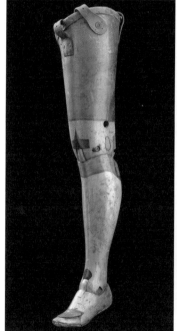

"인공 보철은 신체의 일부를 상실했을 때 몸에 접합하는 대체물을 뜻한다.
인간 삶의 편의를 증대하는 각종 테크놀로지가 우리의 신체와 정신에
더 넓고 긴밀하게 결합하면서 인공 보철의 개념 역시 점점 확장되고 있다."

다.[1] 허먼 멜빌Herman Melville의 소설 『모비 딕』에서 향유고래에게 다리를 물어뜯기고 복수심에 불타던 선장 에이헤브는 고래 뼈로 만든 의족을 착용한다.

20세기 들어 인공 보철 테크놀로지의 급격한 발전과 대중화가 시작되었다. 세계대전이 끝났을 때 수많은 군인이 절단장애인이 되었고 인공 보철의 제작과 보급은 많은 나라에서 긴급한 국가적 프로젝트가 되었다. 독일에서만 절단장애인이 8만 명에 달할 정도였다. 이전까지 인공 보철은 대개 사람의 신체와 닮은 디자인으로 수공업 방식을 통해 제작되었으나 이때부터 기능성에 초점을 맞춘 저가형 보철이 대량 생산되었다.[2] 사람들은 기계와 인간의 신체가 결합한 이미지를 더 이상 어색해하지 않았다. 현대에는 첨단 테크놀로지가 적용되어 절단된 부분 주위의 미세한 근육만으로도 다섯 개의 로봇 손가락을 자유로이 움직이는 의수(오픈바이오닉스 사가 개발한 '히어로 팔Hero Arm')부터 앞서 소개한 MIT 휴 허 교수의 생체공학 의족까지 다양한 인공 보철이 등장했다. 보철로 대체 가능한 신체 부위도 크게 늘었다. 이미 우리 중 많은 사람이 인공 보철을 사용하고 있다. 치아 임플란트나 깨진 치아에 덧씌우는 크라운, 인공 관절, 심장 혈관 확장을

1   Physical Medicine and Rehabilitation, "Timeline: Prosthetic Limbs Through the Years", *UPMC HealthBeat*, March 8, 2015.

2   Tomoko Tamari, "Body Image and Prosthetic Aesthetics", *Body & Society*, Vol. 23, No. 2, 2017, pp.29-30.

위한 심장 스텐트stent, 성형에 이용되는 보형물 등이 모두 인공 보철이다. 휠체어나 시각장애인의 흰 지팡이, 보청기와 같이 몸의 손실된 부위를 물리적으로 대체하지 않아도 그 기능을 대신하고, 오랜 시간 사용자의 몸에 깊숙이 접속하는 기기도 인공 보철의 범주에 포함할 수 있을 것이다(콘택트렌즈는 어떨까? 스마트폰도 인공 보철일까?). 인간 삶의 편의를 증대하는 각종 테크놀로지가 우리의 신체와 정신에 더 넓고 긴밀하게 결합하면서 인공 보철의 개념 역시 점점 확장되고 있다.[3]

인공 보철이 기술적, 상업적으로 도약하는 주목할 만한 사례는 1866년 영국 서남쪽의 도시 차드Chard에서 시작되었다. 구두 제작자 제임스 길링햄James Gillingham은 어느 날 함포 사고로 팔을 잃고 좌절에 빠진 싱글턴William Singleton이라는 사람과 이야기를 나눈다. 안타까운 마음에 길링햄은 싱글턴이 착용할 수 있는 의수를 직접 만들어주겠다고 약속하고, 구두 제작자의 기술과 경험을 살려 새로운 가죽 의수를 만든다. 의수는 강력하고 단단하

---

3 1부에서도 언급했듯이 휠체어나 흰 지팡이 등은 그 이용자와 긴밀히 통합될 수 있다. 나는 '인공 보철'을 휠체어나 보청기처럼 실제로 몸을 대체하지는 않지만 인간의 몸과 깊이 연결되어 몸의 일부가 되는 기기까지 포함하는 개념으로 전제할 것이다. 사실 1990년대 이후 인공 보철은 신체 일부를 대체하거나 보조하는 인공물을 넘어서, 인간과 테크놀로지 간의 융합이라는 큰 흐름을 비유하는 의미로 사용되고 있다. 현대인은 이미 보철적prosthetic 존재이다. 인공 보철의 다양하고 확장된 의미에 관해서는 강수미, 「인공 보철의 미 - 현대 예술에서의 '테크노스트레스'와 '테크노쾌락'의 경향성」, 『미학예술학연구』, 제39집, 2013, 3~39쪽을 참조할 수 있다.

면서도 싱글턴의 몸에 꼭 맞았다(길링햄은 돈도 받지 않았다). 이 사실이 알려지자 많은 이들이 자신에게 맞는 인공 보철을 만들어 달라며 길링햄을 찾아왔다. 그는 인공 보철 제작과 판매를 전문으로 하는 비즈니스를 시작했고, 제작자이자 사업가로서 큰 성공을 거두었다. 20세기 초까지 1만 5000명이 넘는 사람이 길링햄의 인공 보철을 사용했다.[4]

길링햄의 의수나 의족을 사용해본 사람들은 그 착용감과 디자인에 감탄하며 사용 후기를 편지로 써 보내기도 했다. 1907년 7월경 발송한 편지에서 한 장애인 고객은 길링햄의 의족에 관해 이렇게 쓴다.

당신 작품(의족)에 대해 내 친구들이 어떻게 생각했는지 뭐라고 전해야 할지 모르겠습니다. '기적 같다'는 말 외에는 없을 거예요. 지난 세월 목발을 짚다가 의족을 신고 걷기 시작하니까, 친구들은 그게 나라고 생각조차 못 했답니다.[5]

4 [Blog Post] embracetheplanetnl, "James Gillingham prosthetic limbs", June 25, 2018(https://embrace-yourself-embrace-the-world.com/2018/06/25/james-gillingham-prosthetic-limbs/).

5 Marquard Smith, "the vulnerable articulate: James Gillingham, Aimee Mullins, and Matthew Barney", in Marquard Smith and Joanne Morra (eds), *The Prosthetic Impulse: From A Posthuman Present to A Biocultural Future*, Cambridge, MIT press, 2006, p.49.

'기적 같다'는 감탄은 의족을 사용해본 이 편지의 작성자가 아니라 '친구들'이 보인 반응임에 주목해보자. 길링햄의 의족은 분명 착용감에 있어서도 우수했지만[6] 편지의 작성자는 무엇보다 친구들이 자신을 '알아보지 못했다'는 점을 강조한다. 다른 사람의 눈에 기적같이 보일 만큼 길링햄의 인공 보철은 자연스러웠다. 이 편지뿐 아니라 길링햄의 인공 보철이 자신을 이전과 다른 사람처럼 보이게 한다는 사용 후기가 많았다. 바꿔 말하면, 그의 제품들은 '부자연스러운' 신체를 티 나지 않게 했다.

신체 손상에 따른 기능을 보완하되 주목은 덜 받는 디자인은 오랜 기간 장애인을 위한 보철물 제작에서 중요한 고려 사항이었다. 이는 지금도 인공 보철 판매자와 소비자 모두에게 중요한 마케팅 포인트다. 우리는 앞니에 치아와 유사한 색깔과 재질의 크라운을 씌우고, 비싼 돈을 주고서라도 투명한 교정 장치를 고른다. 보청기는 귀 안쪽으로 쏙 들어가 눈에 보이지 않을수록 비싸다. 1980년대 후반 유행한 한 보청기 광고에서 (옛 한국 영화의 더빙 성우 같은 말투로) "안 들려요"라며 근심하던 모델은 보청기를 귀에 넣자 환한 얼굴로 카메라를 향해 묻는다. "안 보이죠?" 소리에 반응하며 "아름다워라", "어머!" 등의 감탄사를 연발하는 장면은 보청기가 보이지 않는지를 확인한 다음에야 이어진다.[7]

---

6 이 편지의 작성자는 같은 편지에서 등 쪽에 약간 통증이 있는 걸 제외하면 매우 편안하다고 썼다.

장애disability는 단지 몸의 특정한 기능이 결여dis-ability된 상태가 아니라 '정상이 아닌 몸'이라는 사회적 평가를 획득한 일종의 신분(지위)에 가깝다. 따라서 고도로 발전한 테크놀로지가 기능의 결여를 보완한다 해도 여전히 장애는 존재할 수 있다. 이를테면 얼마쯤 미래에 내가 보스턴다이내믹스 사[8]에서 제조한 산악등반용 웨어러블 로봇을 몸에 걸치고 북한산 정상에서 인스타그램에 포스팅(#에베레스트_기다려 #휠체어_등반가 #강연_문의는_프로필에)을 하더라도, 거창한 슈트 안에 휘어지고 짧고 비대칭적인 신체의 내가 있다면 여전히 나는 장애인으로 여겨질 것이다.

패션과 디스크레션

1998년 패럴림픽 육상 선수 에이미 멀린스Aimee Mullins가 유명 패션 잡지 『데이즈드 앤 컨퓨즈드』에 등장하자 엄청난 화제가 되었다. 화보 속에서 멀린스는 상의를 탈의하고 하의는 몸에

7 대한보청기 주식회사가 1988년에 생산했던 '뚜라미 보청기'의 TV 광고다. "안 들려요"라는 멘트는 일종의 밈이 되어 그 시기에 유행했다. 이 광고 영상은 대한보청기 웹사이트(http://www.maxo.co.kr)의 '고객센터' 탭 아래의 '뉴스&자료실' 게시판에서 볼 수 있다.

8 두 다리로 인간처럼 계단을 오르고 공중제비까지 하는 로봇 영상으로 유명하다. 유튜브 채널 'Boston Dynamics(https://www.youtube.com/user/BostonDynamics)'에서 해당 영상을 볼 수 있다.

꽉 끼는 운동복을 입은 채 뒤로 돌아서서 얼굴은 카메라를 향하는 포즈를 취했다. 양쪽 종아리 아래가 없는 절단장애인인 멀린스의 척추에서 다리로 이어지는 선이 무릎 아래 착용한 우아한 곡선형의 탄소섬유 의족으로 그대로 이어졌다. 이 의족은 그 자체로도 아름답지만 멀린스의 몸과 사진 속 포즈와의 관계 속에서 특별히 더 아름다웠다.[9] 사진 아래쪽에는 '패션-에이블Fashion-Able?'이라는 문구가 쓰여 있었다. 이 이미지가 큰 주목을 받으면서 에이미 멀린스는 그동안 패션에서 '디스에이블disable(장애가 있는)'하다고 여겨졌던 장애인의 몸이 인공 보철과 결합하여 '패셔너블fashionable'한 모습으로 화보의 중심에 놓일 수 있음을 당당히 보여주었다.

디자인 연구자 그레이엄 풀린Graham Pullin에 따르면 인공 보철[10] 디자인은 패션과 디스크레션discretion(주목받지 않게 겸양되고 화려하지 않고 단정한, 소위 '꾸미지 않은 듯 꾸민' 스타일) 사이의 긴장 속에서 발전했다. 디스크레션을 지향하는 힘이 단지 손상 입은 몸을 티 내지 않고자 하는 사람들의 선호 때문은 아니었다. 안경은 디

---

9 Graham Pullin, *Design Meets Disability*, MIT Press, Cambridge, 2009, p.31. 웹에서 Aimee Mullins, Dazed & Confused 등의 키워드로 검색하면 멀린스의 이미지를 쉽게 찾아볼 수 있다.

10 그레이엄 풀린은 의족뿐 아니라 휠체어, 보청기, 안경, 흰 지팡이 등 보조장치를 모두 포함해서 이야기하고 있다. 다만 152쪽의 주 3에서 전제했듯이, 여기서는 '인공 보철'이라는 말로 통칭할 것이다.

스크레션 지향에서 패션 지향 디자인으로 나아간 대표적인 보철물일 테지만, 1930년대까지도 영국국립보건원은 의료 장비인 안경 디자인에 어떤 '스타일'을 부여해서는 안 된다면서 의료기기로서 '적절해야' 한다not be 'styled' but only 'adequate'는 입장을 유지했다.[11] 손상 입은 몸과 그에 결합하는 인공 보철의 패션화는 장애인들의 '티 내고 싶지 않은' 마음과 더불어, 손상된 몸을 치료와 회복의 대상으로 보고 이를 돕는 장비를 의료기기라는 틀 안에서 규정하려는 근대 의료 체계 아래에서는 추구하기 어려운 목표였다.

에이미 멀린스는 패션 디자인에 관심이 많았고 장애인의 옷이나 보철물 디자인이 덜 주목받으려는 전략을 펼치는 데 동의하지 않았다. "단정함이요? 저는 훨씬 더 화려해지고 싶다고요!Discreet? I want off-the-chart glamorous!" 멀린스의 옷장에는 다양한 의상뿐 아니라 탄소섬유로 만든 육상용 의족부터 평소보다 키가 더 커 보이고 싶을 때를 위한 키높이 의족, 손으로 조각한 무늬가 새겨진 나무 의족 등이 보관되어 있다. 멀린스에게 인공 보철은 패션의 영역이고, 각각의 '패션 용품'은 모델, 운동선수, 모터사이클 드라이버 등 각기 다른 정체성을 표현하고 완성하는 일부분이다.[12] 이는 아무나 따라 할 수 없다. 당신이 표준적인 몸을 가졌다면

11 Graham Pullin, 앞의 책, 16쪽.

12 위의 책, 31~33쪽.

그날 기분에 따라 혹은 약속 장소에 어울리는 길이와 디자인으로 다리를 교체하며 살 수는 없을 것이다. '다리가 있으면' 하기 어려운, 오직 에이미 멀린스의 몸이기에 가능한 스타일링인 셈이다. 따라서 정확히 말하자면, 에이미 멀린스는 인공 보철 디자인을 패션화한 것이 아니라, 보철과 결합한 자신의 몸을, 즉 '장애'를 패션화한 것이다.

이처럼 첨단 테크놀로지와 손상된 몸이 만나 그려내는 독특한 신체 디자인은 장애를 새로운 패션으로 만들 수 있으며, 이는 전형적인 사회적 평가와 통념에 갇힌 몸을 해방시킬 수 있다. 영화 〈킹스맨〉에서 칼날 의족을 신고 화려한 발차기로 사람을 두 동강 내는 악당에게 동정과 시혜의 감정을 품는 관객은 없을 것이다("젊은 아가씨가 어쩌다……"라며 혀를 다 차기도 전에 머리가 날아갈지도 모른다). 에이미 멀린스와 유사한 몸을 가진 오스카 피스토리우스Oscar Pistorius가 2012년 런던 올림픽/패럴림픽 육상에서 착용한 치타 의족Flex-Foot Cheetah(에이미 멀린스도 이 의족을 썼다)도 미디어의 큰 관심을 받았다. 치타 의족을 신은 그의 모습은 스포츠 미디어뿐 아니라 자선 사업 포스터, 상품 광고에도 등장했다. 미디어의 엄청난 관심 속에 피스토리우스는 첨단 테크놀로지와 결합한 미래적인 인간으로 대중의 상상력과 호기심을 자극했다.[13] 이러한 관심의 배경에는 첨단 보철물이 상징하는, 테크놀로지와

---

13 Tomoko Tamari, 앞의 글, 31쪽.

그에 온전히 결합한 인간의 몸에 대한 우리 시대의 사회문화적 열광이 있었을 것이다. 피스토리우스나 멀린스의 이미지는 장애인의 몸을 불운이나 비극의 상징이 아니라 에너지 넘치고, 에로틱하고, 혁신적인 하이브리드적 존재로 바라보는 계기가 된다.

의족이나 의수만큼 드라마틱한 효과는 없겠지만, 나도 휠체어를 패션화하는 전략을 고민할 때가 있다. 어릴 때는 돈을 많이 벌어 매일 다른 색깔과 디자인의 휠체어를 의상에 맞춰 타고 싶었다. 최근에는 이를 구체적으로 고민해볼 계기가 있었다. 나는 어쩌다 2020년 6월 연예인들이 한가득 모이는 어떤 시상식에 초대를 받았다. 예상치 못한 일이라 모든 것이 혼란스러웠지만, 가장 걱정은 패션이었다. 그러니까 배우 김희애 씨나 정우성 씨, 박보검 씨 다음으로 혹여 내가 카메라에 노출되면 큰일이 아닐 수 없었다. 평소 만나기 어려운 패션 디자이너 분을 운 좋게 소개받아 내 신체에 맞는 의상을 제작했다.

나는 그 자리에 '좀 과하게 정상적인' 신체를 가진 수백 명의 사람들 사이에서 유일하게 '비표준적인(비정상적인)' 인간으로 있을 예정이었다. 조금이라도 '표준적으로' 보이려면 어떤 의상을 입어야 할지, 어떤 자세로 있어야 할지 고민했다. 하지만 이런 생각도 들었다. 굳이 내 몸을 표준적으로 보이려고 애쓰기보다, 이 기회에 그냥 내 몸의 선과 윤곽이 그대로 드러나는 옷을 입으면 어떨까? 더 나아가서, 혹시 내가 무대에 오르게 된다면 아예 휠체어를 타지 않고 올라가면 어떨까? 다행히 무대에 오를 기회가 없었지만 스스로 그런 선택을 했을 리도 없다. 이러한 고민 역시 나의 변형된 몸을 가급적 위장해서 최대한 '정상적으로' 보이고 싶은 마음(디스크레션)과 숨겨왔던 나의 '비정상성(비표준)'을 나만의 개성으로 과감히 드러내고 싶은 마음(패션)이 긴장 속에서 공존했기에 생겨난 것일지 모른다.

보철을 활용하면 내 몸을 숨기고도 싶고 있는 그대로 드러내고도 싶은 모순된 마음을 타협하기에 편리하다. 내가 두 팔로 바닥을 짚으며 이동하는 것에 비하면, 현대 사회에서 휠체어를 탄 움직임은 상대적으로 평범하게 받아들여진다(디스크레션). 동시에 여전히 휠체어는 표준적이지 않은 존재의 상징이기는 하므로, 적극적으로 내 정체성을 패션으로 삼을 가능성도 열려 있다. 이를테면 스위스의 퀴셸 사가 항공우주공학에서 사용하는 그래핀 graphene을 재료로 삼아 우아하게 디자인한 초경량 휠체어라면 어땠을까?[14] 그런들 정우성 씨 앞에서 위축되지 않았을 리 없지만, 나는 장애를 지닌 내 몸을 부정하지 않으면서도 더 효과적으로 주류적인 감각에 맞춰 패션화할 수 있었을 것이다. 최첨단 기술력이 동원되고, 심플하고 매끄러운 디자인으로 설계된 테크놀로지가 신체의 일부를 이루는 보철이 될 때 사람들의 눈길을 사로잡으니까. 영화 〈엑스맨〉 속 자비에 교수의 휠체어 같은 것이라

14 다음 링크에서 이미지를 볼 수 있다. 휠체어 프레임의 무게는 1.5킬로그램에 불과하다(https://www.yankodesign.com/2018/09/20/this-wheelchair-is-winning/).

〈황금 벽돌길〉 (2019년 '정상 궤도' 전시)

"나의 변형된 몸을 가급적 위장해서 최대한 '정상적으로' 보이고 싶은 마음과
숨겨왔던 나의 '비정상성'을 나만의 개성으로
과감히 드러내고 싶은 마음이 긴장 속에서 공존한다."

면 타볼 만하지 않을까? 실제로 디자이너 선생님과 나는 휠체어와 의상을 조화시키려 애썼고, 나는 휠체어 구석구석을 열심히 닦았다.

테크놀로지와 결합한 손상(변형)된 몸의 패션화 전략은, 그러나 논란의 대상이기도 하다. 에이미 멀린스의 이미지는 가장 성공적인 패션화의 사례 같지만 비판도 많이 받았다. 멀린스의 화보는 낙인 찍힌 장애인의 이미지를 부수고 새로운 인식을 제공하는 계기일 수도 있지만, 다른 한편 그저 아름다운 비장애인이 어쩌다 다리를 잃어 인공 보철을 신은 모습을 묘사할 따름이라는 견해도 있었다. 이런 입장은 멀린스의 사진이 신체 손상을 입은 절단장애인의 아름다움과는 거의 관계가 없다고 주장했다.[15] 오스카 피스토리우스의 이미지 역시 논란의 대상이다. 그는 장애인을 '미래의 신체'에 연결 짓는 대중의 상상력을 촉발했지만, 다른 한편에서 미디어는 그를 '역경에 맞선 영웅'이라는 진부한 이미지로 묘사하기를 주저하지 않았다. 그의 '패션화된' 이미지는 새로운 신체의 미적 가능성을 확대했다기보다는 과학기술에 대한 맹목적인 열광과 오래된 극복 서사, 역경에 맞선 '비정상인'에 대한 호기심이 결합한 것에 불과했는지도 모른다. 이를 생생하게 증명하는 예는 2016년 피스토리우스가 여자 친구를 살해한 혐의로 재판을 받을 때, 미디어들이 앞 다투어 그가 의족을

15 Marquard Smith, 앞의 책, 58쪽.

벗고 판사들 앞에서 자신의 무죄를 주장하는 장면을 담은 사진이다.[16] 기자의 카메라 앞에서 그는 '전형적인' (기이하고 비정상적인) 장애인의 모습으로 남아프리카 공화국의 법정에서 무엇인가를 증명하고 있는데, 그 모습은 초라하기 짝이 없다.[17]

에이미 멀린스와 오스카 피스토리우스의 사례는 장애의 패션화에 관해 여러 물음을 던진다. 이들의 치타 의족과 손상된 신체의 패션화는 정상성에 관한 통념을 깨트리고, 우리의 미적 지평을 넓히는 새로운 디자인인가? 아니면 그저 상업적인 목적으로 신체를 성적으로 대상화하거나, 역경 극복의 인생 이야기 혹은 신체의 '비정상성'을 호기심의 소재로 소비하는 이미지에 불과한가?

내가 황 박사님에게 원했던 것은 '위장이 가능한' 몸이었다. 잘 걷지 못해도 나의 팔다리와 몸통이 '표준'에 가깝다면, 얼마간 내 손상의 의미는 숨겨질 수 있었을 테다. 하지만 그것은 가능하지 않다. 만약 내가 수억 원짜리 우주선 같은 휠체어를 타고

---

16 Tomoko Tamari, 앞의 글, 27쪽.

17 피스토리우스는 왜 의족을 벗었을까? 공식적인 이유는 자신이 의족을 쓰지 않을 때는 여자 친구보다 체구가 작아서 물리적으로 살해가 어려웠음을 보이려는 것이었다. 이는 당연히 재판부의 동정심을 불러일으키려는 시도로 받아들여졌다(실제로 그랬을 것이다). 그는 한때 훌륭한 육상 선수였을지 모르지만 결국 살인을 저지른 범죄자가 되었고, 영웅은커녕 한심한 인간이었다. 그의 '손상된 몸' 이미지는 그의 영웅 이미지를 극대화했던 것과 마찬가지로 한심함을 극대화하는 데 활용되었다(Sewell Chan, "Oscar Pistorius Removes His Artificial Legs at Sentencing Hearing", *The New York Times*, June 15, 2016).

공중파 방송에 나갔다면, 나는 대중이 가진 장애인에 대한 인식을 확장하는 데 기여했을까? 아니면 유튜브에서 틱장애(뚜렛증후군)를 꾸며내 수십만 구독자를 모아 이익을 취하는 짓처럼, 평소 사용하지도 않는 휠체어를 타고 사람들의 관심을 끌어보려 장애를 소비한 것에 불과했을까?[18] 그렇다고 내가 평소 아무도 보지 않을 때의 가장 자연스럽고 자유로운 나의 모습 그대로, 휠체어도 없이 네 발로 기어서 무대에 올랐다면 뭐가 좀 다른가? 나는 내 몸을 어떻게 '디자인'하기를 원하는 걸까?

테크놀로지, 장애, 페티시즘

영국의 보철 제작자 제임스 길링햄으로 돌아가자. 그는 자신이 제작한 인공 보철을 사용하는 장애인들의 모습을 사진으로 많이 남겼다. 일부는 보철을 홍보하기 위해 상업적인 목적에서 촬영한 것이었다. 홍보용 사진 속 모델들은 연극의 한 장면처럼 연출된 포즈를 취하고 조명 아래 의족이나 의수를 노출한 채 등

---

18 2019년 말 '아임뚜렛'이라는 이름의 유튜브 채널에서 뚜렛증후군에 관한 에피소드로 1인 방송을 운영하던 홍정오 씨가 실은 뚜렛증후군이 없거나 경미한 수준임에도 이를 과장했다는 사실이 밝혀지면서 논란이 되었다. 그는 라면을 먹다 틱이 발생했다며 라면 그릇을 뒤집는 등의 '퍼포먼스'를 했고 한 달 만에 38만 명의 구독자를 모았다. 그가 올린 수입은 한 달간 약 8000달러였다고 한다(「[e글중심] 월 8000달러 번 유튜버 '아임뚜렛', 틱장애 연기했나」, 『중앙일보』, 2020년 1월 7일).

장한다. 노출 방식은 남성과 여성 모델이 각기 다르다. 남성은 카메라를 응시하거나 응시하지 않더라도 얼굴을 드러내는 데 부끄러움이 없어 보이는 자세, 사람 손과 닮은 의수를 착용한 채 고급스러운 의상을 입고 외출을 준비하는 모습, '갈고리' 모양의 의수를 드러낸 채 무엇인가를 만드는 모습 등 다양한 방식으로 등장한다. 여성 가운데도 일부는 집 안에서 편지를 읽는 등 편안하고 일상적인 이미지를 보이지만, 상당수가 얼굴을 뒤로 돌리거나 신문으로 가린 채 스커트를 걷어 올려 가죽 의족을 드러낸 모습이다.

길링햄의 보철은 손상된 신체를 적절히 감추면서 기능을 보완했기에 장애인 고객들의 사랑을 받았다. 그러나 홍보용 사진 속 보철 팔과 다리는 결코 '디스크레션'을 지향하는 디자인으로 보이지 않는다. 적극적으로 기능을 중시한 갈고리 디자인도 있을 뿐 아니라, 멋진 의상 위로 드러난 보철 팔이나 치마를 들추어 보여주는 보철 다리는 구두 제작자 제임스 길링햄의 이력을 증명하듯 고급스러운 가죽 구두나 장갑이 그대로 팔과 다리가 된 듯 매끈하고 세련되다.

주로 남자 모델이 보여주는 이미지는 2012년 런던 올림픽 전후 미디어가 오스카 피스토리우스를 다루던 방식의 오래된 버전 같다. 보철과 통합된 새로운 하이브리드적 몸으로 사회 구성원으로서 활약하는 극화된 이미지다. 반면 (남성도 일부 있기는 하지만) 주로 여성 모델이 보여주는 이미지는 우리가 1990년대 일본

애니메이션에서 자주 만나던 성애화된eroticized 여성 사이보그 신체의 기원처럼 보인다. 손상 입은 몸과 당대 테크놀로지의 결합은 기묘하게 만나 '장애의 패션화'가 가져올 수 있는 문제를 그대로 드러내는 것 같다. 마커드 스미스Marquard Smith는 이 이미지들에서 손상된 몸과 테크놀로지에 대한 페티시적fetishistic 충동을 읽어낸다.[19]

페티시즘[20]은 어떤 사물이나 특정 신체 부위를 종교적으로 또는 미적(예술적)으로, 혹은 성적으로 대상화하여 집착하는 태도를 말한다. 페티시적 욕망의 공통점은 사물이나 신체를 둘러싼 현실의 복잡한 맥락이나 사회적 관계, 당초 목적 등을 소거하고,

---

19 Marquard Smith, 앞의 책, 51~54쪽. 이때의 페티시적 충동을 제임스 길링햄의 것으로만 환원할 수는 없을 것이다. 이 사진은 다수의 고객에게 호소하려는 상업적 목적에서 촬영된 것이기 때문이다.

20 페티시즘은 본래 사물에 영적인 것이 깃들어 있다고 믿는 서아프리카인들의 종교적 태도를 설명하는 포르투갈어 페티소fetisso를 어원으로 한다. 유럽인은 자신과 다른 '타자'들이 아무런 인격도 없는 나무나 조각품 따위에 의미를 부여하고 숭배까지 하는 행위를 미개하고 기이하다고 여겼다. 그러나 18세기 들어 유럽인은 그들 내부에서 페티시즘을 발견한다. 마르크스는 페티시즘을 자본주의 사회의 생산과 소비와 관련해서, 프로이트는 성性적인 맥락에서 각각 포착했다. 자본주의 사회에서는 상품을 생산하는 인간들(생산자들)의 복잡한 관계와 그 과정의 실재들이 모조리 사라지고, 상품 그 자체만 욕망의 대상으로 물신화된다. 억압된 성적 충동은 본래의 목적과 맥락을 잃은 채 그 성을 대리하는 대체물에 대한 집착으로 되돌아온다. 상품 그 자체, 성적 욕망을 대체한 신체의 특정 부위와 사물들(머리카락, 발, 안경 등)은 본래의 기원과 맥락을 상실하고, 그것 자체가 욕망의 대상이 된다(장석만, 「페티시즘의 개념사-그 발명과 의미망」, 『종교문화비평』, 9권, 2006).

그 자체를 내재적인 가치를 지닌 무엇으로서 이상화하고 열망한다는 것이다. 현대 문명의 특징으로 종종 거론되는 테크노페티시즘technofetishism은 테크놀로지가 문제 해결의 도구tool이자 수단이기를 멈추고, 그 자체가 목적이 되어서 상징적, 성적, 미학적 대상으로 고양되는 경향이다. 미디어와 과학기술 등을 연구하는 러츠키R. L. Rutsky는 『와이어드』나 『몬도 2000』 같은 대표적인 과학기술 미디어가 어떤 테크놀로지를 다룰 때 그 생산 과정이나 실질적인 사용 가능성(기회의 공정한 분배) 등에 관해서는 모두 생략하고, 마치 하나의 예술작품처럼 심미적인 대상으로만 그려낸다고 비판한다.[21] 스마트폰 같은 첨단 기술은 하늘에서 떨어지는 것이 아니라, 반도체 공정을 비롯한 수많은 절차에 자원과 지식, 노동이 개입하며 그 과정에 저임금 노동이나 안전 문제 등 복잡한 현실이 얽혀 있다(이에 관해서는 8장에서 더 살펴보겠다).

손상/변형된 몸에 대한 페티시즘 역시 마찬가지다. 표준적인 인간의 신체 바깥에 있는, 특히 절단장애를 가진 사람들을 성적으로 욕망하는 경향(디보티즘deevoteeism[22])은 현대에도 알려진 페티시즘이다. 여기서도 마찬가지로 장애를 가진 몸의 복잡하고 다층적인 현실과 의미는 생략된다. 이를테면 아무리 훌륭하게

---

21 R. L. Rutsky, *High Techne: Art and Technology from the Machine Aesthetic to the Posthuman*, University of Minnesota Press, 1999, pp.129-158. 이러한 비판적 논의 덕분인지, 적어도 2010년대 이후에는 『와이어드』를 비롯한 과학기술 잡지 역시 테크노페티시즘을 종종 비중 있게 다룬다.

제작했더라도 여전히 존재하는 보철과 인간 신체 사이의 삐걱거리는 이음새가 길링햄의 홍보용 사진에는 생략되어 있다. 의족과 절단된 신체가 만나는 경계 부분은 상당한 시간이 지날 때까지 통증을 유발하고, '티 나지 않게' 걷기 위해 체중을 실을 때마다 (특히 20세기 초의 기술력에서는 더더욱) 바닥의 충격이 딱딱한 의족을 타고 허리까지 이어지지만[23] 사진 속 의족은 그저 매끈한 구두처럼 신체와 접합해 있다. 이 이미지 안에서 의족을 착용한 손상 입은 신체는 실질적인 불편함과 고통, 현실에서 마주할 수많은 편견과 배제 등은 모두 생략한 채 오로지 상업적 성공을 위해, 튀어나온 이음새 하나 없이 기계와 완전히 통합된다.

바로 이 점이 앞서 살펴본 에이미 멀린스의 이미지가 논란의 대상이 된 이유 중 하나일 것이다. 치타 의족에 미적으로 매끈하게 통합된 멀린스의 사진은 몸의 형태와 움직임, 현실적인 삶에 존재하는 장애인의 다종다양한 신체(경험)를 거의 소거하는 듯 보인다. 물론 그래서 멀린스의 이미지가 모든 맥락에서 다 실패했다는 말은 아니다. 우리 시대의 패션모델로서 멀린스는 결코 실패하지 않았으며, 길링햄의 일부 모델들처럼 자신의 장애를 수

---

22 나는 『실격당한 자들을 위한 변론』의 8장에서 이 주제를 다루었다. 당시 내가 이 주제를 다루면서 주로 참고한 논문이 이후 한국에 번역 소개되었다. 이 논문의 한국어판에서는 디보티즘을 '추종주의'로 번역했다(앨리슨 케이퍼, 전혜은 옮김, 「욕망과 혐오: 추종주의 안에서 내가 겪은 양가적 모험」, 『여/성이론』, 39호, 2018, 48~86쪽).

23 이토 아사, 김경원 옮김, 『기억하는 몸』, 현암사, 2020, 81~82쪽.

동적으로 소비당하지도 않았다. 그녀는 당당하게 운동선수이자 패션모델로서의 아우라를 충분히 발산한다. 다만 멀린스의 도전이 장애인의 몸에 대한 편견, 동정 어린 시선 등을 깨고 새로운 인식을 가져왔는지를 묻는다면 의문이 제기될 수 있다는 뜻이다.

불쾌함의 골짜기를 피해서

이쯤에서 왜 첨단 테크놀로지가 '디자인'으로서 장애인의 몸과 만날 때 상업적인 성공을 거두는지 살펴보고 싶다. 우리 시대 많은 이들은 분명 테크놀로지를 단지 '도구'로서만 바라보지 않는다. 애플이 시가 총액 2000조 원이 넘는 세계적 기업이 된 것은 아이폰이 도구적(기능적)으로 너무나 편리한 기계라는 이유만으로는 설명되지 않는다. 하지만 어떤 기계가 도구로서의 역할을 완전히 멈추면, 이 역시 우리를 좀 섬뜩하게 한다. 뛰어난 인공지능 소프트웨어가 개발되기를 꿈꾸는 사람들도 그것이 영화 〈그녀Her〉의 사만다처럼 온전히 자율적인 행위자가 된 듯 보이면, 그래서 더는 인간의 도구로 남지 않게 되면 어떤 '불쾌함the uncanny'을 느낀다. 테크놀로지는 도구 이상일 때 우리를 더욱 매료시키지만, 도구가 아니게 되는 순간 기묘한 공포로 다가온다. 메리 셸리의 『프랑켄슈타인』이 수많은 SF 소설의 원형인 이유다.

장애인의 몸에 대한 태도도 이와 유사하다. 앞서 나는 현실에서 장애란 단지 신체의 기능적(도구적) 역할을 결여한 상태가 아니라, 그 몸을 본 사람들이 '비정상'이라는 부정적 평가를 할 때 비로소 장애가 된다고 말했다. 그렇다고 하여 장애가 있는 몸의 기능적인 부분과 무관하게 그 몸을 신성하게 보거나, (디보티즘에서처럼) 성적으로 욕망한다고 장애가 사라질까? 손상된 몸을 편견 없이 바라보고, 추하거나 혐오스럽다고 생각하지 않으며, 때로 그 몸을 가진 사람의 복합적인 아름다움에 주목하는 시선은 분명히 중요할 것이다. 그러나 누군가가 자기 몸의 '디자인'을 위해서 다리를 잘라내고 에이미 멀린스가 착용한 치타 의족을 신겠다고 주장한다면 조금 섬뜩할 것이다. 에이미 멀린스가 의족을 신지 않고 자신의 절단된 다리를 그대로 내보이는 패션 화보를 찍었을 때 그 사진을 혐오하는 시선이 있다면 분명 문제이지만, 그 사진을 보며 종교적인 감정이나 성욕을 느끼는 것 역시 우리는 받아들이기 불편할 것이다.

　장애인이 첨단 인공 보철을 착용하면 이와 같은 기술과 장애에 관한 '불쾌함'을 상대적으로 쉽게 피할 수 있다. 제임스 길링햄의 보철이나 치타 의족의 아름다움을 아무리 찬양해도, 그것이 장애인의 '보조기기'로 인식되는 이상 극단적인 테크노페티시즘이 주는 불쾌함을 덜 야기한다. '장애인을 도와주는 기계'에 집착하는 일은 페티시적 충동과 무관한 선량하고 이타적인 관심사, 윤리적이고 의료적인 행위로 보이기 때문이다. 스커트를 걷어올린 채 에로틱한 포즈를 취한 길링햄의 화보 속 장애 여성들에게는 아무리 열광적인 시선을 보낸다 해도 그들이 보철을 착용한 이상 쳐다보는 사람은 얼마간 안전함을 누릴 수 있다(보철을 착용하지 않은 장애인의 몸을 격정을 지니고 바라본다면 곧바로 도착적인 욕망을 품었다는 의심을 살 것이다). 이러한 상황을 우리는 더 일반적인 수준에서 말할 수 있다. 테크놀로지가 인간을 구원하리라고 맹목적으로 믿을 때조차도 장애인을 모델로 등장시키면 이 믿음은 안전하고 합리적인 생각, 즉 테크놀로지를 도구로서 바라보는 '건전'하고 상식적인 태도가 된다. 장애인을 상업적으로, 성적으로, 종교적으로 소비하고 싶을 때도 그 장애인이 멋지고 비싼 휠체어, 환상적인 디자인의 의족, 윈터 솔저 같은 보철 팔을 착용한 모습이라면 이는 장애인을 쿨하고, 미래 지향적이고, 매력적으로 그리는 안전하고 '건전한' 묘사로 인정받기 쉽다.

요약하면 다음과 같다. 우리는 과학기술을 도구 이상으로 흠모하는 모종의 문화적 태도가 존재하는 사회에서 살고 있다(테크노페티시즘). 한편 우리 중 많은 사람들이 장애인의 몸에 대해 혐오든 숭배든 성적 대상화든, '능력(기능)'이 아니라 그 디자인에 관한 어떤 종류의 감정이나 충동을 지니고 있다. 테크놀로지와 장애인의 몸이 하나의 이미지에서 만날 때면, 어떤 '불쾌함의 골짜기uncanny valley'로 빠질 위험이 거의 없이 테크놀로지와 장애 자체를 페티시적으로 바라보는 일이 한층 수월해진다. 나는 이런 이유에서 제임스 길링햄의 홍보용 사진부터 에이미 멀린스, 오스카 피스토리우스, 그리고 장애인의 이미지를 포함한 '4차 산업혁명'의 희망찬 기사들이 상업적으로 더 쉽게 성공한다고 추론한다.

장애를 디자인하기

앞서 장애인과 보철 테크놀로지가 결합한 '디자인'에 대해 꽤 비판적인 입장으로 서술했지만, 내가 모든 측면에서 늘 그렇게 생각하는 것은 아니다. 나는 (특히) 에이미 멀린스의 사진은 충분히 멋지다고 생각한다. 페티시적인 관심이 꼭 나쁜 것도 아니다. 문제는 주로 그것에만 머문다는 것이다. 따라서 다른 접근으로 장애를 가진 몸을 패션화하는 길이 있을지 고민해볼 필요가 있다.

현대 사회의 흥미로운 변화는 인공 보철의 패션화 자체가 보편적인 현상이 되어간다는 점이다. 모두가 테크놀로지를 몸에 부착하고 자기 감각과 신체의 일부를 보완하거나 대신하며 살기에, 장애인도 자신의 인공 보철을 훨씬 더 보편적인 패션 아이템으로 삼기 좋은 환경이라고 말할 수도 있다. 2005년 영국의 왕립청각장애인연구소는 산업디자이너 샘 헥트Sam Hecht와 함께 개인용 청각 디바이스 전시회 '듣기의 미래HearWear-The Future of Hearing'를 열었다. 이 행사에서는 안경처럼 생긴 기기를 쓰고 상대를 바라보면 네 개의 마이크가 소리를 증폭해 귀로 전달하고, 아래로 연결된 컨트롤러를 통해 특정 소음은 끄거나 증폭하는 청각 디바이스를 선보였다. 조작 버튼과 마이크까지 부착된 이 디바이스는 '귀에 쏙' 들어가기는커녕 매우 눈에 잘 띄었다. 청력의 민감도를 스스로 선택하는 기능은 장애 유무를 떠나 모두에게 유용하므로 이 기기는 더 이상 장애인만의 인공 보철이 아니었다. 따라서 낙인을 피하기 위해 보철을 가급적 숨기는(디스크레션) 디자인의 굴레에서 자유로울 수 있었다.[24]

2020년대를 살아가는 우리는 왕립청각장애인연구소의 특별한 전시회를 보러 갈 필요도 없다. 현대 테크 기업들의 제품은 모든 사람의 몸에 깊숙이 접속하는 인공 보철일 뿐 아니라, 그 자체가 이미 장애인을 위해서만 활용되던 테크놀로지를 내장하거나 장애인을 위한 인공 보철과 연결되어 있다. 보청기는 스마트폰과 연결이 가능해서 특수한 기기(보청기)와 보편적 기기(이어폰)의 구분이 희미해지고 있다. 애플은 iOS12부터 일상생활의 특정한 소리를 아이폰을 통해 증폭해주는 '실시간 듣기' 기능을 제공하고 있다(이 기능을 홍보하는 영상에는 청각장애나 난청 등의 말이 전혀 언급되지 않는다).[25] 이미 수많은 사람들이 사용하는 흰색 에어팟을 귀에 꽂고 '실시간 듣기' 기능의 도움을 받는다면, 청각장애를 군이 '비가시화'하려는 노력을 할 필요가 없다. 전동 킥보드를

---

24 Graham Pullin, 앞의 책, 27쪽; Robert Andrews, "Hearing Aids for the Unimpaired", *Wired*, August 8, 2005.

25 IT World Korea, 「에어팟으로 '실시간 듣기' 사용하는 방법」, 2018년 8월 22일 (https://youtu.be/IrRIL4zPSGI).

비롯한 단거리 모빌리티 산업의 성장은 휠체어라는 보철의 특수성이나 낙인을 약화시킨다. 일본에서는 젊은이들이 비장애인용 특수한 모빌리티가 아니라, 아예 (장애인이나 노인을 염두에 두고 만들어진) 전동 휠체어를 타고 다니는 사례가 늘고 있다.[26] 휠체어가 보편적 모빌리티가 되면 이제 패션화는 더 쉬워질 것이다.

보철 테크놀로지가 장애 유무를 떠나 모든 사람에게 보편적으로 이용되는 상황은 분명 '귀에 쏙' 들어가는 인공 보철이나 장애가 '덜 심해 보이려는' 디자인을 굳이 추구할 필요가 적어졌음을 의미한다. 그러나 인공 보철이 일반화되어도 장애인들이 보철과 맺는 관계는 여전히 고유하고 특수한 성격을 가질 것이다. 에어팟으로 '실시간 듣기'를 하는 사람과 보청기를 늘 사용하는 청각장애인의 경험은 결코 동일하지 않다. 출퇴근을 편리하게 하기 위해 모빌리티의 일종으로 전동 휠체어를 타는 일본의 30대 직장인과 나의 경험은 전혀 다르다. 패셔너블한 보철을 사용하는 것과 보철과 결합한 장애인의 몸을 '패션화'하는 것 사이에는 질적인 차이가 존재한다.

상업적으로 소비되는 것만은 아닌 장애의 패션화, 즉 장애를 숨기거나 없는 척하지 않고 당당히 드러내면서도 내 신체에 결합한 테크놀로지를 단순히 패션 액세서리도 아니고, 그렇다고 성적이거나 신비롭거나 특이한 무엇으로도 표현하지 않는 패션

---

26 「"차보다 편리" 日 젊은 층 파고든 전동 휠체어」, 『동아일보』, 2019년 12월 6일.

화는 도대체 어떻게 가능할까? 나도 잘 모른다. 다만 하나의 사례만 더 이야기하고 이 장을 마치고자 한다.

에이미 멀린스는 2002년 미국의 영상 예술가 매튜 바니 Matthew Barney의 영화 〈크리매스터〉 시리즈 3편에 출연했다. 이 영상에서 멀린스는 다양한 의족을 신고 등장한다. 자신의 1998년 패션 화보에 관한 여러 논쟁과 한계를 인식한 멀린스는 스스로 그 한계를 넘어 더 나은 '패션화'를 시도해보고 싶었던 것 같다. 영화의 마지막 장면에서 감독 바니는, 자아를 잃고 탈-인간이 되는 모습을 연출하기 위해 멀린스에게 눈을 가리고 몸의 일부를 노출한 채 보철을 벗고 앉아 있어 달라는 제안을 한다. 멀린스는 의족 없이 맨 다리를 내보이기를 원치 않았고, 두 사람의 의견 차이는 쉽게 좁혀지지 않았다. 바니의 입장에서 멀린스에게 장애가 있는 신체 부위를 노출하라고 강요할 수는 없었을 것이다. 오랜 대화 끝에 바니는 해파리 모양의 투명한 보철을 신으면 어떻겠느냐고 제안한다. 이 보철은 그 모양 때문에 멀린스가 신고 일어설 수도 없고, 투명한 재질이라 멀린스의 절단된 다리 부분이 그대로 노출될 수밖에 없다. 기능적으로도 디자인적으로도 거의 의미가 없는 보철인 셈이다. 이런 의족이라면 신지 않은 상태와 다를 바 없지 않을까? 그런데 멀린스는 이 제안을 흔쾌히 수락한다. 멀린스는 "바닥과의 사이에 무엇인가가 있어서 발가벗은 느낌이 들지 않는다면, 그 보철은 효과가 있을 것 같았다"[27]라고 말한다. 그렇게 〈크리매스터〉의 마지막 장면이 완성된다.

에이미 멀린스에게 보철은 어떤 의미인가? 그것은 기능(어차피 일어서지 못한다)으로 환원될 수도 없고, 자신의 장애를 가리거나 단순히 포장하는 디자인(장애를 가리지도 못하고, 해파리 디자인은 이상하기 짝이 없다)도 아니다. 멀린스는 오랜 시간 보철과 함께 자신의 몸을 통합적으로 인식하고, 그 안에서 편안함과 익숙함을 느꼈을 것이다. 그러니까 보철은 단지 도구나 디자인만으로 환원될 수 없는, 일종의 '집'과 같은 장소인지도 모른다.

내가 연예인들이 한가득 모이는 공중파 방송의 시상식에서 내 모습을 어떻게 다룰지 고민했던 순간을, 이 이야기를 만난 후 다시 떠올려보았다. 그날 나는 나름대로 휠체어를 잘 닦고, 색깔과 디자인을 고려한 의상을 입고 나갔다. 만약 가능하다면 최첨단 기술력이 동원된 고가의 휠체어를 타거나, 아예 휠체어에서 내려 기어가면 어떨까 하는 고민도 했다. 값비싼 최첨단 휠체어를 타고 가서 사람들의 주목을 받았다면(사실 별로 그랬을 것 같지도 않다), 나는 우리 시대의 테크노페티시즘적 시각에서 한 발도 더 나아가지 못했을 것이다. 그 휠체어는 내 현실도 아니고, 많은 장애인들의 현실과도 거리가 멀며, 심지어 내 몸에 익숙한 것도 아니기 때문이다.

---

27 이 사례에 대한 논평은 앞서 인용한 마커드 스미스의 책(63~66쪽)을 참조한 것이며, 멀린스의 이 말("Personal Perspective", in Nancy Spector and Neville Wakefield, *Matthew Barney: Cremaster Cycle*, New York: Guggenheim Museum, 2002, pp.492-493)은 스미스가 인용한 것을 재인용했다.

다른 한편, 아예 휠체어를 버리고 기어서 계단을 올라갔다면 나는 어떤 사람들에게는 그저 기이하게 보였을 것이고, 또 다른 어떤 사람들에게는 기껏해야 장애가 있는 몸으로 역경을 극복한 전형적인 이미지로 환원되었을 것이다. 휠체어를 버리는 것이 꼭 나 자신으로 존재하는 것은 아니다. 화려한 패션이 아니라도 휠체어는 내 존재가 오랫동안 머물렀던 집이자, 그 집 안의 친구이자 가족인지도 모른다(그 자체가 나라는 존재일 수도 있다). 의족이 없으면 '발가벗은' 느낌이 든다는 에이미 멀린스의 그 마음을 휠체어에서 내려온 나도 느꼈을 것이다.

나는 '황 박사님'이 훌륭한 공학자일 뿐 디자이너는 아니라고 생각했지만, 그가 생각하는 진짜 아름다운 디자인이 당시의 내 생각과 달랐던 것뿐인지도 모른다. 황건성 교수는 2008년 암으로 세상을 떠났다. 나는 그가 사망하기 1년 전 치과 치료의 자문을 구하기 위해 10여 년 만에 그의 진료실을 찾은 적이 있다. 그가 나를 보며 말했다.

"원영이는 이제 완전히 휠체어 바운드가 됐구나."

아쉬움의 표현이었는지, 그렇게도 잘 지내게 되었다는 의미인지 몰랐지만 나는 말했다.

"덕분에 몸이 안정되어서 너무 잘 지내고 있어요, 박사님."

나는 사지 연장술에 대해 더 이상 묻지 않았으며, 최첨단의 매끄러운 휠체어를 구하지 못해 안달하지도 않았다.

7장   세계를 재설계하는 사이보그   김조연

대학생 때 '생각모임'이라는 세미나 모임을 운영한 적이 있다. 과학철학과 과학기술학에 관심 있는 학부생, 대학원생, 교직원들을 모아 발제와 토론을 진행하는 스터디 그룹이었다. 여기에서 다룬 주제들은 과학학이라고도 부르는, 과학이라는 학문 자체를 연구 대상으로 삼는 메타 학문인데, 보통의 이공계 학생으로서는 접할 기회가 적어서 학생들끼리라도 모여 공부해보자는 취지였다. 우리는 GMO를 둘러싼 논쟁에 관해, 식품 첨가물과 원자력 발전소의 위험 커뮤니케이션에 관해, 연구개발 과정에서 '자금'의 흐름에 관해, 정부 주도의 과학기술 발전과 시민의 과학 참여에 관해 매주 토의했다. 한편 앨런 차머스Alan Chalmers의 『과학이란 무엇인가』라는 과학철학 개론서를 가지고도 한 챕터씩 발제를 했는데, 처음에는 '과학이란 이런 것이구나!' 하는 깨달음이 있었다면, 난해한 현대 과학철학을 다루는 후반부로 갈수록 '그래서 대체 과학이 뭐라는 거지?'라는 의문으로 가득 찬 채로 학기 세미나를 끝냈던 기억이 남아 있다.

어쨌든 우리는 월요일 밤마다 모여 '과학기술 지식이 어떻게 사회적으로 만들어지는가'에 대한 질문과 답을 나름대로 찾아나갔다. 물론 전공자들이 아닌 인접 분야 학부생과 대학원생들로 구성된 모임이었으니 그다지 전문적이지는 않았지만, 연구사업 계획서를 한 번이라도 써본 대학원생들은 '과학기술 지식은 사회적으로 만들어진다'는 명제를 쉽게 이해하고 받아들였다. 나는 그동안 내가 아주 견고한 학문이자 방법론이라고 생각했던 과학이 실은 그렇게 견고하지 않다는 것을, 사회적 맥락과 권력 구조에서 자유롭지 않다는 것을 긴 토의를 거치며 서서히 배워갔다.

과학기술학Science and Technology Studies(STS)은 과학과 기술, 사회, 문화를 분리된 것이 아니라 상호 관련된 복합적 맥락의 총체로 바라본다. 과학과 기술 지식은 문화, 정치, 경제적인 맥락 속에서 생산되고 구성되며, 그렇게 생산된 지식은 또 다른 질문과 문제를 만들어낸다. 과학기술학자들은 과학과 기술이 중립적이고 객관적이라는 오랜 통념을 깨뜨리며 기술 지식의 생산에 관여하는 권력을 해부해 보였다. 과학기술학이 하는 일은 과학을 부정하는 것이 아니라, 과학과 기술 지식이 생산되고 이용되는 방식을 비판적으로 성찰하는 것이다.

특히 흥미로웠던 점은 페미니스트 STS 학자들의 활약이었다. 그들은 페미니즘의 관점을 도입해 과학계에서 여성의 성취와 참여가 얼마나 자주 지워지는지, 사회의 젠더 위계가 기술의 설계부터 사용에 이르기까지 얼마나 깊은 영향을 미치는지, 성별 차이에 관한 과학 연구는 어떻게 사회적 차별을 반영하는지, 기술 지식의 형성에 어떻게 여성의 관점이 개입할 수 있는지를 이야기했다.[1] 페미니즘 STS를 접하면서 이러한 관점이 퀴어, 인종,

---

1 페미니스트 STS 학자들의 논의가 궁금하다면 국내에 출간된 다음의 책들을 추천한다. 주디 와이즈먼의 『테크노페미니즘』, 캐서린 헤일스의 『나의 어머니는 컴퓨터였다』, 마리 힉스의 『계획된 불평등』, 임소연의 『사이보그로 살아가기』, 스테이시 앨러이모의 『말, 살, 흙』. 상세 서지사항은 이 책의 참고문헌 목록 참조.

장애 이슈와도 연결될 수 있겠다는 생각을 어렴풋이 한 적이 있다. 그렇지만 장애와 과학기술에 대해 직접적으로 고민하기 시작한 것은 상당히 최근의 일이다. 뒤늦게 안 사실이지만, 과학기술학의 영역에 장애학의 관점이 도입된 것도 그리 오래된 일은 아니다.

처음 장애학을 접했을 때의 충격이 떠오른다. 장애는 손상된 몸을 가진 한 개인만의 문제가 아니라는 것, 손상과 상호 작용하는 사회 및 환경이 어떤 몸을 '장애화'하는 것이라는 명제를 읽어나가던 순간의 놀라움이란. 음성 언어를 쓰지 않고 수어로만 이야기하는 사회, 휠체어 사용자들에게 맞춰진 사회를 상상하면서 나의 장애가 단지 결핍으로만 규정되지 않는다는 사실에 해방감을 느꼈다. 수십 년 전 그 주장을 처음 접했을 장애인들의 충격은 내가 느낀 것보다 더욱 강력했을 것이다. 서구권에서는 1960~70년대에 장애학과 장애의 사회적 모델이 급진적 장애권리운동의 동력이 되었다. 장애를 신체적·정신적 손상을 가진 개인만의 문제로 규정하는 의료적 모델에 맞서 손상을 장애로 만드는 사회 구조 자체를 바꿔야 한다고 주장할 수 있게 된 것이다. 사회적 모델에 근거한 장애학과 장애권리운동은 전례 없는 큰 성취를 거두었다.

장애학이 과학기술에 비판적이거나 어느 정도 거리를 두는 태도를 취해왔던 것은 그 태동 자체가 '의료적 모델'에 맞서는 과정에서 비롯했기 때문인 듯하다. 기술과 의학의 영역에서 장애는 교정과 치료의 대상이었다. 장애인의 신체는 오직 재활과 치료를 향해 나아갈 때만 적절하게 여겨졌다. 교정의 대상인 몸을 가진 장애인들은 고유의 가치를 인정받지 못했고, 재활과 치료라는 억압에 처했으며, 많은 경우 교정에 실패한 자격 없는 인간으로 전락했다. 과학의 진보가 언제나 장애인 삶의 진보로 이어진 것은 아니었으며, 기술에 대한 기대는 때로 장애를 대상화하고, 장애 극복의 이미지를 적극적으로 소비하는 것에 기여해왔다. 산전 검사, 유전자 치료, 인공 와우, 보철과 같은 진보한 기술들은 종종 장애의 존재를 아예 제거하거나, 장애를 '유능하게' 교정하는 것으로 여겨진다.

그런 까닭에 장애인의 권리를 되찾고자 하는 장애학과 장애를 치료하고 교정하려는 관점이 우세했던 과학·기술·의학이 서로 불균질하고 잘 어우러지지 않는, 어딘가 모순된 관계처럼 보여왔던 것도 사실이다. 그러나 당연하게도 과학·기술·의학과 장애의 관계를 억압적 혹은 대립적인 것으로만 볼 수는 없다. 많은 장애인들의 삶이 의학과 기술을 통해 유지되고 있다. 어떤 장애인들은 새로운 기술을 자신의 삶에 적극적으로 도입해 일상을 개선하고, 또 어떤 장애인들은 기술을 활용해 장애인 친화적인 환경을 만들어간다.

현대 문명 사회의 모든 이들이 그러하듯이, 장애인들 역시 기술과 복잡하고 모순적인 관계를 맺고 있다. 어떤 기술이 반드시 억압적이거나 해방적으로 존재하는 것이 아니라, 그 기술과 장애인이 이 사회에서 관계 맺는 맥락이 중요한 것이다. 그렇다면 과학기술의 영역에 자리 잡은 비장애중심주의를 지적하면서도 그 구조를 전복하여 장애 중심적 과학기술을 상상해보는 일도 가능할까? 장애학의 관점을 도입하여 장애를 배제하지 않는, 접근성과 장애 정의 실현을 추구하는 기술을 이야기해볼 수도 있지 않을까?

앞서 장애학과 과학기술학의 접점을 찾으려고 시도했던 이들의 논의가 일종의 단서가 될 것 같다. 초기 장애의 사회적 모델은 장애를 가진 신체의 고유한 경험을, 그리고 기술이 사회 구조에 미치는 영향을 고려하지 않았다는 비판을 받았다. 장애학자들은 사회와 물질세계 속에서 장애인의 신체가 겪는 구체적인 경험과 사회-물질적 관계의 복잡한 네트워크를 고려해야 한다고 지적했다. 브뤼노 라투르Bruno Latour의 행위자-연결망 이론Actor-Network Theory(ANT)[2]의 언어를 빌리면, 장애는 오직 인간만으로 구성된 사회와 문화에 의해서 형성되는 것이 아니라 몸과

---

2 브뤼노 라투르는 행위자-연결망 이론을 통해 사회가 인간들만으로 구성되는 것이 아니라 비인간 사물들을 포함하는 것이라고 주장했다. 이때 과학기술은 과학과 기술의 관계가 모호해지는, 과학의 내부와 외부 역시 복잡하게 뒤얽히는 기술과학technoscience의 개념으로 재규정된다. 기술과학에 관한 연구는 많은 사회 이론들이 기술이나 물질성을 무시하고 있다는 사실에 주목한다. "우리가 '사회적'이라고 부르는 것은 사회적인 것만큼이나 기술적인 것에 의해 속박되어 있다. 사회 그 자체는 물질 대상과 기술 인공물을 따라 만들어졌다."(주디 와이즈먼, 박진희·이현숙 옮김, 『테크노페미니즘』, 궁리, 2009, 66쪽).

자연, 건축 환경과 인공물을 모두 포함한 네트워크상에서 만들어지고 규정되기 때문이다.[3]

5장에서 살펴보았듯이 장애인의 신체가 기술 및 의학과 맺고 있는 관계는 단순하게 정리할 수 없다. 하나의 기술이 장애인의 일상을 개선하는 데에 도움을 주면서, 동시에 다른 방식으로 고통을 가하기도 한다. 장애나 질병을 가진 사람이 생명을 유지하거나 고통을 줄이는 데 결정적으로 중요한 역할을 하는 기술들이 있지만, 그런 유용한 기술들도 언제나 '좋은' 방식으로만 작동하는 것은 아니다. 장애인의 신체는 이미 기술과 밀접하고 복잡한 방식으로, 때로는 간접적인 방식으로 얽혀 있는데, 이 관계를 '좋은 것' 또는 '나쁜 것'으로만 규정지을 수는 없다. 그렇다면 필요한 것은 기술이 장애인을 억압한다거나 혹은 장애인에게 혜택만을 가져온다는 이분법적인 관점이 아니라, 기술과 장애의 관계를 장애 중심적으로 재해석하고 다시 쓰는 새로운 관점이다.

3 Vasilis Galis, "Enacting Disability: How Can Science and Technology Studies Inform Disability Studies?", *Disability & Society*, Vol. 26, No. 7, 2011.

불구의 기술과학을 선언하다

2019년 에이미 햄라이Aimi Hamraie와 켈리 프리츠Kelly Fritsch는 「크립 테크노사이언스 선언」[4]이라는 논문을 발표한다. 해러웨이의 「사이보그 선언」에서 영감을 얻은 듯한 이 제목에는 낯선 개념들이 많이 포함되어 있다. 먼저 '크립crip'[5]에 대해 이야기해보자. 크립은 성소수자들이 자신을 퀴어queer(이상한)로 지칭하는 것과 개념적으로 유사한 용어다. 일라이 클레어는 『망명과 자긍심』에서 이렇게 쓴다. "퀴어와 불구자는 사촌관계다. 충격을 주는 단어, 자긍심과 자기애를 불어넣는 단어, 내면화된 혐오에 저항하는 단어, 정치를 구축하도록 돕는 단어. 많은 게이, 레즈비언, 바이, 트랜스가 퀴어란 단어를, 많은 장애인이 불구자 혹은 불구cripple or crip란 단어를 기꺼이 선택했다."[6] 장애인들을 비하해왔던 바로 그 용어를 전유함으로써 지칭의 권력을 탈환한다는 의미다. 그래서 무언가를 '크리핑cripping'한다는 것은 비장애중심주의와 정상성 규범에 적극적으로 저항한다는 의미를 담고 있

---

4 Aimi Hamraie and Kelly Fritsch, "Crip Technoscience Manifesto", *Catalyst: Feminism, Theory, Technoscience*, Vol. 5, No. 1, 2019.

5 한국에서는 '크립'에 대응하는 표현으로 '불구'가 있다. '장애여성공감'은 창립 20주년 선언문에서 장애인들을 칭하는 낙인의 용어였던 '불구'를 다시 장애인의 언어로 가져와 '시대와 불화하는 불구의 정치'를 선언한다.

6 일라이 클레어, 앞의 책, 157쪽.

으며, 장애를 단순한 결함이 아닌 어떤 가능성과 다양성의 자원
으로 이해한다는 것이다.[7] 테크노사이언스(기술과학)는 라투르의
행위자-연결망 이론의 영향을 받은 용어로 과학 지식과 기술적
세계가 물질, 사회, 역사적인 행위자들이 복잡하게 얽힌 구성물
이라는 의미를 담고 있다. 라투르의 이러한 맥락에 따르면 과학
과 기술은 서로 엄밀하게 구분되지 않는다.

「크립 테크노사이언스 선언」은 다시 말해 '불구의 기술과학
선언'이다. 이 선언에서 햄라이와 프리츠는 기존의 주류 장애 기
술이 주로 비장애인 전문가들에 의해서, 장애인을 '위해' 만들어
진 기술이었다고 지적한다. 주류 장애 기술에서 장애인은 지식
생산자가 아니라 단지 사용자 혹은 소비자일 뿐이다. 이러한 구
도에서는 비장애인 전문가들이 생산한 지식의 결과물을 장애인
들이 일방적으로 수용하게 된다. 대개 장애인의 신체를 교정하
거나 능력을 복원하려 하는 이 기술들은 장애를 탈정치화하고
사회적 구성물로 보는 대신 개인의 문제로 환원시켜버린다. 많

---

7 이 선언의 전 단계로 볼 수 있는 에이미 햄라이의 「페미니스트 기술과학을 크
리핑하기」(Aimi Hamraie, "Cripping Feminist Technoscience", *Hypatia*, Vol. 30, No. 1, 2015,
pp.307-313)라는 서평 에세이는 과학과 장애의 관계를 다룬 책들을 소개하며 페미니
스트 STS와 장애학의 교차점을 찾는 작업이다. 햄라이는 기존 페미니스트 STS에서
시도했던 장애 이론과의 접점을 재발견하고, 페미니즘이 '사이보그'를 어떻게 재해
석했는지를 분석하면서(페미니스트들은 기술이 사회와 동떨어져 객관적으로 존재한다는 통념
을 넘어서 재생산 기술과 환경 파괴, 사이보그 신체에 대한 페미니즘적 분석을 수행해왔다) 이러
한 재해석이 '크립'의 관점에서도 시도될 수 있음을 제안한다.

은 기술이 기존의 장애물을 넘어서야 할 대상으로 상정하듯이, 장애 기술이 장애 자체를 '혁신'의 대상으로 상정하는 경우가 많은 것이다.[8]

크립 테크노사이언스는 기존의 지식 생산과 소비라는 정형화된 구도를 뒤집는다. 장애인을 위한 기술이 아니라 장애인과 장애 공동체가 직접 만들고 건설하는 기술 정치의 실현을 목표로 한다. 햄라이와 프리츠가 제안하는 크립 테크노사이언스의 네 가지 원칙은 다음과 같다. 1) 장애인을 지식인이자 제작자로서 중심에 둔다. 2) 통합이 아닌 정치적 마찰과 논쟁의 장소로서 '접근성'을 드러낸다.[9] 3) 정치적 기술로서의 상호 의존성을 중시한다.[10] 4) 장애 정의 실현에 초점을 맞춘다.

크립 테크노사이언스는 장애인들이 자신의 구체적인 장애 경험 속에서 어떤 방식으로 일상의 기술을 재구성하고, 세계를 개

---

8 장애인의 일상적 기능 보완·재활 보조 등을 목적으로 하는 보조공학은 현재 HAAT Human Activity Assistive Technology(인간활동보조공학) 모델을 채택하고 있다. 이 모델은 장애인 개인의 신체, 인지, 정서 요소뿐만 아니라 기술, 활동, 환경과 상황을 모두 주요하게 고려하므로 장애의 사회적 모델과 작업 치료의 통합적 모델이라고 할 수 있다. 단, 「크립 테크노사이언스 선언」에서 고찰하는 장애 기술은 보조공학이라는 특정한 기술 분야뿐만 아니라 장애에 개입하고 장애인의 삶과 연결되는 기술 전반을 일컫는 것이다.

9 통합과 동화의 관점에서는 접근성이 마치 상품처럼 제공되지만, 크립 테크노사이언스의 관점에서는 기술을 이용해 접근성을 쟁취해낸다는 의미로 쓰였다.

10 상호 의존성에 대해서는 이 책의 4장 김원영의 글에서 논의한 '청테이프형 사이보그'를 참고하자.

편하는지에 주목하고자 한다. 장애인은 단순히 세계의 수용자이거나 세계에 의해 형성되는 이들이 아니라, 적극적으로 세계를 재창조하는 사람들이다. 이 선언에서 저자들은 기술의 복잡한 측면들을 복잡한 그대로 바라보고, 인간과 기술이 맺는 모순적인 관계를 부정하지 않으며, 그 모순을 끊임없이 사유하기를 촉구한다. 한 사람의 노력과 극복에 의한 해결이 아니라 집단적인 접근성, 상호 의존을 긍정하는 미래를 설계하자고 제안한다. 기술 영역에서 일반적으로 나타나는 전문가-대중의 구도를 전복하고, 기술을 장애 정치의 도구로 적극 전유하겠다는 의미이기도 하다.

『캐털리스트』의 '크립 테크노사이언스 특집호'에 기고된 글들은 장애인이 일상의 전문가이자 설계자라는 인식을 공유하고 있다. 우리가 살고 있는 환경의 대부분은 장애인이 살아가기에 적합하지 않게 설계되어 있으므로 장애인들은 끊임없이 자신의 주위 환경은 물론이고 지역 사회와 공동체를 '땜질'하는 작업을 하게 된다. 장애학자들은 여기에 '장애인 세계 만들기'라는 명칭을 붙였다.[11] 장애인들이 자신의 장애에 적응하며 환경을 독창적으로 수선해온 작업들, 예컨대 휠체어 사용자가 휠체어를 직접 수리하거나, 간병인들이 가정 환경에 맞게 일상의 도구들을 활용

---

11 Faye Ginsburg and Rayna Rapp, "Disability/Anthropology: Rethinking the Parameters of the Human", *Current Anthropology*, Vol. 61, No. S21, February 2020.

하는 방식 같은 것들은 지금까지 제대로 된 지식 생산 활동이나 전문 기술로 여겨지지 않았다. 그러나 이러한 '일상의' 지식들이 제대로 포착된다면 장애인뿐만 아니라 취약함과 의존성을 가진 모든 사람에게 도움이 되는 지식을 확보할 수 있을 것이다.

소프트웨어 코딩, 건축 디자인, 휠체어 수리, 장애 아동을 위한 의류 제작과 디지털 미디어를 통한 장애 예술에 이르기까지, 장애인과 기술의 관계는 단지 수혜자와 전문가라는 구분에 묶여 있지 않다. 장애인들은 삶을 개선하고 환경을 바꾸기 위해 새로운 기술을 고안해내고, 지식을 공유하고, 비장애중심주의적 사회에 균열과 마찰을 만들어낸다. 이 과정에서 비장애인 전문가와 장애인 사용자라는 구분은 희미해지고, 아예 흐트러진다.

크립 테크노사이언스를 가장 창의적으로 해석하고 있는 장소는 예술의 영역이다. 2020년 1월에 샌프란시스코에서 개장한 '크립테크를 재기록하기Recoding CripTech' 전시는 이 '크립 테크노사이언스' 개념의 영향을 받은 프로젝트로 접근성 기술을 주제로 한다. 참여한 작가들은 장애 정체성과 자긍심을 드러내는 도구로서 기술과 예술을 결합한 작품들을 전시했다. 이곳의 전시물들은 대부분 다중 감각을 통해 접근할 수 있어서, 조각품들은 흔들리고 진동하며, 소리를 내고, 직접 만져볼 수 있도록 되어 있다. 그래서 하나의 감각이 손상되어도 다른 감각을 이용해 전시물을 감상할 수 있다. 이 작품들은 관객이 접근성 기술에 대해 생각해보도록 유도한다.[12]

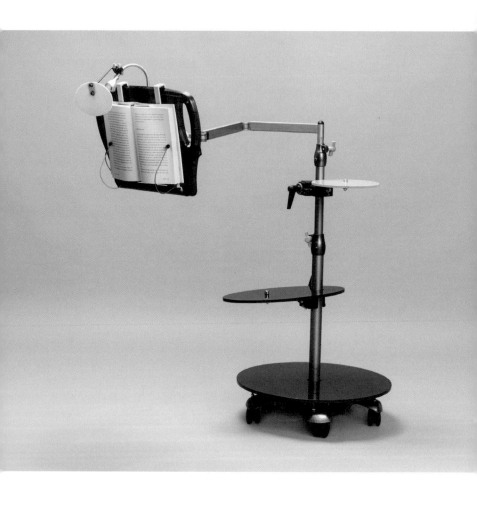

〈중얼거리는 가구 : 김원영〉(2018년 '당신의 각도' 전시)

장애인들에게 필요한 가구는 신체의 형태와 운용 방식에 적합한 편리한 가구일까?
아니면 일상을 우아하게 만들고 자신의 개성을 드러내는 고유한 가구일까?

이 가운데 '보철 기억Prosthetic Memory'이라는 전시는 뇌 손상을 입은 장애 당사자가 제작한 외부의 기억이다. 제작자 아이플러 M Eifler는 어린 시절의 사고로 장기 기억에 손상을 입었고, 기억 상실증 다이어리Amnesia Diaries를 쓴다. 보철 기억을 구성하는 요소들은 아이플러가 종이에 직접 쓴 일기, 매일의 일상을 기록하는 영상들, 그리고 커스텀 인공지능이다. 이 인공지능은 머신 러닝을 통해 아이플러가 자신의 개인 아카이브를 구축하고, 기억 저장소에서 필요한 정보들을 분류하고 검색하도록 설계한 프로그램이다. 이와 같은 보철 기억은 언뜻 인간과 기계 뇌가 결합한 사이보그의 전형적인 이미지를 떠오르게 하면서도, 신경전형적인 사람의 사고를 모방하는 대신 오직 아이플러 자신에게 맞춤형으로 구성되었다는 점에서 특별하다. 관객은 아이플러의 일기를 읽으며 인공지능이 찾아주는 추억을 함께 감상할 수 있고, 아이플러의 사고 방식을 간접적으로나마 체험하게 된다.[13]

크립 테크노사이언스라는 개념을 처음으로 소개한 학자들도 이러한 미디어 아트, 예술과 기술의 결합에서 장애인들이 기술의 중심이 되는 사례를 많이 소개한다. 그런데 이런 사례들을 읽다 보면 흥미롭다는 생각이 들다가도, 다른 한편으로는 기술의

12 Monica Westin, "In 'Recoding CripTech,' Artists Highlight the Vital Role of Hacking in Disability Culture", *Art in America*, February 19, 2020.

13 전시 내용과 참여 작가들에 관한 소개는 다음 웹사이트에서 확인할 수 있다. https://somarts.org/event/recodingcriptechopening/

중심에 장애인들이 서는 것이 아직까지는 전시회장이나 아티스트의 작업실, 시위 현장에서만 가능한 일은 아닐까 고민이 되기도 한다. 많은 장애인들이 기술의 높은 장벽을 경험하는 현실에서 크립 테크노사이언스는 이론적으로만 가능한, 아직은 멀리 있는 이야기가 아닐까? 그러나 장애인들은 이미 일상 곳곳에서 기술의 설계자이자 지식의 생산자로 활약해왔다. 단종된 휠체어를 계속 사용하기 위해 부품을 수집하고 수리 기술을 배우는 것, 가정용 의료기기를 다루는 것과 같은 일상의 영역부터 기술을 통해 자신이 속한 지역과 커뮤니티에 변화를 일으키고, 기술 지식을 공유하며, 기존에 사용되던 기술을 새롭게 바꾸는 일까지 장애인들의 기술 참여는 다양한 영역에서 다채로운 방식으로 일어나고 있다. 지금부터는 현재 기술과학의 지식 생산자로서 장애인들이 어떤 일을 하고 있는지, 그리고 앞으로 장애와 기술의 관계가 어떻게 긍정적으로 형성될 수 있을지를 몇 가지 예시를 통해 살펴보고자 한다.

지식 생산자로서의 장애인

대학생 때 해외 연수 일정으로 영국 런던의 왕립시각장애인협회를 방문했던 일이 떠오른다. 1장에서도 짧게 이야기했지만, 그 협회의 건물은 한 층 전체에 시각장애인을 위한 도구들과 보조기기를 전시하고 있었다. 우리 팀을 안내해주었던 메리는 두 아이의 엄마였고, 시각장애인 당사자였다. 메리는 전시된 도구들을 하나씩 보여주며 자신이 집 안에서 어떤 방식으로 아이들을 돌보고 주방에서 요리를 하는지 설명했다. 주방에는 요리의 모든 과정을 음성, 촉각, 소리를 통해 확인할 수 있는 주방 도구들이 놓여 있었다. 메리는 자신이 이 기기들을 주방에서 능숙하게 쓰고 있으며, 주방이 안전하게 느껴져 만족스럽다고 했다. 그리고 이렇게 말했다. "저는 집에서는 장애를 경험하지 않아요." 메리의 집에 직접 가본 적은 없지만, 그가 자신의 집을 스스로 생활하기에 적합한 방식으로 구성해두었기에 시각장애가 집 바깥에서만큼 문제가 되지 않으리라 짐작할 수 있었다. 메리의 집은 메리의 시각 손상을 장애화하지 않는 것이다.

평범한 주방에서는 요리를 하기 어려운 시각장애인도 자신에게 맞게 설계된 안전한 주방에서는 요리를 시도할 수 있다. 공공시설과 도로, 사무실에 비해 개인의 집은 장애인의 의견이 신속하게, 직접적으로 반영될 수 있는 고유한 공간이다. 그렇기에 장애인의 집은 장애인의 신체, 환경, 건축이 어떤 상호 작용을 주고받으며 장애를 구성하는지에 대한 단서가 될 수 있다. 물론 실제 현실에서는 장애인들이 값비싼 집들 사이에서 그나마 접근 가능한, 신체에 무리를 덜 주는 집을 힘들게 찾아야 하는 상황이 많다. 특히 한국처럼 장애인들이 자기 몸에 맞는 집을 구하기 힘들고, 임대 주택 등 마음대로 개조할 수 없는 거주 환경이 대부분인 상황이라면 집이라고 해서 자유로움을 보장하지는 않는다. 가족이나 동거인이 장애인의 의사를 존중하는가 아닌가도 문제가 될 것이다. 그런 현실을 감안하더라도 장애인들이 장애를 경험하지 않거나 덜 경험하는 집을 살펴보는 일은 공간에 대한 사회적 상상력을 확장할 수 있다. 장애가 손상에 따르는 필연적인 결과가 아니라, 공간에 따라 재규정될 수 있는 개념임을 보여주기 때문이다.

'램프 하우스The Ramp House(경사로 집)'는 에든버러 포토벨로에 지어진 휠체어 친화적인 집이다. 건축가와 디자이너 부부인 시아 맥밀런Thea McMillan과 이언 맥밀런Ian McMillan은 휠체어를 타는 딸 그레타Greta가 계단 때문에 어려움을 겪자 휠체어를 중심으로 한 새로운 집을 짓자는 계획을 세웠다. 하지만 포토벨로에는 새 집을 지을 만한 부지가 없었다. 딸 그레타가 이미 지역 학교에 잘 적응해서 다니고 있었기 때문에 쉽게 이사를 결정할 수도 없었다. 다행히 이웃 중에서 차고 옆의 땅을 제공하겠다고 나선 이가 있어 시아와 이언은 이 새로운 건축 프로젝트에 착수할 수 있었다.

휠체어의 접근성을 확보하기 위한 가장 간단한 솔루션은 집을 단층으로 설계하는 것이다. 그러나 차고 옆의 부지, 좁은 땅이라는 한계가 있어 층을 올려야 했는데, 상황이 그렇다 보니 휠체어 이용자의 층간 이동을 어떻게 할 것인가가 가장 중요한 문제가 되었다. 시아는 일반적인 건물처럼 계단과 승강기를 같이 설치하는 대신, 누구나 사용할 수 있는 경사로를 집의 중심에 놓았다. 훗날 시아는 인터뷰에서 딸 그레타를 '다르게' 대하고 싶지 않았다고 말했다. 다른 사람들은 계단을 오르는데 그레타만 승강기를 이용하는 분리의 경험을 집에서만큼은 하지 않게 해주고 싶었다는 이야기다. 이 프로젝트는 여러 사람들의 공동 작업으로 완성되었다. 그레타와 그레타의 여동생이 설계 과정에서 의견을 내며 중요한 역할을 했고, 마을 이웃들이 계획위원회를 설득하고 집을 완성하는 데 적극적으로 도움을 주었다. 완성된 집에서 그레타는 자유롭고 활동적으로, 또 자립적으로 생활하고 있다.

이 대안 공간은 처음에는 그레타를 위해 만들어졌지만 시아와 이언이 설계 지식을 공유하고 집을 공개하면서 그들이 사는 마을 바깥에까지 새로운 인식을 전파하고 있다. 램프 하우스는 건축상 후보에도 올랐고, 여기서 영감을 받아 새로운 휠체어 친화적 집을 지으려는 시도도 이어지고 있다.[14] 시아와 이언은 사람들이 공간을 생각하는 방식, 수직과 수평으로 이동하는 방식에 대해 달리 상상해보기를 바랐다고 말한다. 그들은 램프 하우스를 설계한 경험을 바탕으로 포용적 디자인, 장벽 없는 디자인에 대한 아이디어를 공유하는 활동을 한다. 램프 하우스의 도면

---

14 "How a Community United Behind This Wheelchair-accessible Home", *BBC*, September 25, 2018.

과 설계 과정은 두 사람이 함께 운영하는 블로그에도 공개되어 있다.[15]

이렇게 자기 집을 토대부터 지어 올릴 여건이 되는 사람은 드물지만, 꼭 이런 방식이 아니더라도 장애인들은 지금 살고 있는 집을 자신에게 적합한 환경으로 바꾸는 방법을 적극적으로 공유한다. 예를 들어 영국의 시각장애인 권리옹호단체 TPTᵀʰᵒᵐᵃˢ Pocklington Trust는 시각 손상이 있는 사람들이 참고할 수 있는 90쪽 가량의 주거 가이드를 제공한다.[16] 이 가이드에는 이사를 계획하는 사람이나 기숙사와 같은 학생 주거 시설에 들어가려는 사람이 안전을 위해 확인해야 할 목록, 지금 살고 있는 집을 시각장애인에게 맞게 개조하려는 사람에게 필요한 정보 등이 포함되어 있다. 한편 앞서 소개한 왕립시각장애인협회는 온라인 가이드를 통해 '계단의 가장자리를 벽과 대조되는 색상으로 페인트칠하기', '문 손잡이에 컬러 스트립 부착' 등 일상에서 실천할 수 있는 사항들을 제시하고, 전문가가 필요한 주택 개조의 경우 지원금을 어떻게 받을 수 있는지도 안내하고 있다. 또한 협회에서는 가사, 요리, 취미 생활에 필요한 시각장애인용 생활용품을 수백

---

15 http://www.cmcmarchitects.com/the-ramp-house/

16 Imogen Blood, Dianne Theakstone and Ian Copeman, "Housing guide for people with sight loss", Thomas Pocklington Trust Homepage(https://www.pocklington-trust.org.uk/supporting-you/useful-guides/housing-guides-for-you/housing-guide-for-people-with-sight-loss/).

가지나 판매하는데, 점자 다이어리나 점자 스티커 같은 문구류부터 촉각 지구본, 주방에서 안전하게 칼질을 할 수 있는 플라스틱 보호대, 특수 조명, 말하는 전자레인지와 세탁기에 이르기까지 다양하다. 특히 시각장애인 당사자들의 아이디어를 모은 '다르게 보기See Differently' 프로젝트에는 간단한 발상의 전환으로 생활에 큰 도움을 주는 도구들이 많다. '소품 파인더'가 하나의 예시인데, 양말과 고무줄로 구성된 작은 팩일 뿐이지만 진공청소기 흡입구에 양말을 씌우고 고무줄로 묶은 다음 청소기 전원을 켜면 눈에 잘 띄지 않는 작은 물건을 쉽게 찾을 수 있다고 한다. 협회의 제품들은 공적 지원금으로 구입할 수 있고, 판매 수익금은 협회 운영에 사용된다.

일본의 구라사와 나쓰코倉澤奈津子는 보조기기를 설계하는 지식 생산자로서의 장애인의 모습을 보여준다. 이토 아사伊藤亜紗는 『기억하는 몸』에서 골육종으로 오른팔을 절제한 이후에도 여전히 오른손이 있다는 감각, 즉 환지를 느끼는 구라사와의 몸의 경험을 인터뷰한다. 환지 감각자의 대다수는 환지통을 함께 느낀다. 구라사와는 팔을 상실했다는 우울감과 환지통으로 다중의 고통을 겪다가 2014년 비슷한 상황에 처한 친구와 함께 MAJMission Arm Japan라는 비영리 법인을 만들었다. 이 단체는 의족·의수 도구나 장애인용 상품을 기획하고 개발 지원을 하는 곳인데, 의수가 절단을 경험한 사람들의 환지통을 없애거나 줄이는 데 도움이 된다는 발상에 기반한다. 구라사와는 의수를 끼우기 위한 어깨 패드를 제작하던 중에 3D 프린터로 몸에 딱 맞는 패드를 만들면 환지통이 현저히 줄어든다는 사실을 알았다. 왼쪽 어깨를 입체 스캔하여 반전시킨 것을 3D 프린터로 출력하면, 마치 한 몸처럼 움직이는 부드러운 느낌의 패드를 만들 수 있었다.

구라사와가 어깨 패드를 직접 만들게 된 계기는 MAJ에 동참했던 디자이너 겸 연구자 다케코시 미나쓰竹腰美夏의 제안이었다. 두 사람은 같은 집에서 함께 생활하면서 여러 패드를 만들고, 일상생활을 관찰하며 디자인에 도움을 얻었다. 다케코시가 구라사와의 일상적인 움직임을 지켜보며 단서를 얻기도 했다. 장애 당사자의 일상이 곧 연구의 현장이었던 셈이다.

다케코시 씨는 당사자라고 해도 자신이 진정으로 원하는 바가 무엇인지 알지 못할 때가 많다고 말합니다. '어떤 어깨 패드를 원하는가?', '어떤 의수를 끼우고 싶은가?' 하고 물어본다 해도 당사자가 반드시 명확한 대답을 내놓으리라는 법은 없습니다. 2016년부터 시행한 장애자차별해소법도 관청이나 사업자들에게 당사자를 위한 합리적인 배려를 요구하고 있지만, 본인조차도 어떤 배려가 필요한지 알아서 척척 설명할 수 있는 것은 아닙니다.[17]

---

17 이토 아사, 앞의 책, 165쪽.

이토 아사는 구라사와의 사례를 통해 장애 당사자가 직접 자신의 필요를 구현하는 일의 중요성을 이야기한다. 비장애인 기술자들이 가져오는 '장애인을 위한' 기술은 정작 장애 당사자들의 필요와 마찰을 빚는 경우가 많다. 시각장애인에게 눈앞의 경치를 보여주는 모니터를 만들자고 제안하는 것처럼 말이다. 구라사와는 자신의 팔을 제작할 뿐만 아니라, MAJ에 오는 여러 장애인들의 환지 통증을 완화하는 데 도움이 되는 물건을 제작하고 있다. MAJ는 장애인 당사자, 기술자, 연구자들이 협력하여 장애인 스스로 지식 생산의 중심이 되는 크립 테크노사이언스의 예시라고 할 수 있다.

국내에서는 에이유디 사회적협동조합과 토도웍스를 장애 중심적 기술의 긍정적인 예시로 이야기해보고 싶다. 에이유디AUD라는 이름은 '청각의 유니버설 디자인Auditory Universal Design'의 약자로, 이곳에서는 문자통역이 필요한 청각장애인들을 위해 속기사와 장애 당사자, 기업을 연결하고 '쉐어타이핑'이라는 프로그램을 제공한다. 스마트폰 앱을 통해 볼 수 있어 대형 스크린이 필요한 기존의 문자통역보다 장소 제한에서 자유롭다. 에이유디를 처음 시작한 박원진 이사장은 특수학교 교사 출신으로 청각장애 당사자이기도 하다. 청각장애인들 중에는 수어를 모르는 사람도 많기 때문에 수어통역과 문자통역이 함께 제공되는 것이 최선이지만, 문자통역에 대한 인식이 매우 부족하다는 점에 착안한 것이다. 에이유디는 기업, 대학, 지방자치단체와의 협업, 새로운 기술 개발을 추진하며 문자통역의 필요성을 알리고, 청각 장애인들의 정보 접근성을 개선하는 일을 하고 있다.

휠체어 전동 키트 '토도드라이브'를 만드는 소셜 벤처 토도웍스 역시 기업의 가치로 '모두를 위한 기술technology for all', 이동권 약자를 위한 기술 솔루션을 강조한다. 심재신 대표는 토도웍스를 만들게 된 계기를 딸의 친구 중 한 아이와의 우연한 만남으로 회상하는데, 집에서 수동 휠체어를 타는 아이가 밖으로 자유롭게 나오기 어려운 사정을 듣고는 휠체어에 모터를 달아주기로 약속했다고 한다. 전동 휠체어는 밖에서 이동하기에 편리하지만 너무 크고 무거워서 대다수의 장애인들은 수동 휠체어를 주로 이용한다. 수동 휠체어에 '토도드라이브'를 설치하면 조이스틱을 이용해 기존의 수동 휠체어보다 훨씬 편리하게 이동할 수 있다. 심재신 대표는 장애 당사자들의 필요를 직접 꼼꼼하게 청취하여 제품을 개발했고, 이는 국내외 휠체어 사용자들의 큰 호응으로 이어졌다.

에이유디와 토도웍스에서 공통적으로 주목하고 싶은 점은 기술 지식의 생산자들이 무엇보다 장애인의 필요를 중심에 두고, 장애 정의와 접근성 실현을 목적으로 하며, '따뜻한 기술'이 아니라 '모두를 위한 기술'을 내세우고 있다는 것이다. 심재신 대표는 한 인터뷰에서 장애인에 대한 사회의 태도가 시혜와 동정으로만 점철되어 있다며, 이것이 바뀌어야 한다고 지적한다. 대기업들이 추진하는 장애를 돕는 기술 캠페인이 어딘가 아쉬움을 남기는 것에 비해, 두 소셜 벤처가 지금 이곳의 장애 접근성에 확실히 기여하고 있는 것은 이런 원칙 덕분일 것이다.

보편적 설계, 장애 중심적 설계

흔히 장애 접근성을 고려한 건축 환경이나 산업 디자인을 이야기할 때 '유니버설 디자인'을 많이 떠올린다. '모두를 위한 설계design for all'로도 불리는 이 접근 방식은 건축물, 제품, 서비스 등을 이용하는 사람이 성별, 나이, 장애 여부 등에 제약을 받지 않도록 설계하는 것으로, 건축가 로널드 메이스Ronald Mace가 배리어 프리barrie free 설계의 범위를 넘어서는 접근성을 설명하기 위해 만든 용어다. 유니버설 디자인의 주된 목표는 모든 사람에게 기능적인 환경을 만드는 것이다. 비슷한 개념으로 주류화mainstreaming가 있는데, 대부분의 보조기술은 장애인의 특수한 요구를 충족하기 위해 고안되지만 시간이 흐르면서 사회적으로 널리 쓰여 주류화되기도 한다. 음료를 마시기 힘든 환자를 위해 개발된 주름 빨대, 시각장애인에게 책을 읽어주는 목적으로 먼저 사용된 LP 레코드, 청각장애인의 장거리 연락을 위해 고안된 휴대폰의 문자 메시지 등은 이제 거의 모든 사람이 사용하거나 한때 사용했던 주류화된 기술이다. 정보 기술 분야에서 널리 쓰이는 음성 인식, 스크린 키보드, 단어 자동완성과 터치스크린의 스

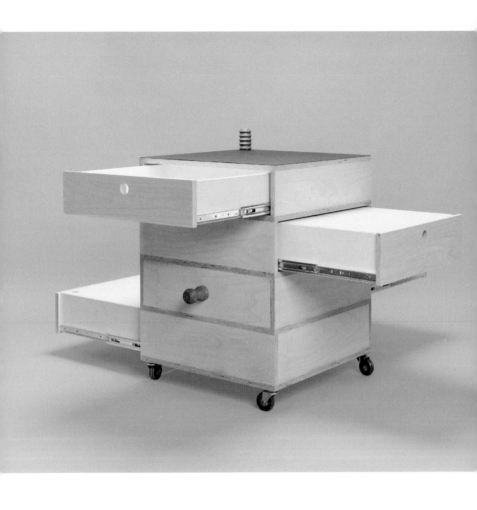

〈중얼거리는 가구 : 신선해〉(2018년 '당신의 각도' 전시)

바퀴 달린 서랍장 겸 테이블. 개인의 몸과 움직임에 맞게 가구를 설계하면,
신체 장애가 있는 사람도 흘리지 않고 국을 옮길 수 있고
자기 물건을 원하는 곳에 편리하게 수납할 수 있다.

와이프 기능 등도 장애인 사용자를 위해 고안되었다가 그 편의
성으로 인해 보편화된 기능들이다.

장애인을 위해 개발된 기술이 결국 보편적인 이용자들에게도
널리 쓰인다면 물론 좋은 일이지만, 다른 한편으로 보편적 설계
라는 개념의 함정도 지적된다. 햄라이는 보편적 설계를 넘어선
장애 중심적 접근이 필요하다고 강조한다.[18] 보편적 설계와 보조
기술의 주류화가 반드시 좋은 결과를 내놓는 것은 아니라는 뜻
이다. 보편적 설계의 원칙은 일곱 가지인데 이 중 어디에도 장애
에 대한 명시적인 언급은 없다.[19] '모두를 위한' 설계를 강조하다
보니 오히려 배제된 신체를 적극적으로 고려하라는 원칙이 빠진
것이다. 보편적 설계가 '보편'의 범주를 분명하게 하지 않는다
면, 정작 보편에서 장애인들의 요구가 탈중심화될 여지가 생긴
다. 인류 역사의 보편은 언제나 매우 특정한 신체, 백인-남성-
시스젠더cisgender-이성애자-비장애인-중산층으로 대표되는 중
립적 템플릿이었다는 사실을 염두에 둘 필요가 있다.[20]

다시 말해서 중립을 의심하자는 것, 가치 '중립적'인 디자인이
아니라 장애를 중심에 놓는 가치 '명시적' 디자인을 하자는 것이

18 Aimi Hamraie, "Designing Collective Access: A Feminist Disability Theory of
Universal Design", *Disability Studies Quarterly*, Vol. 33, No. 4, 2013.

19 보편적 설계의 원칙은 다음과 같다. 평등한 사용, 유연한 사용, 간단하고 직관
적인 사용, 지각할 수 있는 정보, 오류에 대한 관용, 낮은 육체적 피로 요구, 접근과
사용을 위한 적절한 크기와 공간 제공.

햄라이의 주장이다. 장애 중심적 디자인은 장애인의 몸이 환경과 어떻게 상호 작용하는지에 대한 구체적인 이해를 요구한다. 이러한 이해 없이 단지 모두를 위한 설계만을 원칙으로 두면, 모든 사람이 편리하게 이용할 수 있게끔 설치한 경사로가 유아차를 미는 사람과 캐리어를 끌고 가는 사람에게는 유용하지만, 정작 수동 휠체어 이용자에게는 너무 가파르고 좁게 설계되는 일이 생겨난다.

또한 장애인을 위한 설계가 결국 비장애인에게도 유용하다는 점을 지나치게 강조하면, 장애인들에게만 유용한 디자인은 보편적 설계보다 덜 가치 있다는 낙인 효과가 나타날 수 있다. 뉴스 화면의 일부를 수어통역으로 제공하는 것, 가시도가 높은 점자 블록을 설치하는 것은 비장애인들에게까지 유용한 보편적 설계가 아니라 장애인들의 필요를 위한 설계이다. 그런데 한국 사회에서는 비장애인들이 보기에 미관상 좋지 않다는 이유로 점자 블록을 가시성이 낮은 회색으로 만들거나, '비장애인 시청권'이 보장되기 어렵다며 공영 방송 뉴스에서 수어통역 제공을 거부하곤 한다. 장애인만을 위한 설계가 여전히 가치 절하되어 있다는 증거다.

20 로즈마리 갈런드-톰슨Rosemarie Garland-Thomson은 이를 '정상인normate'이라고 불렀다. 백인, 남성, 시스젠더, 이성애자, 비장애인 신체, 중산층의 '정상인'이 설계를 위한 중립 템플릿 역할을 하면 특정 신체에게만 접근 가능한 환경이 구현된다. 중립에서 소외된 신체들은 공간을 사용할 때 '부적합misfit'을 경험하게 된다.

주류화의 또 다른 문제점은 장애인을 위한 설계라는 최초의 목적이 쉽게 지워진다는 것이다. 예컨대 보청기를 헤드폰이나 이어폰처럼 일반적인 물건으로 보이도록 설계하면, 사람들은 보청기를 착용한 사람을 무례하다고 생각하거나 목소리를 지나치게 키워 말하게 된다. 자폐 아동의 학습에 도움이 되는 아이패드 앱이 많이 개발되었지만, 이런 앱은 장난감이나 오락 목적으로 오인되기 쉽다. 뿐만 아니라 태블릿 PC 같은 주류화된 장치들은 의료기기로 간주되지 않으므로 보험 청구가 어렵고, 이는 경제적 부담으로 작용한다.[21]

그럼에도 장애인을 위한 기술이 비장애인 혹은 노약자들에게도 도움이 되는 경우가 많기 때문에, 보편적 설계의 가치 자체는 여전히 유효하다. 스펙트럼의 양쪽 극단을 모두 고려한 접근성 설계는 그 중간 어디쯤에 있는 사람들을 위해서도 도움이 된다. 보편적 설계를 지향하되 장애 정의와 접근성 실현을 설계의 중심에서 제외하지 않고, 장애인이 지식 생산의 주체가 되는 것이 바람직할 것이다.

---

21 Heather A. Faucett, Kate E. Ringland, Amanda L. L. Cullen and Gillian R. Hayes, 앞의 글.

빨대 퇴출은 비장애중심주의일까

모두를 위한 설계, 그리고 장애 중심적 설계와 관련해서 한 가지 생각해볼 만한 사례가 '빨대'를 둘러싼 논쟁이다. '장애와 기술을 이야기하는데 웬 빨대?'라는 생각이 들지도 모르겠다. 환경 파괴와 기후 위기에 대한 경각심이 커지면서 플라스틱 빨대는 일회용품 중에서도 대표적인 퇴출 대상으로 지목당했다. 그런데 이 플라스틱 빨대를 반드시 필요로 하는 사람들이 있기 때문에 플라스틱 빨대 퇴출 운동은 접근성에 대한 요구와 환경운동의 가치가 충돌하는 지점이 되었다.

2019년 국내 스타벅스 매장이 플라스틱 빨대 대신 종이 빨대를 제공하기 시작하고, 다른 카페들 역시 친환경 빨대 제공에 동참하면서 다회용 빨대나 분해되는 빨대를 쓰자는 인식이 널리 퍼져 나갔다. 테이크아웃 컵과 같은 일회용품을 금지하는 환경부의 정책과도 상통하는 움직임이었다. 일부 소비자들이 기업에 직접 '친환경'에 동참하자는 편지를 보내자 기업 최고책임자가 화답하는 일도 있었다. 한 트위터 사용자는 "기본으로 빨대가 부착돼 제공되는 음료들에 대한 문제의식으로 모아둔 빨대를 편지와 함께 되돌려 보내는 프로젝트에 참여했고, 생각도 못 했는데 매일유업으로부터 답장을 받았다"는 사연을 공개했다. 많은 사람들이 이 편지 교환에 공감하고 응원을 보내며 친환경운동에 동참하겠다는 의견을 밝혔다.[22]

그런데 얼마 뒤 이 편지에 인용 트윗이 달렸다. "세상에는 빨대가 딸려 있는 팩 음료만 마실 수 있는 컨디션을 가진 장애인이나 노약자 분들과 그 보호자들이 분명 존재하기 때문에 모든 사람들이 음료 마시는 데 문제없는 성인인 것은 아님." 이러한 지적에 사람들은 기업에서 빨대가 있는 상품과 없는 상품을 함께 내놓는 등 대안을 찾아보자는 의견을 공유했다. 그런 한편 필요한 사람이 빨대를 얻어 쓰거나 들고 다녀야 한다는 의견도 제시되었는데, 여기에는 장애인과 노약자들이 음료를 마시기 위해 추가로 한 단계의 행위를 더 해야 하는 것은 접근성을 보장하지 않아 부당하다는 반박이 오갔다.

빨대는 보편의 발명품이기도 하고, 약자를 위한 발명품이기도 하다. 빨대의 기본 형태는 오래전부터 있었지만 입구 부분이 휘어지는 플라스틱 '주름 빨대'는 환자들을 돕기 위해 처음 발명되었다. 1937년 조지프 프리드먼Joseph Friedman은 어린 딸이 고개를 숙여 밀크셰이크를 먹기 어려워하는 것을 보고 구부러지는 빨대를 만들었다. 처음에는 이를 병원에서 판매하도록 제안했고, 나중에는 직접 회사를 차려 생산했다. 이후 사람들이 주름 빨대가 편리하다는 것을 알게 되면서 병원 바깥의 식당에서도 널리 쓰

22 「매일유업, 빨대 음료 문제 제기한 고객에게 손편지 화제」, 『파이낸셜뉴스』, 2020년 2월 29일. 플라스틱 빨대 사용을 줄이자는 문제의식이 이어져 2020년 10월 말 환경부는 음료 제품에 일회용 플라스틱 빨대 부착을 금지하는 개정안을 입법 예고했다.

이기 시작했다. 주름 빨대는 유니버설 디자인과 주류화의 사례로도 자주 언급된다. 주름 빨대를 비롯해 현대에 대량생산되는 빨대는 대부분 부드럽고 얇은 플라스틱으로 제조되기 때문에 신체를 움직이기 어려운 사람들에게는 음료를 도움 없이 마실 수 있는 유일한 방법이다.

플라스틱 빨대의 퇴출이 장애인의 권리와 상충할 수 있다는 문제 제기는 몇 년 전부터 이미 있었다. 장애 가시화 프로젝트 Disability Visibility Project를 이끄는 활동가이자 프로듀서인 앨리스 웡 Alice Wong은 「최후의 빨대」[23]라는 에세이를 한 매체에 기고했다. 당시 북미의 여러 도시들에서는 플라스틱 빨대 퇴출 계획을 하나씩 발표하고 있었다. 앨리스 웡은 환경운동가들에게 빨대는 마음먹으면 포기할 수도 있는 물건이기 때문에 편리함을 포기하고 환경을 생각하자는 운동의 시작점으로 여겨지지만, 노약자나 장애인들에게는 식음료를 섭취하는 데 반드시 필요한 삶의 도구라고 말했다. 웡에 따르면 일회용 빨대 제공을 금지한 북미의 도시들도 장애인에게 빨대를 제공하는 것은 예외 조항으로 두고 있다고 한다. 그러나 개별 매장에서는 이러한 예외를 제대로 숙지하지 못하는 것이 현실이다.

온라인에서 웡과 같은 장애인들이 플라스틱 빨대 퇴출 운동의

---

23 Alice Wong, "The Last Straw", *Eater*, July 19, 2018. 'the last straw'에는 더 이상 견딜 수 없는 한계, 최후의 일격이라는 의미도 있다.

문제를 지적하자, 사람들은 "빨대가 필요한 장애인들이 생분해성 빨대를 직접 가져와라"는 식으로 대응했다고 한다. 한국에서 오간 논의와 비슷하게 전개된 셈이다. 윙은 여기에서 두 가지 문제를 지적하는데, 우선 빨대를 반드시 사용해야 하는 장애인들이나 노약자들에게 한 단계 더 추가적인 행위를 하게 하는 것은 차별일 수 있다는 점이다. 신체가 건강한 사람은 직원을 부르거나 카운터로 가서 빨대를 달라고 요구하는 것이 어려운 일이 아니지만, 다른 신체적 조건과 상황을 가진 사람은 행위가 한 단계 추가되기만 해도 접근성을 잃을 수 있다.

또 한 가지 문제는 '플라스틱'이라는 소재 역시 노약자나 장애인들에게는 중요하다는 점이다. 흔히 플라스틱을 대체하는 친환경 빨대로 제공되는 종이 빨대, 쌀 빨대, 옥수수 전분 빨대 같은 것들은 플라스틱처럼 부드럽게 휘어지지 않아 불편하고, 뜨거운 음료에서는 쉽게 분해되므로 사용이 쉽지 않다. 플라스틱 주름 빨대를 대안적인 빨대, 굽은 금속 빨대 등으로 대체하는 것 역시 신체 기능이 저하된 사람들에게는 위험한 상황을 만들 수 있다. 앞서 이야기했던 '보편 설계'가 가질 수 있는 허점이 여기서도 드러난다. 장애인 보조기술 또는 도구 가운데 일부는 '주류화'를 통해 접근성을 확보하고 널리 통용되는 동시에, 처음에 고안된 이유가 잊히기도 하는 것이다.

적절한 해답을 찾기란 쉽지 않다. 빨대 사용을 최소화해야 한다고 주장하는 측에서는 빨대가 더 많은 일회용 플라스틱 제품으로 넘어가는 심리적 장벽을 낮추는 '게이트' 역할을 한다고 말한다. 게이트 플라스틱 역할을 하는 빨대의 사용을 줄이는 것은 환경운동의 관점에서는 분명히 큰 의미가 있을 것이다. 그러나 플라스틱 빨대가 꼭 필요한 장애인들은 안전하게 음료를 마실 권리를 환경운동의 목소리에 빼앗겼다고 느낄 수 있다. 팬데믹 상황으로 인한 엄청난 일회용품 소비가 공공의 보건을 위한다며 간단히 합리화되는 현실을 생각해보면, 빨대 퇴출에 대한 장애인들의 지적이 '소수의 목소리'이기 때문에 상대적으로 잘 들리지 않는 것은 분명해 보인다. 윙과 같은 장애인들은 빨대를 제공하지 않기로 한 식당들에 장애 접근성을 위한 선택지를 마련해둘 것을 요구했다.[24]

플라스틱 빨대를 둘러싼 일련의 논쟁은 기술과 장애의 관계가 대단히 복잡하다는 것, 더불어 특정한 진보적 가치를 위한 운동이 다른 권리운동과 충돌할 수도 있다는 것을 보여준다. 환자와 장애인을 위해 개발된 주름 빨대는 주류화되어 어디서나 구할 수 있게 되었지만, 다른 한편 그 주류화를 통해 원래의 목적이 잊히고 말았다. 장애 접근성 이슈에서는 이처럼 자원 사용이나 환경 문제와 관련된 또 다른 충돌이 생길 가능성이 얼마든지 있다. 어떤 충돌 지점에서는 결국 격렬한 논쟁이 필요하다. 빨

24 전반적으로 장애 접근성이 더욱 열악한 한국의 상황에서는 이런 종류의 '선택지를 마련해두는' 대안이 얼마나 현실성이 있을지 우려스럽다.

대 논쟁이 주로 소셜 미디어와 블로그를 통해 전개된 것도 중요하게 살펴볼 점이다. 비장애인의 관점에서는 쉽게 놓칠 수 있는, 모든 상황과 공간에서 장애인의 목소리가 필요하기 때문이다.

유튜브와 해시태그, 장애권리운동의 새로운 물결

한국의 등록 장애인 인구는 2018년 기준 251만 명으로 전체 인구의 5퍼센트를 차지한다.[25] 스무 명 가운데 한 명이니 결코 적다고 할 수 없는 숫자인데도 일상에서 장애인을 마주치는 일은 흔치 않았다. 장애인들이 오랫동안 집과 시설에 격리되어 있었기 때문이다. 그러나 20여 년 전부터 급진적으로 전개된 이동권 투쟁과 탈시설자립운동을 통해 많은 장애인들이 거리로 나왔고, 권리 단체를 조직했으며, 미디어와 정치권에 모습을 드러냈다. 이에 더해 2010년대 이후 새롭게 등장한 또 하나의 흐름이 있다. 장애인들이 온라인을 통해 스스로를 가시화하기 시작한 것이다.

유튜브에서 '굴러라 구르님' 채널을 운영하는 김지우 씨는 자

---

25 보건복지부·통계청, 「2020 통계로 보는 장애인의 삶」, 2020년 7월 24일 배포 참고. 단, 해당 통계는 장애인복지법에 따른 등록 장애인을 기준으로 하므로 미등록 장애인은 포함하지 못한다.

신의 채널을 이렇게 소개한다. "대한민국에서 장애인으로 살기, 뇌병변장애인 구르님. 어디에도 없지만 어디에나 있는 사람들 이야기를 하는 사람." 그는 어릴 적부터 영상 제작에 관심이 많았던, 유튜브에 익숙한 세대에 속한다.[26] 구르님의 채널에는 장애인이 경험하는 차별에 대한 날카로운 지적도 있지만, 즐겁고 경쾌한 일상을 담아낸 영상도 많다. 제주 여행기, 화보 촬영, 친구들과 학교에서 보낸 하루를 찍은 '예비 고삼' 브이로그 영상들을 보면서 무척이나 반가웠다. 장애인들이 이 사회의 동등한 구성원으로 살아가고 있다는 사실을 이처럼 산뜻하게 보여줄 수 있구나 생각했다. 한번은 '당연한 영상을 함께 만들어가요'라는 제목의 영상이 올라왔다. 그 영상에서 김지우 씨는 청각장애인들도 함께 볼 수 있도록 자막을 달고 싶지만 손 기능이 약해서 시간이 오래 걸리니, 구독자들이 커뮤니티 자막 기능을 이용해 함께 자막을 달아주면 좋겠다는 제안을 했다. 놀랍게도 얼마 지나지 않아 영상 전편에 청각장애인용 자막이 달렸다. 구독자들이 자발적으로 자막을 함께 만든 것이다. 장애인 유튜버가 운영하는 채널이 장벽 없는 커뮤니티가 될 수 있다는 것을 체감한 사례였다.[27]

---

26 「'다름'을 널리 퍼뜨리는 유튜버들 - 다양성 크리에이터 3인을 만났다」, 『블로터』, 2019년 1월 22일.

27 아쉽게도 유튜브에서 '커뮤니티 자막' 서비스를 중단해 지금은 이 자막들을 볼 수 없다.

농인 유튜버 하개월은 농인과 청각장애인의 삶, 농문화와 수어에 대한 영상을 주로 제작한다. 농인들의 일상, 차별의 경험, 사회 이슈에 대한 생각이 담긴 영상들이다. 하개월이 수어로만 진행한 영상에는 "소리가 없는 영상은 처음 보는데 인상적이다"라는 댓글이 여럿 달려 있다. 유튜브와 같은 음성 언어 중심의 매체에서 하개월의 영상은 누군가에게는 소리가 없는 것이 편안한 상태일 수 있다는 인식을 만들어낸다. 농인에 대한 오해와 편견을 바꾸는 것뿐만 아니라, 배리어 프리 면접을 소개하거나 인공 와우 사용자들을 인터뷰하는 등 실제로 농인과 청각장애인에게 도움이 되는 정보도 공유하고 있다. 나 역시 청각장애인이지만 농문화나 다른 청각장애인들의 일상에 대해서는 잘 몰랐던 터라 이 채널의 영상들을 보며 많이 배웠다.

흑인 여성 장애인을 위한 온라인 플랫폼을 만든 빌리사 톰슨 Vilissa Thompson은 IT 기술이 장애권리운동을 21세기로 이동시켰다고 말한다.[28] 온라인을 통한 활동이 장애권리운동에 더 많은 다양성을 부여하고, 교차하는 목소리들을 포착하며, 장애 공동체에 참여하기 어려웠던 사람들까지 포괄하게 했다는 것이다. 실제로 한국에서도 페이스북과 트위터, 유튜브는 장애 담론이

---

28 Vilissa Thompson, "How Technology Is Forcing the Disability Rights Movement into the Twenty-First Century", *Catalyst: Feminism, Theory, Technoscience*, Vol. 5, No. 1, April 4, 2019.

가장 활발하게 전개되는 온라인 공간이다. 장애인들은 자신의 계정을 통해 장애 이슈에 대해 발언하고, 공감하는 사람들이 그 발언을 공유하거나 의견을 보태어 장애 담론을 접해본 적 없던 사람들에게까지 이야기가 퍼져 나간다. 온라인 공간에서 장애인들은 비장애인의 카메라에 포착된 객체가 아니라, 콘텐츠의 생산자이자 발언의 주체로 활동한다. 이런 새로운 형태의 장애권 리운동은 기술을 장애인의 것으로 만들고, 그 기술을 통해 세계를 바꿔나가는 크립 테크노사이언스의 실천적인 예시라고 할 수 있다.

물론 이 온라인 세계도 장애인들이 충분히 접근 가능한 공간은 아니다. 이런 문제의식을 바탕으로 장애인들의 온라인 접근성을 확보하기 위한 활동도 이어지고 있다. 『난치의 상상력』을 쓴 안희제는 많은 카드 뉴스 콘텐츠들이 장애인을 배제하는 방식으로 제작되고 있다는 점을 지적한다. 카드 뉴스가 중요한 정보를 이미지 파일에만 담고 있기 때문에, 텍스트를 음성으로 읽어주는 TTS^{text to speech}를 사용하는 사람들은 그 내용에 접근하기 어렵다. 안희제 씨가 카드 뉴스 내용을 텍스트로도 제시해달라는 요구를 수개월 동안 하자, 일부 콘텐츠 제작사들도 변화의 움직임을 보였다. 카드 뉴스와 함께 텍스트를 올리고, 동영상에는 청각장애인용 자막을 달기 시작한 것이다.

유튜브에서도 자막 접근성 운동이 벌어진 적이 있다. 비가시적 장애와 질환에 대한 편견을 이야기하는 애니 엘라이니^{Annie Elainey}

가 유튜브 크리에이터들을 대상으로 영상에 자막을 달자고 이야기하며 '#NoMoreCraptions'라는 해시태그 운동을 벌였다.[29] 'NoMoreCraptions' 활동가들은 청인과 청각장애인 모두가 자막의 혜택을 볼 수 있다고 주장한다. 예를 들어 다른 억양의 영어를 이해하려는 사람들, 원어민이 아닌 학습자들은 영어 영상에 달린 자막으로 큰 도움을 얻을 수 있다. 자막을 넣으면 유튜브 영상의 텍스트 정보가 확대되므로 검색 가능성이 높아지고, 영상의 도달 범위도 넓어진다. 소리를 끈 상태로 영상을 보는 사람들에게도 마찬가지로 도움이 된다. 해시태그 참여자들은 유튜버와 시청자들에게 자동 자막이 제대로 된 해결책이 아님을 알리고, 정확한 자막을 만드는 데 필요한 가이드라인을 제시하며 동참해줄 것을 권하고 있다.[30]

가상공간의 접근성

온라인 공간의 장애 접근성에 대해 좀 더 이야기해보자. 장애권리운동이 성과를 거두면서 새로운 건물이나 환경을 설계할 때

29 유튜브에서 제공하는 자동 알고리즘 자막이 '캡션captions'이라고 부르기에는 부족한 '형편없는crap' 자막이라는 의미에서 '크랩션'이라는 이름을 붙인 것이다.

30 Emma Grey Ellis, "The Problem With YouTube's Terrible Closed 'Craptions'", *Wired*, October 1, 2019.

접근성을 고려해야 한다는 인식이 자리 잡았다. 그러나 이미 만들어진 환경을 바꾸는 작업은 여전히 난항을 겪고 있다. 이용 중인 지하철역에 뒤늦게 엘리베이터를 설치하는 일처럼, 장애인을 배제한 채 만들어진 환경을 나중에 수정하려면 처음부터 장애인의 접근성을 고려해 설계하는 것보다 더 많은 비용과 시간이 든다. 그렇다면 온라인에 가상세계를 설계하는 일은 어떨까. 만약이 가상세계를 '접근 가능한 세계'로 설계하기로 마음먹는다면, 처음부터 접근성을 고려하여 디자인할 수도 있지 않을까? 물론 SF의 '사이버 스페이스' 같은 가상공간은 아직 실현되지 않았지만, 적어도 비슷한 개념을 떠올려볼 수는 있을 것 같다. 바로 게임 속의 가상공간이다.

나는 어릴 적부터 게임을 좋아했는데, 중고등학생 때는 학교에 다녀오면 새벽까지 컴퓨터 앞에만 붙어 있어서 엄마를 걱정시켰다. 원래는 다른 사람들과 같이하는 온라인 게임을 좋아했지만 언젠가부터는 주로 혼자 즐기는 게임을 하게 되었다. 돌이켜 보면 그렇게 된 계기가 있었다. '오버워치'처럼 플레이어 간의 대화에 음성 채팅을 주로 활용하는 게임이 유행하면서였다. 그 전에도 헤드셋을 쓰고 대화하는 게임은 많았지만 언젠가부터 음성 채팅이 필수가 되었고, 이런 게임들은 적어도 다른 사람들의 말을 알아들을 수는 있어야 무난하게 참여할 수 있었다. 물론 혼자서 즐기는 게임의 세계도 무궁무진했기 때문에 취미 생활에는 큰 문제가 없었지만 더 이상 친한 사람들과 게임을 같이하지 않게 되면서 약간의 소외감을 느꼈다.

게임은 플레이어들의 음성 대화 외에도 사운드 단서를 활용하는 경우가 많은데, 이를테면 특정 캐릭터의 어떤 대사를 들으면 곧 그 캐릭터의 중요한 기술이 발동한다는 뜻이니 대응을 준비하는 식이다. 청각장애인들은 이런 종류의 '사운드 플레이'를 할 수가 없다. 저시력자나 색약, 색맹 이용자들도 화려한 그래픽 요소들을 제대로 구분할 수 없다. 게임의 가상세계는 물리적으로 쌓아 올린 건축 환경이 아니라 프로그램 코드로 구축한 공간이지만, 이 세계 역시 비장애인들만을 중심에 두고 있는 셈이다. 장애인들에게 열려 있는 세계를 구축하는 일은 가상공간에서도 어려운 것일까?

게임의 가상세계는 플레이어들이 공유하는 공간인 동시에 개별화된 공간으로, 작은 발상의 전환만으로도 이용자들의 필요나 요구에 맞는 장소가 될 수 있다. 최근 게임을 디자인할 때 참고할 수 있는 다양한 조언들이 제시되고 있다. BBC의 접근성 담당자와 블리츠 스튜디오Studio Blitz의 디자이너 등 다양한 전문가들이 함께 만든 게임 접근성 가이드라인[31]을 살펴보자. 이 가이드라인은 인구의 15퍼센트가 어떤 형태로든 장애를 가졌고, 게이머들 중에도 신체 장애나 상황에 따른 일시적 장애를 가진 이들이 많기 때문에 '일반적인 게이머'는 없다는 것을 명시하고 있다. 가

---

31 http://gameaccessibilityguidelines.com/

이드라인의 목록은 컨트롤러, 정보 인지, 시각, 청각 등으로 분류되고 아주 기본적인 원칙부터 보다 폭넓은 접근성을 제공하고자 하는 개발자를 위한 깊이 있는 정보까지 두루 포괄한다. 예를 들어 '플레이어가 자신의 속도로 자막을 진행할 수 있도록 허락하세요'라는 조언을 살펴보면, 난독증이나 학습 장애가 있거나 읽기 속도가 느린 플레이어를 위해 텍스트가 표시되는 속도를 설정하는 방법을 구체적으로 설명하고 있다. 해당 기능을 잘 구현한 모범 사례로 '둠', '젤다의 전설: 시간의 오카리나'를 소개하며 실제로 게임 속에서 그 기능이 어떻게 구현되는지도 보여준다. 사용자가 직접 조절할 수 있는 자막 옵션이나 텍스트의 색상 대비에 대한 설명을 읽어보면 가상공간에 대한 접근성 고려가 결국 비장애인이 이용하기에도 편리한 게임을 만든다는 걸 알 수 있다.

'에이블게이머스AbleGamers'[32]는 게임 접근성을 옹호하는 비영리 단체다. 공동 설립자 마크 발렛Mark Barlet과 스테파니 워커 Stephanie Walker는 함께 게임을 즐기던 친구 사이였다. 그들은 워커가 다발성 경화증으로 더 이상 마우스를 움직일 수 없어 '에버퀘스트'를 플레이할 수 없게 된 순간을 회고한다. 두 사람은 다양한 장애를 가진 게이머들이 게임을 즐길 수 있도록 입을 이용한 컨트롤러나 눈 맞춤 컨트롤러 등 새로운 아이디어를 고안했다. 기존의 컨트롤러를 고쳐 쓰던 프로젝트에서 시작해 현재는

---

32 https://ablegamers.org/

마이크로소프트 엑스박스Xbox와 같은 콘솔 제작사[33], 게임 제작
사들과 협업을 수행한다. 에이블게이머스는 장애인이 사용할 수
있는 적응형 컨트롤러를 만들고, 게임의 장애 접근성을 확보하
는 일을 돕고, 그해에 접근성에 대한 고려가 가장 뛰어난 게임에
상을 수여한다. 이처럼 가상세계의 문턱을 없애고자 하는 시도
는 장애인 게이머들이 주도하고 있다.

　게임 접근성을 전문적으로 리뷰하는 사이트들도 있다. '캔 아
이 플레이 댓Can I Play That', '대거시스템DAGERSystem' 등의 사이트
에서는 새로운 게임이나 콘솔 기기가 출시될 때마다 접근성을
검토하고, 장애인 게이머들의 플레이 경험을 공유한다. 비디오
게임이 유발하는 멀미나 광과민성 증후군, 장애 유형에 따라 마
주칠 수 있는 여러 가지 장벽을 소개하고, 개발자들이 이러한 문
제를 해결할 수 있는 방법도 제안한다. 이와 같은 움직임 속에서
최근 출시되는 게임과 콘솔 기기들은 점차 접근성 설정을 추가
해나가는 추세다. 듣기에 어려움이 있는 플레이어들은 효과음을
시각화하는 옵션을 켜고 플레이할 수 있다. 색맹이나 색약 이용
자들도 게임에서 색상 구분을 쉽게 할 수 있도록 직접 색상 레
벨을 선택하는 옵션이 제공된다. 게임 내에서 유리가 깨지는 소

---

33 Jonathan Ore, Xbox's Adaptive Controller aims to Bring Gaming to Community of Disabled Players, *CBC/Radio-Canada*, September 3, 2018. 엑스박스의 어댑티브 컨트롤러는 2020년 7월 국내에도 정식 출시되었다. 기본 컨트롤러보다 기판이 넓고 버튼이 크며 사용자의 필요에 따라 추가 부품을 연결해 쓸 수 있다.

리, 폭발음 등이 자막으로 뜨기도 한다. '라스트 오브 어스2'는 '역사상 접근성이 가장 높은 게임'이라는 극찬을 받을 정도로 향상된 접근성 설정을 갖췄다. 약 60여 가지의 설정이 가능한데, 시각장애인이 소리만 듣고도 게임 전체를 플레이할 수 있을 정도다.[34] 얼마 전 출시된 플레이스테이션5는 스크린 리더 기능을 추가했고, 다른 플레이어들의 음성 대화를 텍스트로 변환하는 STT^speech to text 기능도 생겼다. 플레이스테이션의 독점작들 역시 미국 수어 대사를 선택할 수 있는 등 섬세한 접근성 설정을 제공한다.[35]

온라인 접근성은 접근 가능한 컴퓨터Computer accessibility라는 보다 포괄적인 개념으로 논의된다. 웹사이트의 접근성, 스마트폰 앱 접근성 역시 중요하게 다루어진다. 웹 접근성 그룹WebAIM은 1999년부터 웹 접근성 솔루션을 제공하고 있는 비영리 단체로 웹 접근성 확보를 위한 매뉴얼을 제공하고, 웹사이트들을 모니터링하고 컨설팅하며, 관련 교육도 진행하고 있다. 최근에는 코로나 바이러스에 대한 정보를 제공하는 웹사이트들이 시각장애인 이용자의 접근성이 매우 낮다는 조사 결과를 보고하기도 했

---

34 Steve Saylor - BLIND GAMER, 「The Last Of Us Part II - MOST ACCESSIBLE GAME EVER! - Accessibility Impressions」, 2020년 6월 12일(https://youtu.be/PWJhx-sZb81U).

35 「[이효석의 게임인] PS5의 진정한 진화는 장애인 접근성 확대에 있다」, 『연합뉴스』, 2020년 11월 7일.

다.[36] 저대비 텍스트를 이용하거나, 이미지 자체가 중요한 정보를 제공하는데 대체 텍스트가 없거나 한 경우다.

한국에서 게임은 인기 있는 취미이자 문화이지만 모든 사람에게 열려 있지는 않다. 게임 접근성에 대한 논의도 해외의 사례를 소개하는 정도에 그친다. 웹 접근성 역시 매우 낮은 수준이다. 2013년부터 공공 기관과 주요 민관 기관의 웹 접근성 준수가 의무화되었지만, 과학기술정보통신부가 발표한 2019년 웹 접근성 실태조사 결과에 따르면, 접근성이 '우수' 수준인 사이트 비율은 8개 산업 분야의 1000개 웹사이트 중 6.5퍼센트에 불과했고, 66.6퍼센트가 미흡한 수준이었다. 특히 장애인 사용자들이 쉽게 접근해야 할 보건·사회복지 서비스 분야의 점수가 가장 낮았다.[37] IT 강국이라 자부하는 국가의 온라인 세계가 아직은 모두를 위한 세계가 아닌 것이다.

남아 있는 질문들

장애인들은 기술의 적극적인 수용자를 넘어 지식 생산자로,

36 Adrianne Jeffries, Blind Users Struggle with State Coronavirus Websites, *The Markup*, April 21, 2020.

37 과학기술정보통신부 보도자료, 「민간 분야 웹사이트, 정보 접근성 개선 필요」, 2020년 4월 14일 배포.

세계를 재설계하는 주체로 움직여나간다. 그러나 크립 테크노사이언스가 모든 장애인이 선택할 수 있는 방법은 아니다. 각각의 장애인이 처한 상황과 세대, 교육 수준, 경제적 형편에 따라 기술에 대한 접근성과 지식이 상이하기 때문이다. 특히 한국에서는 자신이 직접 사용하는 보조기기, 의료기기에 대한 정보도 외국어로 찾아보아야 하는 등 언어의 장벽이 높고, 온라인을 통한 장애권리운동 역시 정보 기술을 자유롭게 사용할 수 있는 이들에게 한정되는 경향이 있다. 기술-장애 논의가 활발하게 전개되고 있는 해외에서도 이러한 이야기는 대개 고등 교육을 이수한 장애학자들 혹은 소셜 미디어와 유튜브를 능숙하게 활용하는 세대가 주도하고 있다. 디지털 네이티브 세대와 디지털 문화에 익숙하지 않은 장애인들 사이의 간극, 기술 정보에 접근할 수 있는 장애인과 그렇지 않은 장애인 사이의 격차가 또다시 생겨날 수 있다. 특정한 방식의 장애인의 삶이 다른 무수한 장애인들의 삶을 과잉 대표하는 현상 또한 경계해야 한다.

장애인들의 일상적인 소통이나 학습, 생활을 돕는 스마트폰 앱이 점점 늘어나고 있다. 디지털 기기를 능숙하게 사용하는 장애인에게는 이것이 삶의 개선이겠지만, 그렇지 않은 세대의 장애인에게는 어떨까? 기차표를 앱으로 예매하지 못해서 입석표를 구매하는 노인들이 있는 것처럼, 앱으로만 제공되는 '접근성 정보'를 확인하지 못하는 장애인은 더욱 소외되지 않을까? 3D 프린터로 자신의 팔에 맞는 의수를 설계할 수 있는 장애인과 3D

프린터가 무엇인지조차 알기 어려운 장애인 사이의 격차를 어떻게 해야 할까?

많은 장애인들이 기술과 연관되어 있고, 그중 일부는 장애인 사이보그라고 할 수 있을 만큼 직접적인 관계를 맺고 있지만, 모든 장애인이 기술의 중심이 될 수는 없으며 모두가 사이보그가 될 수도 없다. 결국 기술과 장애의 관계를 살피는 일은 기술 자체에 대한 접근성을 살피는 일과 함께 논의되어야 한다. 그리고 무엇보다도 장애 정의를 실현하기 위한 하나의 틀로서 이해되어야 한다. 사이보그가 되거나 되지 않거나, 이 세계에는 장애인들을 위한 적합한 자리가 필요하다. 장애 중심적 기술과학은 그러한 포용적 세계를 만들어가는 하나의 축이 될 수 있다.

8장　　슈퍼휴먼의 틈새들

김원영

장애를 고치는 약

몽골의 수도 울란바토르는 2011년 가파른 경제 성장의 궤도에 올라 있었다. 하수도 시설이 미비해 비가 온 뒤 도심 곳곳에 생긴 물웅덩이는 다음 날까지 남았고, 유목 생활을 접고 온 사람들의 판잣집이 도시 입구에 줄을 서듯 길게 늘어섰지만, 현대식 건축물 사이를 걸어가는 사람들의 얼굴에는 활력이 넘쳤다. 아이폰을 든 사람도 드물지 않았다. 그해 8월, 몽골에 장애인 인권을 위한 사회정치적 인프라를 확보하려는 인권 활동가들이 수도 울란바토르에 모였다. 당시 대학원에 재학 중이던 나도 한국의 활동가들과 함께 참여했다.

한국, 네팔, 타이완, 몽골, 일본, 캄보디아, 파키스탄에서 온 장애인, 비장애인 인권 활동가들, 통역과 활동지원으로 참가한 국립몽골대학교 학생들이 함께 거리를 행진하며 장애인 이동권 캠페인을 진행했다. 몽골 정부와 시청의 관료들도 만났다. 울란바토르의 장애인 인권단체와 몇몇 장애인의 집도 방문했다. 그곳에서 1년 전 교통사고로 경추 손상을 입고 가슴 아래쪽이 마비되어 팔다리를 움직이지 못하는 장애 여성을 만났다. 한창 팽창하고 있는 울란바토르 시내는 휠체어를 타고 외출하기에 전혀 좋은 환경이 아니라 거의 모든 시간을 집에서만 보낸다고 했다. 아시아 각국에서 장애권리운동에 직간접적으로 관여했던 우리는 장애를 가지고도 충분히 사회 활동이 가능하며, 또 가능하기 위해 서로 연대해야 한다는 사실을 공유하고 싶었다.

좌절과 두려움에 공감하며 격려의 말을 나누던 시간이 얼마쯤 지나고, 일본에서 온 활동가가 갑자기 큰 소리로 외쳤다.

"여러분은 장애가 부끄럽습니까? 나는 장애를 고치는 약이 나와도 먹지 않을 겁니다!"

그는 휠체어를 타는 뇌병변장애인이었고, 일본에서도 존경받는 인권 활동가였다. 나는 투지와 통찰력이 넘치는 그를 좋아했고 존경했다. 지난 일주일 동안 물웅덩이를 건너뛰고, 건축 중인 관공서 건물 아래서 노숙을 하며 울란바토르를 바꾸겠다는 신념을 다지던 사람들이 함께 외쳤다.

"부끄럽지 않습니다!"

솔직히 말하면, 나는 좀 부끄러웠다.

보통의 독자들에게 "장애를 고치는 약이 있어도 먹지 않겠다"는 선언은 다소 생소하게 들리겠지만, 현대 장애권리운동에서는 그다지 낯선 이야기가 아니다. 20세기 후반 세계적으로 전개된 장애권리운동은 자신의 장애를 부끄러워하거나 부정하지 않겠다는 강렬한 자기인식에 기반을 두고 있었다. 나의 장애가 차이이고 다름에 불과하다면, 이 장애를 고치기 위해 비용과 시간을 들이겠다는 말은 모순처럼 들린다. 장애인 인권 활동가와 장애학자들은 의료적으로 치료가 불가능하거나, 만에 하나 가능하다고 해도 엄청난 비용과 시간, 노력이 필요한 경우조차 의학의 시선으로만 접근하는 태도에 어떤 문제가 있는지를 오래전부터 지적해왔다. 이들은 다음과 같은 주장을 펼쳤다.

- 장애는 사회적 장애물과 사회적 억압의 문제이지, 손상의 문제가 아니다.
- 우선순위는 구조적인 변화에 있으며, 개인을 사회적 규범에 맞추도록 변화시키는 것이 아니다.
- 치료 담론은 손상을 개인화하고 병리화하는데, 손상은 결함이 아니라 차이라는 관점에서 이해되어야 한다.[1]

장애를 무리하게 치료하고 극복하려는 태도에서 자유로워지고, 나아가 자신의 모습을 당당히 수용하고 몸과 정신의 다양성을 긍정하는 사회를 만들기 위한 노력. 이것이 20세기 후반 내내 세계적으로 확산된 장애권리운동의 이념이었다.

물론 현실에는 다양한 장애가 있고, 사람들이 놓인 처지는 저마다 다르다. 치료약을 얻을 수만 있다면 어떤 대가라도 기꺼이 지불하겠다는 생각이 이상할 것도 없다. 1980년대 전후 영화 〈슈퍼맨〉으로 유명했던 배우 크리스토퍼 리브Christopher Reeve는 손상된 신경세포를 재생하는 의학 연구에 재산 대부분을 기부했다. 〈슈퍼맨〉 시리즈를 비롯해 여러 영화에서 활발히 활동했던 그는 1995년 승마 도중 말에서 떨어져 경추신경이 손상된다. 목

---

1 톰 셰익스피어, 이지수 옮김, 『장애학의 쟁점』, 학지사, 2013, 183쪽.

아래로 전신이 마비되고 기계의 도움 없이는 자가 호흡이 어려울 정도로 심각한 상태였지만, 가족의 돌봄과 힘든 재활 치료 과정을 통해 혼자 어느 정도 호흡을 하고 다시 사회활동을 시작하는 수준까지 회복한다. 이후 그는 '크리스토퍼 리브 재단'을 설립해 신경 손상으로 신체가 마비된 사람들에게 희망을 전하고, 치료비 마련과 치료법의 연구 개발에 거액을 지원했다. 다시 걷기를 바랐던 그는 치료법이 개발되기를 기다렸다. 2004년 그가 사망했을 때 『타임스』는 "모든 미국인의 영웅, 그가 벌인 장애와의 전쟁은 수백만 명에게 희망을 주었다"라고 썼다.[2]

2011년 울란바토르에서 만난 장애 여성 역시 이 '은퇴한 슈퍼맨'의 몸으로 스물한 살을 보내고 있었다. 그녀에게 '약이 있어도 먹지 않겠다!'라는 선언은 어떻게 들렸을까.

치료를 받아서 캡틴 아메리카 되기?

만화와 영화 속 '슈퍼맨'은 외계 행성에서 온 영웅으로 인간이 아니지만, 마블 시리즈의 '캡틴 아메리카'는 유약한 몸으로 태어난 지구인이다. 그는 군에 입대한 후 인류가 개발한 생화학적 처치를 받아 탄탄한 근육질의 배우 크리스 에반스Chris Evans의 몸이

2 앞의 책, 198~199쪽.

8장 슈퍼휴먼의 틈새들

된다. 영화에서 캡틴 아메리카는 높은 건물에서 떨어져도, 우주 최강자에게 두들겨 맞아도 뼈가 부러지지 않을 만큼 강하다. 기술을 통해 역량을 강화한 인간이라는 점에서는 나도 유사한 면이 있다. 인류가 개발한 과학기술(의학)의 힘으로 강화된 내 뼈는 이제 우주 최약자 정도에게는 맞아도 다치지 않는다.

캡틴 아메리카가 받은 처치와 내가 받은 처치는 유사하긴 하지만 근본적으로는 달라 보인다. 보통은 (상상 속의 기술이지만) 캡틴 아메리카를 만든 생화학적 처치는 인체 증강enhancement 기술로, 내가 받은 처치는 치료treatment로 구별된다. 치료는 질병을 예방하거나 제거하여 '정상적인' 혹은 '자연적인' 몸 또는 정신의 상태를 지속하거나 그러한 상태로 복원한다. 종種으로서의 인간이 지닌 표준적, 전형적species typical 기능을 회복하면 치료이고, 더 강화하면 증강이라고 말할 수 있다.[3] 예를 들어, 한국 성인 여성의 평균키는 160센티미터 정도이므로 성인이 되었을 때 130센티미터 정도의 키가 예상되는 특정 유전적 소인을 가진 청소년에게 성장 호르몬 투여나 하지 연장 시술을 하는 것은 치료에 해당할 것이다. 반면 170센티미터가 예상되는 청소년을 185센티미터로 키우기 위해 하는 조치는 치료보다는 증강에 가깝다. 마이너스 시력을 0.5로 만드는 건 치료일 수 있지만, 3.0으로 만

---

3 Norman Daniels, *Just Health: Meeting Health Needs Fairly*, Cambridge Press, 2008, p.149.

드는 건 증강일 것이다.

물론 증강인지 치료인지 모호한 회색지대가 넓게 존재하지만, 굳이 두 개념을 구별하는 이유는 우리가 두 조치에 서로 다른 도덕적 견해를 가지기 때문이다. 어떤 사람들은 증강이 도덕적으로 나쁘다고 생각한다. 재력 있는 부모가 아이의 유전자를 조작하거나 각종 약물로 인지 능력을 강화해 자녀를 우수한 대학에 진학시킨다면 분명 불평등이 더 심해질 것이다(이미 꽤 그런 시대다). 이와 같은 사회 정의(불평등)의 문제 외에도 종교적인 이유(인간이 감히 "신의 일을 행하는 것")나 공동체 윤리의 차원에서 인간을 인위적으로 개량하는 것이 문제라는 의견도 있다.『정의란 무엇인가』로 잘 알려진 마이클 샌델Michael Sandel은 증강이 우연성이라는 삶의 요소를 파괴한다고 우려한다. 우리는 '유전적 제비뽑기'에 따라 지능, 키, 기대 수명, 특정 세균에 대한 면역력 등을 얼마간 타고난다. 우리 삶의 조건이 부모의 투자나 나의 노력 때문만이 아니라 상당 부분 우연히 주어졌음을 떠올릴 때 우리는 이것들을 '선물'로 여길 수 있고, 공동체에 대한 책임을 더 잘 상기한다고 샌델은 주장한다.[4]

반면 인간의 능력을 생명공학 등을 이용해 증강하려는 노력은 인류가 직면한 여러 위기를 돌파하기 위해서라도 불가피하며, 지금까지 인간의 문명이 해온 시도와 본질적으로 다르지 않

---

4 마이클 샌델, 김선욱·이수경 옮김,『완벽에 대한 반론』, 와이즈베리, 2016.

다는 의견도 있다(트랜스휴머니스트들의 주장은 대개 여기 해당한다).

철학자 앨런 뷰캐넌Allen Buchanan은 생명공학적 증강이 가져올 미래에 신중하게 대응해야 한다면서도, 그에 대한 비판과 우려는 그동안 인간이 문자를 발명하고, 글을 쓰고, 정부를 구성하고, 의학을 통해 죽어가는 사람을 치료하고, 자동차나 스마트폰 같은 테크놀로지를 이용해 능력을 향상시켜온 모든 과정에도 동일하게 적용된다고 주장한다.⁵ 한마디로 '증강'만 특별히 논란거리가 아니라는 것이다.

증강에 대해서는 이렇듯 찬반으로 의견이 나뉘지만 치료는 거의 모든 사람이 찬성할 것이다. 백혈병에 걸린 어린이를 위해 더 효과적인 항암제를 연구 개발하고 이를 치료에 활용하자는 데 반대하는 사람은 없을 것이다. 그러나 앞서 보았듯, 장애인 인권운동가들 중 일부는 장애를 '치료하는 것'조차 그다지 긍정적으로 평가하지 않으며 심지어 나쁜 것으로 여긴다. 치료를 반대할 명분이 도대체 어디서 나오는 걸까?

내가 보기에 장애를 고치지 않겠다고 외치는 인권운동가들은 '치료'를 반대하는 것이 아니라 사실은 '증강'을 반대하는 것이다. 그들은 장애인의 손상 입은 몸을 그 자체로 인간이라는 종의 '비정상적 일탈 상태'로 보지 않는다. 앞서 장애의 개념을 다루며 언급한 것처럼, 장애는 단지 기능의 결여가 아니라 그 몸(정

---

5 앨런 뷰캐넌, 심지원·박창용 옮김, 『인간보다 나은 인간』, 로도스, 2015, 11~34쪽.

신)이 표준과 다르다는 이유만으로 비정상이라는 부당한 낙인을 받은 사회적 신분(지위)에 가깝다. "약이 있어도 먹지 않겠다!"라고 외치는 뇌병변장애인은 자신의 '원래' 몸이 손상된 바로 그 상태라고 여긴다. 그는 특정한 형태로 근육이 강직된 채 휠체어와 결합해 30년을 살았고, 그 자체로 신체의 기능과 형태가 나름의 안정과 균형을 유지하고 있다. 장애를 고치는 약을 먹으면 그의 몸은 직립한 채로 보행하고 손동작은 정교해지겠지만, 그는 기능의 향상보다는 '원래의 몸'을 인정받기를 열망한다. 먼 미래에 성인의 키를 키우는 약이 개발된다고 해보자. 168센티미터의 성인 남성이 약을 복용해서 188센티미터가 된다면, 그는 사회경제적으로 더 유리한 조건에서 생활하게 될 것이다. 그럼에도 그는 "나는 키를 늘릴 수 있는 약이 있어도 먹지 않겠다"라고 외칠 수도 있고, 그 말에 딱히 위화감이 들지도 않는다. 일본의 뇌병변장애인 활동가도 마찬가지였다. 그에게 '약'은 치료제가 아니라 '증강 기술'이었다.

하지만 나는 의문이 들었다. "약이 있어도 먹지 않겠다!"라고 선언한 일본의 뇌병변장애인 활동가가 내게 '슈퍼맨'처럼 느껴졌기 때문이다. 훌륭한 인권 활동가가 되기 위해 정기적으로 복용하는 약 같은 것이 있을 리 없지만, 내 눈에 그는 자긍심과 투지를 증강한 존재처럼 보였다. 기능적으로 강한 인간이 되기보다 취약한 신체에 자긍심을 가지기 위해서 우리는 얼마나 강한 인간이 되어야 하는 것일까. 아니 그 전에, 사람들이 궁극적으로 도달하고자 하는 '강한 상태'란 도대체 무엇일까.

매끄러움의 유혹

　나의 첫 자가용은 2003년 대학에 입학하면서 구입한 1994년
식 중고 엑센트였다. 대중교통도 셔틀버스도 이용하기 어렵던
때라 나는 이 차로 기숙사에서 학교 도서관으로, 수업이 열리는
강의실로, 학생회관 식당으로 이동했다. 도서관과 학생회관 사
이 거리는 200미터쯤이었지만 언덕이 가팔라서 자동차를 탔다.
운전을 할 줄 알았기 때문에 학교생활이 가능했지만 편리하기만
했던 건 아니다. 휠체어 이용자를 고려하지 않은, 1994년의 기
술 수준에서 생산된 차량은 당연히 한계가 많았다.
　차를 운전해서 목적지로 가기 위해서는 여러 단계를 거쳐야
했다. 학생회관에서 밥을 먹고 초록색 엑센트를 세워둔 곳에 가
서, 차에 키를 꽂아 오른쪽으로 돌려 문을 연다. 휠체어에서 운
전석으로 옮겨 앉는다. 좌석 시트 아래에 있는 레버형 스위치를
위로 당기면서 시트를 뒤로 눕힌다. 휠체어 위에 놓인 방석과 뒤
에 걸어둔 가방을 차 안에 싣고 휠체어를 반으로 접는다. 몸을
운전석 시트에 비스듬히 눕힌 자세에서 휠체어 뒷바퀴와 앞바
퀴 쪽의 프레임을 잡고 살짝 들어 대각선 방향의 뒷좌석으로 넘
긴다. 시트 등받이를 원래대로 하고 똑바로 앉는다. 자동차 문을

닫는다. 운전대 옆에 키를 꽂아 시동을 건다. (마침내) 출발한다. 13초 정도 운전해서 도착한 도서관 앞에 주차를 한 후 13초 전에 했던 동작부터 거꾸로 반복한다.

어떤 기계를 활용할 때 사용자가 여러 단계를 직접 수행한다면, 에너지가 많이 소모될 뿐 아니라 각 단계 사이의 이음새가 자주 뜬다. 키가 잘 들어가지 않거나, 시트를 뒤로 젖히는 걸 깜박한 채로 휠체어를 운전석에서 뒷좌석으로 넘기려다 공간이 좁아 실패하기도 한다. 차에서 내렸는데 창문이 열려 있다면, 다시 시동을 켜고 창문을 닫은 후 시동을 꺼야 한다. 심지어 당시 내 차의 뒷좌석 창문은 수동 개폐식이라 손잡이를 빙글빙글 돌려서 창문을 닫았다(이런 차에서는 반가운 인사를 하기가 어색하다. 팔을 부지런히 돌리며 벌건 얼굴로 "어디 가? 수업은 끝났어?"라고 말해보라).

짧은 거리조차 이 복잡한 단계를 거치며 운전하느니 종종 힘이 들어도 팔로 휠체어를 밀어 언덕을 올랐다(내려오는 건 쉽다). 온라인에서 증명서를 발급받느라 공인인증서를 설치하고, 보안 프로그램을 다운받다가 재부팅되는 걸 보느니 시간을 들여 관공서를 방문하는 마음과 같았다. 실제로는 시간을 아낄 수 있고 편리한 길이라도, 어떤 테크놀로지를 활용할 때 이음새가 뜨면 우리는 더 피곤하다고 느낀다. 내게 1994년식 엑센트는 소중한 이동 수단이었지만 정부 웹페이지의 공인인증서 같은 존재이기도 했다.

첨단 기술을 만들어 시장에 내놓는 기업들은 바로 이 '이음새'

를 없애려 애쓴다. 사용자가 (공인인증서 없이 지문 인증으로 한 번에 계좌를 개설하듯) 최소한의 단계를 거쳐 목적을 달성하고, 한 단계와 다음 단계는 끊김 없이 연결되며, 각 단계 사이에 오류가 거의 발생하지 않는 기술을 지향한다. 현재의 나는 2013년식 자동차를 타는데, 요즘 기준으로는 구식 차종이지만 적어도 키를 꽂아 돌리지 않아도 문이 열리고, 창문은 버튼 한 번으로 닫힌다. 더 좋은 차종, 더 최근에 나온 차들은 아예 키가 필요하지 않고 시트의 위치나 조명, 에어컨과 시트의 열선 따위를 별도로 조작할 필요가 없다. 이음새가 적은 자동차의 최신 모델은 전기자동차 기업들이 구현하고 있다. 대표적인 예는 일론 머스크가 이끄는 기업 테슬라일 것이다.

테슬라의 자동차에는 돌출된 스위치나 버튼이 없다. 운전석 옆에 붙은 커다란 터치스크린으로 내비게이션, 전조등, 사이드미러를 조작하고 트렁크와 창문을 여닫는다(조명을 비롯한 기본 기능은 자동으로 조정되므로 터치도 생략된다). 차량에 문제가 생기거나 새로운 기능을 추가해야 한다면 온라인 업데이트로 대부분 해결된다. 전기자동차는 내연기관 자동차에 비해 기계공학적으로 훨씬 단순하므로(엔진이 없다), 엔진 오일을 주기적으로 갈거나 냉각수를 체크할 필요도 없다. 차량의 유지, 보수에서 인간 사용자의 개입 단계가 줄어들고, 이음새는 최소화된다. 특히 운전이라는 행위에 필요한 절차를 압도적으로 생략하는 기능은 단연 자율주행이다. 테슬라는 자율주행 기술 개발에 진작부터 집중해

빠른 속도로 발전시키고 있다.[6] 물론 현시점에서 테슬라가 앞서 있을 뿐이고 현대자동차, 아우디, 토요타 등 우리가 아는 모든 자동차 회사들이 '매끄러운' 모빌리티를 향해 질주하는 중이다.

사용자가 기술을 활용하는 과정이 단순하고, 과정을 이루는 각 단계의 연결이 (이음새가 뜨지 않고) 부드러울 때 그 테크놀로지를 '매끄럽다' 혹은 '심리스하다seamless'라고 평가한다.[7] '심리스'는 본래 디자인에서 사용되는 용어이지만 현대적인 테크놀로지에서는 디자인을 넘어 기술이나 기계를 만나고 사용하고 유지하고 보수하는 경험 전체를 묘사한다. 현대 기술 산업의 모든 기업이 고객에게 매끄러운 사용(구매와 A/S까지 포함하여) 경험을 제공하려 애쓰고 있다. 테슬라를 비롯해 매끄러움에 집착하는 기업은 특히 밀레니얼 세대 소비자들의 열광적인 지지를 받는다.[8] 매끄러움은 왜 그토록 중요할까?

매끄럽다고 평가되는 테크놀로지들이 모든 이에게 편리한 것

6 2019년 말 내비게이션이 설정한 목적지까지 반半자율주행으로 운전하는 NOA Navigate On Autopilot 기능이 한국에 출시된 테슬라 모델3에도 업데이트되었다.

7 현대자동차 그룹 웹사이트에 게재된 기사 「우리의 일상을 매끈하게 이어주는 자동차 속 첨단 심리스seamless 기술」을 참조하였다(https://news.hmgjournal.com/Group-Story/?p=161790).

8 지난 몇 년간 미국의 2030세대 사이에서 전기자동차 기업 테슬라의 주식 모으기가 유행처럼 번졌다. 미국 대학생들이 주 고객층인 한 투자 플랫폼에서는 2020년 초 한 달을 기준으로 테슬라 주식 매수량이 종전보다 스무 배나 늘어 역사적인 기록이 됐다(「요즘 '미국 청춘의 로망' 테슬라 주식, 대박인가 도박인가」, 『조선일보』, 2020년 2월 10일 참조).

은 아니다. 나이가 많은 사람들, 장애로 인해 손에 떨림이 있어 스크린 터치가 힘든 사람들은 애플의 아이폰12보다 2007년 이효리 씨가 광고하던 삼성전자 애니콜이 더 편리할 수 있다. 밖으로 튀어나온 물리적 스위치가 없는 테슬라의 자동차는 뇌병변장애가 있는 내 친구의 입장에서는 일반 자동차보다 작동하기가 훨씬 더 어렵다. 키오스크의 확산으로 일상이 불편해진 노인, 시각장애인, 발달장애인을 떠올리면 매끄러움의 추구란 누구를 위한 것인지 의문이 든다. 물론 이는 모든 기기가 더 보편적인 사용성, 기능적 범용성과 우수성을 갖춰나가는 과정에 있기 때문이라고 설명할 수도 있다. 그러나 바로 지금 여기의 현실에서 어떤 사람들에게 '매끄럽지 않은' 기술이라면, 바로 지금 여기에서 그 기술에 대한 열광을 성찰할 필요가 있다.[9]

'매끄럽다(심리스)'는 감각의 최고 단계는 인간의 몸과 기계가

---

9 '아직' 일부 장애인들에게 매끄럽지 않을 뿐이라는 의견은 어느 범위 내에서는 타당하다. 지금의 터치스크린은 손끝이 흔들리는 장애인의 터치를 제대로 감지하지 못하지만 그런 '떨림'조차 감지하는 쪽으로 기술을 확장하면서 더 보편적으로 매끄러운 기계로 향해 간다고 말이다. 하지만 매끄러운 스타일을 추구하는 과정에서, 그런 과정이 없었다면 사회에서 탈락하지 않았을 사람이 '탈락하게 되는' 모든 경우를 그저 '아직'이라는 말로 정당화할 수는 없다. 맥도날드 매장에서 점원에게 한 단계씩 물으며 햄버거를 시키던 발달장애인이 지금의 키오스크에서는 주문을 할 수가 없는데, 그저 '아직' 키오스크가 사용자의 개별성에 따라 반응하는 유연성을 갖추지 못했기 때문이라고 말하면 충분한가? 그러니까 앞으로 더 매끄러워지면 이 문제가 다 해결될 거라고 이야기하면 될까? 이런 식으로 이야기한다면 결국 궁극의 인공지능이 인간의 다종다양한 개성과 각자가 처한 무수히 다른 상황에 알아서 대응하는, 미래의 어떤 신적-테크놀로지를 상정하면 그만일 것이다.

하나로 완전히 연결된 상태일 것이다. 흔히 생각하는 '사이보그적 존재'의 이상적 상태는 기계와 인간 신체가 이음새 없이 하나가 된 심리스-스타일의 궁극적인 구현이다. 『와이어드』는 지난 2016년 한 기사에서 첨단 테크놀로지가 반영된 보철 팔(의수)에 열광하여 절단장애인을 오히려 부러워하는, '인공 보철적 부러움prosthetic envy'에 대해 소개했다. 금속 기어로 작동하고 LED 조명과 디스플레이용 USB포트가 있어 스마트폰을 충전할 수도 있는, 아이언 맨 슈트의 팔을 닮은 생체공학 의수를 본 사람들이 자신을 사이보그로 '업그레이드'하기 위해 신체 일부를 제거할 의향을 지니기도 한다는 것이다. 그러나 정작 기사에 등장한 생체공학 보철 사용자 나이절 오클랜드Nigel Ackland는 자신이 '사이보그'라거나 '증강된' 인간이라는 생각을 반박한다. 그는 업무 중 사고로 왼팔을 잃었는데 이 로봇 팔이 자신의 원래 팔보다 전혀 낫지 않다고 말한다. 캐스린 디즈니Cathrine Disney라는 예술가는 왼손이 없이 태어났지만 의수를 아예 사용하지 않는다.[10] 그럼에도 이들을 바라보는 사람들은 멋진(쿨한) 기계와 매끄럽게 연결될 수 있는 신체 조건을 부러워한다.[11]

장애는 단지 신체 기능의 문제가 아니라 디자인의 문제이기도 했다. 테크놀로지는 도구로서의 기능을 넘어 그 자체가 심미

---

10 Nicole Kobie, "Inside the World of Techno-Fetishism Where People Suffer 'Prosthetic Envy'", *Wired*, June 6, 2016.

적(예술적) 가치를 지니는 '디자인'처럼 다뤄진다. '심리스'가 디자인에서 유래한 말이었음을 기억하자. 우리 시대가 꿈꾸는 기계는 어떤 사용자가 무엇을 원하든 높은 수준의 범용성, 편의성, 고도의 문제 해결 기능을 발휘하는 탁월한 '도구'를 추구하는 듯 보이지만, 이것은 사실 일종의 '디자인' 열망이 아닌가? 제임스 길링햄의 홍보용 사진 속 장애인들이 보철과 절단된 몸 사이의 무수히 많은 어긋남, 통증, 의족 소켓과 절단 부위가 닿을 때마다 느껴지는 쓰라림은 모조리 생략한 채 매끈한 가죽 보철이 신체와 이음새 없이 부드럽게 연결되는 하이브리드적 존재의 매력을 뽐냈듯이, '매끄러움'이란 그 용어의 기원 그대로 '디자인'만을 말하는 것이 아닌가?

다시 증강 논쟁으로 돌아가자. 증강된 인간, 강화된 인간이란 어떤 존재일까? 약을 먹고 장애를 치료하고, '사지 연장술'로 키와 팔다리를 늘리고, 자율주행 자동차에 전동 휠체어가 그대로 탑재될 근미래의 모빌리티를 이용해 학생회관과 도서관 사이를 단 하나의 들뜬 이음새나 덜컹거림도 없이(키를 떨어뜨리거나, 창문

---

11 2020년대 중반 이후의 미래를 다루는 BBC 드라마 〈이어즈 앤드 이어즈Years & Years〉에서도 자신의 본래 안구를 적출하고 네트워크에 연결된 카메라를 심거나, 위험한 수술을 견디고 두개골을 열어 뇌에 데이터 칩을 심는 10대들이 나온다. 이런 일은 이미 현실이다. 일론 머스크는 그의 또 다른 스타트업 뉴럴링크가 개발한 칩을 두뇌에 삽입해 음악을 듣거나 정보를 처리하는 일이 2020년 내에 가능할 것이라고 공표한 바 있다(장승호, 「일론 머스크 "2020년에는 인간 두뇌와 컴퓨터를 연결할 수 있다"」, 『Hypebeast』, 2019년 7월 18일).

김원영   *239*

을 닫지 않고 차에서 내리거나, 시트를 뒤로 젖히지 않고 휠체어를 싣다가 휠체어가 차 문턱에 걸리는 일 따위는 없이) 이동하는 인간인가? 현대 테크놀로지의 매끄러움에 대한 열광을 지켜보다 보면, 미래의 '증강된 인간'이란 오래 살고 무거운 물건을 척척 들고 높은 시력과 뛰어난 인지능력을 지닌 존재라기보다는 다양한 테크놀로지와 신체가 길링햄의 사진 속 주인공처럼 '디자인적으로' 통합된 존재가 아닐까 생각하게 된다.

심리스한 디자인과 이음새 노동

심리스한 기술을 비판적으로 다뤘지만 당연히 나도 매끄러운 기술을 좋아한다. 현대의 많은 기술과 도시 인프라, 사회적 규칙은 표준적인 몸에 맞춰져 있기 때문에 장애인들은 의식적으로 아주 많은 단계를 고려하고 재구성하며 살아야 한다. 그만큼 '이음새'가 뜨고 일상이 덜컹거리는 셈이다. 이를테면 나는 수동 휠체어를 타면 자동차를 운전하고, 전동 휠체어를 타면 대중교통을 이용한다(차에 전동 휠체어를 실을 수가 없다). 그런데 각각의 이동수단(모빌리티)은 어떤 경우에는 가능하고, 어떤 경우에는 불가능한 것이 너무나 많아서 매일 아침 하나하나 계산하고 선택해야 한다. 비가 온다면 자동차 운전. 주차장이 없거나 주차비가 비싸다면 전동 휠체어. 비가 오는 날 주차장이 없는 곳에 간다면? 전동 휠체어를 타고 장애인 콜택시를 부른다. 그런데 화장실이 비좁아서 전동 휠체어를 이용하기 불가능한 장소라면? 수동 휠체어를 타고 장애인 콜택시를 부른다(미팅 후 식사 장소까지 가는 길이 가파르다면? 수동 휠체어를 타고 장애인 콜택시를 부른 다음에 식사 장소까지 같이 이동할 친구에게 연락을…… 아악, 모르겠다. 약속 취소). 우리의 도시 인프라나 나의 모빌리티가 이런 변화무쌍한 환경 앞에 사용성을 극대화하는 방식으로 '매끄러워'지기를 나는 기대한다.

그러나 사람들의 일상생활과 사회 조직을 이음새 없이 직조하는 '심리스-스타일'의 밑바탕에는 그 '매끄러움'을 유지하기 위해 수많은 '덜컹거림'을 수선하고 버티는 손길이 촘촘히 닿아 있음도 잊어서는 안 된다. 과학학자 하대청은 이 손길을 '돌봄 노동'이라고 표현한다.

작년(2018년-인용자) 11월 KT 아현지사 화재는 지하 인터넷 통신망이라는 인프라스트럭처가 정지했을 때 우리의 일상도 함께 멈춰버린다는 점을 잘 보여주었다. 우리는 전화로 약속을 잡을 수도, 집에서 은행 거래를 할 수도, 가게에서 물건을 구매할 수도, 인터넷을 볼 수도, 인공지능 스피커에게 답을 들을 수도, 인공지능 보안 시스템을 작동시킬 수도 없었다. 그 화재로 우리는 '자율적으로' 작동하는 인공지능이 사실 보이지 않는 곳에 물리적으로 존재하는 인터넷 네트워크에 깊이 의존하고 있으며 이 자율성이 자연적으로 주어지지

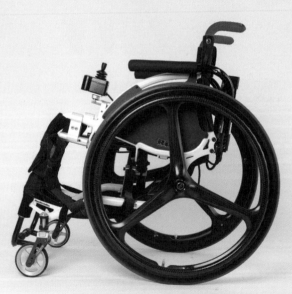

전동 휠체어(위)와 수동 휠체어(아래)

"나는 수동 휠체어를 타면 자동차를 운전하고, 전동 휠체어를 타면
대중교통을 이용한다. 어떤 경우에는 가능하고, 어떤 경우에는 불가능한 것이
너무나 많아서 매일 아침 하나하나 계산하고 선택해야 한다."

않는다는 점을 알게 되었다. 또한 다양한 인공지능 기계들이 데이터 센터에 있는 서버와 원활하게 데이터 흐름을 유지할 수 있는 건 클라우드의 '가상성'이 아니라 지하에 케이블을 매설하고 이를 일상적으로 보수하고 유지하는 비정규직 노동자들의 돌봄 노동 덕분이었다는 점도 깨달았다.[12]

하대청은 인공지능의 '자율성' 밑바닥에 놓인 인간 노동자의 구체적인 돌봄 노동에 대해 말하고 있다. 자율성은 '심리스-테크놀로지'의 핵심이다. 다종다양한 사용자의 경험을 알아서 파악하고 조정해서 사용자의 의식적 개입 단계를 최소화하는 노동, 테슬라의 전기자동차가 꿈꾸는 그런 기술 말이다. 하지만 이런 이음새 없는 기술 환경 밑에는 이음새를 끊임없이 관리하고 수선하고 보수하는 인간 노동자들이 존재한다. 이 현실은 곧 우리가 앞서 본 제임스 길링햄의 보철 이미지 밖 현실과 대응한다. 매끄러운 가죽 의족을 신고 여유롭게 커피를 마시는 '에로틱한' 사진의 뒤편에는 보철과 절단 부위가 만나는 지점에서 체중을 적절하게 옮기려 애쓰는 보철 사용자의 미세한 근육 운동, 통증을 견디려는 의식적 노력, 보철을 착용하고도 '자연스럽게' 걷기 위한 훈련, 비가 오는 날이나 한여름, 한겨울의 기온과 습도

---

12 하대청, 「휠체어 탄 인공지능: 자율적 기술에서 상호 의존과 돌봄의 기술로」, 『과학기술학연구』, 19권, 2호, 2019, 188쪽.

를 견디기 위해 매일 보철을 관리하는 손길, 짓무르고 살이 부르트는 접촉 부위를 신경 쓰는 자신과 주변 사람들의 돌봄이 자리하고 있다.

그렇다면 '증강된' 인간이란 이러한 이음새를 돌보는 노동조차 최소화한 존재가 되는 것인가? 보철을 착용하기보다 다리를 아예 생성하고, 신경 손상을 회복하고, 청력과 시력을 되살리고, 뼈를 강력하게 만들면 되지 않을까? 슈퍼맨에게 '덜컹거림'이란 있을 수 없다. 캡틴 아메리카나 캡틴 마블의 움직임에 무슨 이음새가 뜨겠는가. 생명공학적 증강이란 어떤 울퉁불퉁하고 덜컹거리는 사회 속에서도 굳건하게 모든 것을 통제하고 휘어잡고 아예 그 (김초엽의 말을 빌리면) 불화하는 존재들의 주름을 펴버리는 슈퍼맨 되기일까? 실제로 SF 영화의 영웅들은 사회에 존재하는 수많은 끊김과 단차를 한 방에 매끄럽게 만드는 귀재들이다.

이 지점은 흥미롭다. 과학기술에 대한 우리의 꿈은 한편으로 심리스-스타일의 테크놀로지를 개발해서 어떤 인간 사용자든 매끄럽게 접근하고, 이용하고, 통제하면서 편리함을 누리는 세계로 향하는 것 같다. 이 매끄러움을 누리는 데에는 영웅적인 인간이든 평범하고 나약한 인간이든 차이가 없다. 다른 한편으로, 우리는 신체를 슈퍼맨처럼 증강해 어떤 덜컹거림도 무시할 수 있는 강화된 인간을 꿈꾼다. 만약 심리스-스타일이 극단적으로 실현된 사회라면 극도로 강화된 인간 신체가 있다고 한들 무슨 필요가 있을까? 단거리 모빌리티를 타고 스르륵 가서 자율주행 자동차에 옮겨 타고, 자동차가 알아서 최적화된 경로로 목적지에 내려주면, 도착한 장소의 단거리 모빌리티로 환승해 이동하는 세계에서는 어떤 강화된 이동 능력도 불필요하다. 증강된 능력은 오히려 내가 1994년식 엑센트를 몰 때나 필요한 것이다. 거기에는 이음새가 너무 많아서 오차 없이 계획을 짜고, 실수 없이 휠체어를 싣고, 창문 닫는 일을 잊지 않고, 두 팔로 휠체어를 밀어 목적지로 이동하는 능력이 필요하다.

　사회 전체의 인프라와 테크놀로지가 완벽한 심리스-스타일로 구축된 시대를 우리가 열망한다면, 이 시대와 조응하는 '강한 인간'은 슈퍼맨일 필요가 없다. 심리스한 세계에서 요구되는 능력은 이음새를 없애는 능력이 아니기 때문이다. 오히려 이 시대의 '강한 인간'이란 반대의 능력, 즉 완전히 매끄러운 세계에 예측하지 못한 구멍을 만드는(이음새를 띄우는) 역량을 지닌 존재일지도 모른다.

매끄러운 세계에 균열을 내는 존재

　인류학자 너태샤 다우 쉘Natasha Dow Schüll은 『디자인에 의한 중독』[13]이란 책에서 라스베이거스의 슬롯머신 게임장이 어떻게 슬롯머신 기계와 주위 환경을 '매끄럽게' 만들어 사람들을 완전히 게임 속 세계에 몰입시키고 중독에 빠트렸는지를 생생히 묘사한다. 카지노 사업장은 1980년부터 2008년까지 네 배 이상 관광객 수가 늘었고 수익률도 엄청나게 증가했는데, 여기에는 새로운 디자인의 힘이 있었다. 쉴에 의하면 그 디자인은 게임과 게임 사이, 심지어 '잭팟'이 터진 게임과 그다음 게임 사이에 존재하는 이음새조차 철저히 없애는 것이었다.

쉴의 소개를 따라서 슬롯머신이 어떻게 점점 더 매끄럽게 되어갔는지 살펴보자. 우선 "몇 년간 꽤 단순한 혁신을 통해 게임의 속도가 빨라졌다. 이를테면 슬롯머신의 기계식 손잡이가 전자식 버튼(여기에는 손을 항상 올려놓을 수 있다)으로 바뀌었으며 기계식 릴은 비디오 화면으로 바뀌었다." 잭팟이 터진 후 상금을 한 번에 동전으로 그 자리에서 쏟아주는 방식도 도입되었다. "1970년대 이전에는 잭팟을 터트려도 카지노 관리인이 다가와 결과를 확인하고 상금을 지급할 때까지 기다렸다가 그 뒤에야 게임을 계속할 수 있었다." 즉 카지노 관리인이 상금을 지급하는 동안 게임과 게임 사이에 '이음새'가 크게 떴던 것이다. 상금을 받은 사람들은 게임의 흐름이 끊겨 곧 카지노를 떠났다. 하지만 그 자리에서 큰 통에 동전으로 상금을 쏟아주자 "통에 가득 담긴

---

13 Natasha Dow Schüll, *Addiction by Design: Machine Gambling in Las Vegas*, Princeton University Press, 2014. 아쉽게도 나는 쉴의 이 유명한 연구서의 원문을 직접 살펴보고 여기에 인용하는 것이 아니다. 이 책을 우리 주제에 부합하는 맥락에서 잘 소개하고 있는 매슈 크로퍼드, 노승영 옮김, 『당신의 머리 밖 세상』, 문학동네, 2019, 125~148쪽을 참조했다. 아래 나오는 쉴의 연구 내용은 모두 매슈 크로퍼드의 해당 페이지를 참조 및 인용한 것이다.

동전은 기계에 다시 투입할 가능성이 컸기에 손님은 플레이를 계속하는 데 필수적인 내기 탄력을 얻을 수 있었다." 이후에는 동전을 번거롭게 넣는 과정이 사라졌다. 고액 지폐를 슬롯머신에 투입할 수 있게 되면서 많은 액수를 한 번에 넣고 끊김 없이 게임을 이어갈 수 있었다. "이 촉각적 걸림돌을 없애는 것만으로 도박 액수가 30퍼센트 증가했다." 그런 다음에는 동전이나 지폐를 기계에 집어넣는 과정을 아예 생략하는 기술과 디자인이 도입되는데, 바로 신용카드였다. 사람들은 신용카드를 찍고 그 안에서 자동으로 돈이 인출되도록 한 후 카지노를 즐기게 되었다.

손님은 '삼매경' 경험의 지속을 방해할 수 있는 모든 외부 요인으로부터 단절되어야 하며, 이를 위해 슬롯머신 인터페이스와 전반적 카지노 환경을 면밀히 디자인해야 한다. 총체적 몰입은 도박꾼이 원하는 것일 뿐 아니라 카지노가 원하는 것이기도 하다. 경험을 디자인하는 사람들은 자신들의 배려를 '플레이어 중심 디자인'이라고 부른다.

이와 같은 카지노 디자인은 정확히 우리 시대의 테크놀로지가 꿈꾸는 매끄러운 기술의 전형이다. '플레이어 중심 디자인'은 곧 심리스-스타일 기술의 '사용자 중심 디자인'이다. 카지노 도박장은 플레이어의 재산을 의도적으로 착취하려는 장소이므로 너무 부당한 예라고 생각할지도 모르겠다. 그러나 나는 심리스-

스타일 사회의 본질적인 구조는 쉴이 말한 카지노 도박장과 큰 차이가 없다고 생각한다. 쉬운 예들이 널려 있다. 우리가 유튜브 화면을 한참 멍하게 쳐다보는 이유는 무엇인가? 와이파이가 끊어지지 않고, 적절한 추천 알고리즘이 계속 이어지며, 최소한의 스크린 터치도 불필요할 만큼 쉽게 다음 영상으로 넘어가기 때문이 아닌가? 10분 내외의 영상도 길다 느끼고, 유튜버의 말이 지루해지는 것을 견디지 못하는 사람들은 15초짜리 움직임 밈 meme이 이어지는 영상 플랫폼으로 옮겨가고 있다. 과거에는 재미있는 TV 프로그램이 끝나면 최소한 채널을 돌려 다른 프로그램을 찾아야 했다. 이런 의식적인 개입이 최소화될수록 우리는 '삼매경'에 빠진다. 해야 할 일을 새벽까지 미뤄둔 채 휴대폰으로 지하철에서 두 팔을 허우적대는 타인을 왜 지켜보고 있는지, 나는 역시 쓰레기가 아닌가 한탄하며 영상을 보는데 그때 와이파이가 끊기거나 배터리가 5퍼센트 남았다는 사인이 보이면 바로 '이음새'가 뜬다. 이 틈이 우리를 구원한다. "아, 도저히 안 되겠다! 빨리 할 일을 해야겠어(설마 나만 그런 것은 아닐 거라 믿고 솔직히 쓰는 중이다)!"

약간의 낭만화를 무릅쓰고 나는 이렇게 말하고 싶다. 장애인은 심리스-스타일의 세계 안에 끊임없이 '이음새'를 만드는 존재다. 많은 것이 자동화되고 인간 행위자의 개입을 최소화하는 시스템이 갖춰질 때, 늘 거기에 빈틈이 있다고 알려주는 존재가 장애인이다. "나는 이 키오스크 때문에 물건을 살 수가 없어요."

물론 기술은 장애를 포함하는 쪽으로 발전하고, 그 발전을 결코 나쁘다고 말할 수는 없다. 시각장애인도 사용 가능한, 발달장애인도 쓸 수 있는 키오스크 테크놀로지의 발전을 나는 기대한다. 다만 강조하고 싶다. 매끄럽게 설계된 세계 어딘가에 적응하지 못한 장애인이 출현하는 것은 지루하고 의미 없는 유튜브 영상 한가운데 배터리가 5퍼센트 남았음을 알리는 사인처럼 이음새를 만든다. 그 틈새에서 우리는 넋 놓고 지켜만 보던 세계에서 빠져나와 비로소 우리 자신에게 시선을 돌린다. 우리가 지금 더 나은, 더 필수적인, 더 절실한 목표를 향해 나아가며 테크놀로지를 활용하고 경험하고 있는지를 비로소 점검할 기회가 생긴다.

덜컹거림을 감수하는 힘

증강을 신체 디자인이나 기능이 '강화된' 상태로 환원하지 않고, 좀 더 총체적인 관점에서 '더 나은' 인간이 되는 일이라고 생각해보면 어떨까? 그리고 더 나은 인간을 더 많은 가능성을 지닌 인간이라고 정의해보자. 우리가 맞이할 시대에 더 많은 가능성은 더 강한 팔 근력, 더 높은 시력, 더 민감한 청력이 가져다줄까? 아니면 무수히 많은 삶의 경험이 자동화되고 매끄럽게 이어져 나도 모르게 '삼매경'에 빠지게 되었을 때 잠시 '덜컹' 하고 틈새를 만들어 나의 위치와 행위 주체성, 내가 지금 빠져든 활동의 의미와 필요를 성찰할 수 있는 능력이 가져다줄까?

나는 후자라고 믿는다. 그리고 이러한 역량은 단일하고 매끄러운 경험보다는 이질적인 것들과 큰 단차를 포함한 채 연결되어본 경험에서 강화될 것이다. 바꿔 말한다면, 기계-다른 인간-동물과 결합할 때 더 효과적으로 성취될지도 모른다는 뜻이다. 시각장애인이 안내견과 하나로 움직일 때, 중증 뇌병변장애인이 휠체어와 결합하고 다시 그 휠체어를 밀어주는 활동지원사와 접속할 때, 그 사이에서 발생하는 많은 어긋남, 불화, 이음새의 단차를 넘어 결합해본 경험이야말로 우리가 미래에 '증강해야 할' 역량이다.

울란바토르의 장애 여성과 만난 날을 떠올려본다. 그때 일본의 뇌병변장애인 활동가가 "장애를 고치는 약이 있어도 먹지 않겠다"라고 외칠 수 있었던 것은, 매끄러운 슈퍼휴먼이 된다고 한들 우리가 더 나은 존재가 되지는 않는다는 확신을 가졌기 때문일 것이다. 그는 온몸으로 그 확신을 입증하며 살아온 사람이다. 그러나 동시에, 몽골에서 스물한 살의 나이에 목 아래가 모두 마비된 채 살아가는 사람 앞에서 그와 같이 외친 행동은 이 장애인 활동가가 두 사람의 완전히 다른 삶의 조건과 경험 사이에 존재하는 이음새를 자신의 신념으로 매끄럽게 덧칠해버린 일이기도 했다.

나는 장애나 질병 등 취약한 몸의 조건을 가진 사람들이야말로 일부 테크 엘리트들이 꿈꾸는 자동화되고 매끄러운 사회에서 역량을 발휘할 수 있는 존재인지도 모른다고 말했다. 단차를 용기 있게 드러내고, 어긋난 이음새는 기꺼이 견디는 역량을 지닌 존재로서 말이다. 그러므로 우리가 더 나은 존재가 되기를 꿈꾼다면, 우리의 삶을 덜컹거리게 만드는 장애(결여)를 무조건 극복하겠다거나 완벽하게 치료해주겠다는 약속에 매달리지 않겠다고 스스로에게 선언할 수 있어야 할 것이다. 하지만 같은 이유에서, 치료의 약속을 절박하게 기다리는 사람들 앞에서는 나의 확신과 선언에 잠시 이음새를 띄울 수도 있어야 할 것이다. 나는 위대한 장애인 인권운동가들을 많이 알고 있고 이들을 존경하지만, 테슬라나 애플, 엔비디아 같은 기업의 테크 엘리트들보다 우리가 조금 나은 점이 있다면, 덜컹거림을 감수하며 그 틈새로부터 예상치 못한 곳으로 기꺼이 뻗어가는 역량일 거라고 생각한다.

3부 　　　　　　　　　　연금과 한대의 미래론

9장   장애의 미래를 상상하기

우리의 다른 인지 세계

2018년 여름 「나를 키우는 주인들은 너무 빨리 죽어버린다」라는 제목의 단편을 구상하던 무렵, 나는 인간과 반려동물의 관계를 뒤집어 생각해보고 싶었다. 펫로스 증후군Pet Loss Syndrome이라는 개념을 접하고는 상실이라는 큰 고통을 경험하면서도 다시한 번 누군가를 사랑하기로 결정하는 마음을 생각하다가, 거북이를 기르는 사람의 사례를 우연히 보고는 '아, 이거다' 하고 글을 구상하기 시작했다. 거북이는 다른 반려동물보다 오래 사니까 주인이 죽은 이후에 남겨질 가능성이 더 클 것 같았다. 그 관계를 역전해 소설의 기본 설정을 만들었다. 만약 인간이 다른 외계 생명체에게 반려동물처럼 길러진다면, 그런데 그 '주인'이 나보다 너무 빨리 죽어버린다면 남겨진 인간은 어떤 감정을 느낄까. 짧은 수명을 가진 '주인'들이 남겨진 반려인간에 대해 책임을 지는 방식은 무엇일까. 이후 「스펙트럼」으로 제목을 바꾼 그 단편에서 이 설정 이외의 다른 모든 것은 쓰는 과정에서 덧붙여졌다.

인간과 다른 지각 세계를 가진 동물들을 이야기할 때 움벨트umwelt라는 말을 쓴다. 객관적인 현실이 아니라 하나의 생물체가 주관적으로 인지하는 세계, 그 개체가 살아온 또한 지각하는 환경을 일컫는 말이다. 외계까지 갈 것도 없이 이 행성 지구에는 다른 감각을 가진 생명체들이 아주 많다. 땅을 기어 다니는 지렁

이와 하늘을 날아 자기장을 따르며 이동하는 새들의 움벨트, 자외선과 편광을 인식하는 갯가재의 움벨트는 인간과 완전히 다를 것이다. 우리의 '휴먼 스케일'은 약간의 가시광선, 좁은 범위의 가청 주파수, 몇 미터 범위의 높이와 거리 감각에 한정되어 있다. 벌들이 꽃의 무늬를 어떻게 읽는지, 개미들이 어떻게 화학물질을 통해 서로 대화를 나누는지 인간은 아주 어설픈 상상만 할 수 있을 뿐이다. 때로는 과학의 도구들이 다른 움벨트를 분석할 수 있는 단서를 가져다주지만, 극히 희미한 단서에 불과할 뿐 그들의 움벨트를 직접 경험하게 하는 것은 아니다.

움벨트는 각각의 종에 따라 차이가 클 뿐만 아니라 하나의 종 안에서도 개체마다 다르다. 리처드 사이토윅Richard Cytowic은 『공감각』이라는 책에서 평범한 인간들과 다른 감각 세계를 가진, 더 큰 움벨트를 가진 공감각자의 '현실의 결'이 얼마나 고유한지를 이야기한다. 공감각자들은 색에서 소리를 듣고 숫자에서 촉감을 느끼는데, 공감각 능력이 없는 사람들은 그들의 세계를 상상해볼 수조차 없다. 사이토윅은 이렇게 쓴다. "우리는 순진하게도 우리가 아는 것이 세상의 전부라고 가정한다. 이 좁은 자기참조적 현실이 우리의 움벨트를 구성한다."[1]

「스펙트럼」을 쓰던 당시 내가 참고 삼아 읽던 책에 사색형 색각Tetrachromat을 가진 사람들에 관한 이야기가 있었다. 사람이 색

---

1 리처드 사이토윅, 조은영 옮김, 『공감각』, 김영사, 2019, 97쪽.

을 구분할 때는 망막 안의 원추세포를 사용하는데, 서로 다른 파장 범위에 민감한 세 종류의 원추세포가 조합되어 수백만 가지 색을 구분한다. 그런데 이 원추세포와 관련된 유전자에 돌연변이가 생긴 '슈퍼비전'의 소유자들은 네 종류의 원추세포를 가지게 되고, 이론상으로는 1억 가지의 색을 구분할 수 있다. 평범한 삼색형 색각자들이 같다고 느끼는 빨간색이 사색형 색각자들에는 너무나 선명하게 다른 색일 수 있는 것이다. 이것을 보고 나는 「스펙트럼」의 외계 생명체가 인간보다 훨씬 뛰어난 시각 인지 능력과 가청 주파수 범위를 가지고 있어 인간은 그들의 언어를 이해하지 못한다는 설정을 넣었다. 반려동물과 인간이 일부의 감각을 공유하지만 그 범위가 완전히 겹치지는 않는 것처럼 말이다.

아마도 그런 설정을 떠올린 데에는 내가 남들과는 다른 감각 범위를 가지고 있다는 것도 영향을 끼쳤을지도 모른다. 누군가가 말을 하고 있다는 사실은 알고 그 소리를 들을 수도 있지만, 소리의 '일부 범위'가 나의 가청 범위를 벗어나기 때문에 내게는 그 말이 의미를 갖지 못한다. 이런 경험을 하다 보면 외계 생명체와 소리 언어로 소통하는 것이 정말 가능할까 하는 의문을 품게 된다. 「스펙트럼」은 외계 생명체들이 가진 인간과는 다른 시각 인지 능력을 위주로 전개되었고, 이 소설에 자전적 경험이 투영되었다고 말하기는 어렵다. 하지만 이 이야기를 쓴 이후 나는 나의 '움벨트'에 대해서도 생각해보곤 했다.

내가 어떻게 듣고 이해하는지를 다른 사람에게 설명하기란 쉽지 않다. 일상적으로 대화할 때 어떤 목소리의 '주파수'를 신경 쓰는 사람은 드물 것이다. 그런데 나는 고주파음과 저주파음을 나누어 생각하는 방식에 익숙하다. 그리고 내가 들을 수 있는 소리와 들을 수 없는 소리를 잘 구분한다. 초인종, 새소리, 시계 알람, 휴대폰 벨소리는 매우 높아서 거의 들을 수 없는 반면, 차가 지나가는 소리, 공사 소음이나 진동은 오히려 무던한 사람들에 비해 더 예민하게 느끼는 것 같다. 해외 여행지의 숙소 프런트 데스크에서 좀 더 편하게 소통하기 위해 내가 청각장애인이라고 말했다가 기계 소음이 심한 방을 줘서 난감했던 적이 있다. 한편 실험실에서 쓰던 타이머의 알람음은 아예 듣질 못해서 연구실 동료들이 자주 타이머를 꺼주곤 했다.

사람들이 일상에서 소리의 '주파수'와 관련해 접해본 것으로는 음향에 이펙터를 더하는 이퀄라이저가 있을 것이다. 미디어 플레이어에 있는 이퀄라이저를 '클래식', '팝', '재즈' 등으로 조절하면 주파수 대역별로 소리가 다르게 증폭되어 원래의 음원과는 조금 다른 느낌으로 들을 수 있다. 혹은 주파수별로 다르게 증폭하여 '원음'을 재현해 들을 수도 있다. 내가 감각하는 소리의 세계를 이퀄라이저에 비유해보면, 낮은 음역대의 소리만 크게 증폭되어 있고 고주파 대역은 매우 작게 설정되어 있는 상태라고 할 수 있다. 실제로 음악을 들을 때도 나는 낮은 음역대의 베이스나 드럼이 강조된 음악을 좋아하는 편이다. 물론 내가 어떤 곡을 좋아한다고 해도 보통의 청력을 가진 사람들이 그 곡을 듣는 것과는 상당히 다르리라 생각한다. 음원 데이터상으로는 하나의 음악일지라도 수신자가 달라서 감각되는 음악도 달라지는 것이다.

여기에는 흥미로운 점이 하나 더 있다. 지금 나는 고음역대의 보컬이나 연주음을 잘 듣지 못하지만 어릴 때 좋아했던 음악의 고음 파트들을 여전히 머릿속에 기억하고 있다. 이토 아사의 『기억하는 몸』에는 후천적 장애를 가진 사람들 중에 장애가 없을 때의 기억과 장애를 얻은 이후의 기억이 뒤섞여 일종의 '하이브리드적인' 몸을 가진 사람들의 사례가 나온다. 그 글을 읽으면서 나에게도 음악에 관한 하이브리드적인 기억이 있다고 생각했다. 어릴 적 즐겨 들었던 고음의 보컬이 흘러나오는 음악을 보청기를 끼지 않은 상태에서 들으면, 이제는 거의 들을 수 없음에도 머릿속에서는 내가 기억하는 목소리가 재생된다. 이중의 소리 감각, 현재와 과거의 소리 기억이 중첩되어 있다고 표현할 수 있을 것이다.

나는 후천적으로 청력이 손상된 경우여서 청인과 청각장애인의 움벨트를 모두 경험해본 셈인데도 내가 어떻게 소리를 듣는지를 설명하는 일은 간단하지 않다. 아주 긴 설명을 동원하더라도 상대를 완전히 이해시킬 수 없는 영역이라는 생각이 든다. 그런 생각을 하다 보면 다른 사람의 움벨트를 상상하는 일이 힘든 것은 물론이고, 나 자신의 움벨트조차 제대로 이해하기 어렵다는 결론에 도달한다. 이를테면 나는 내가 남들과 다른 방식으로 음악을 듣는 것이 나의 음악적 취향이나 미학에 얼마나 어떻게 영향을 미치는지 궁금하지만, 그것은 당사자인 나에게도 여전히 미지의 영역이다. 조금 더 멀리 생각을 보내서, 만약 가청 주파수가 인간과 아주 일부만 겹치는 다른 지성 생명체들이 있다면 어떨까? 그들의 음악과 인간의 음악이 서로에게 감흥을 줄수 있을까? 춤과 스포츠 혹은 그림은 어떨까? 어쩌면 인간이라는 종 안에서도 사실은 인지 세계의 일부만이 공유되는 것은 아닐까? 지구상의 생명체는 서로 너무나 다른 움벨트와 감각 세계, 미학을 가지고 있을뿐더러 인간이라는 하나의 종 안에서도 이 감각 세계들은 흔히 어긋나고 미끄러진다.

우리는 타인의 삶이 각자 너무나 고유하다는 사실을 알면서도 쉽게 잊는다. 어떤 주관적 세계는 그 세계를 직접 경험하며 살아가는 사람조차도 전부 이해하기 어렵다는 것을 받아들이지 못한다. 인간 보편의 삶에 대한 해석이 수도 없이 주어져 있지만 결국은 모든 사람이 각자 고유한 삶의 문제로 고민하는 것처럼, 그 보편의 해석조차 갖지 못한 사람들은 자신의 경험 세계를 설명하는 일이 훨씬 더 힘들다. 여기서 대답할 수 없는 질문이 생겨난다. 그러면 어떻게 해야 할까? 어차피 우리는 서로의 삶을 상상하는 일에 언제나 실패할 수밖에 없으니 모든 것이 무의미한 걸까? 나는 그 질문에 답을 할 수는 없지만, 그럼에도 타인의 삶을 애써 상상하는 일이 의미 있다고 생각한다. 소설을 읽고 쓰

9장 장애의 미래를 상상하기

면서 하게 된 생각이다.

청각장애인이자 SF를 쓰는 소설가인 나는 종종 "당신이 가진 장애가 작품 세계에 미친 영향을 설명해달라"거나 "당신의 결핍도 SF를 쓰게 된 이유의 하나인가" 같은 분명한 의도가 담긴 질문을 받는데, 어쩐지 그런 질문에는 원하는 방향의 답을 해주기가 싫어서 이렇게 대답하고 만다. "영향이 없지는 않겠지만, 그렇게 중요하지는 않아요." 다시 생각해보면, 처음에는 중요하지 않았어도 조금씩 중요해지고 있다는 생각이 든다. 나에게 SF를 쓰는 일은 대개 나와 다른 존재들을 탐구하는 과정처럼 느껴진다. 작중의 인물들 역시 마찬가지다. 그들의 시도는 언제나 불완전한 이해에 도달하거나 실패하지만, 그럼에도 소설 속의 다른 존재들은 서로의 세계를 조금씩 밀어 점차 확장한다. SF는 다른 세계를 상상하는 이야기이고, 다른 존재들을 세계의 중심에 두는 이야기이며, 세계를 재설계하는 상상을 펼치기에 가장 적합한 사고 실험의 장이기도 하다. 물론 SF가 언제나 다른 존재들을 중심에 두었다고 말하지는 않겠다. 그런 장르적 가능성을 쥐고도 오랫동안 SF는 백인-남성-이성애자-비장애인을 중심에 둔 '배제의 장'이기도 했다. 그럼에도 많은 SF 작품이 우리에게 지금껏 경험해보지 못한 '움벨트'를 경험할 기회를 준다. 다른 인지 세계를 경험하는 일은 다른 존재에 대한 불완전하지만 무의미하지는 않은 이해로 우리를 이끈다. 오늘날 SF는 소외를 논하는 최적의 장르로 변화해가고 있다.

당신의 우주선을 설계해보세요

일단 현실에 대해서 쓰기로 결심한다면, 작가는 현실의 장애 차별과 편견에서 완전히 벗어난 인물을 창조할 수 없다. 한국 사회를 배경으로 펼쳐지는 이야기에서 휠체어 바퀴를 굴려야 하는 인물은 어딜 가나 계단을 맞닥뜨릴 것이고, 정신장애를 가진 사람들은 주변에서 쉽게 편견 가득한 말을 들을 것이며, 감각장애인은 대안 정보가 제대로 제공되지 않아 언제나 혼란을 겪을 것이다. 만약 그런 인물들이 등장하지 않는다면, 단지 작가가 그 소설에서 장애인을 다루지 않기로 결정했기 때문이지 소설 속에 장애라는 개념이 없기 때문이 아니다. 세계는 이미 정상 규범에 맞추어 설계되어 있고, 설령 그것이 소설 속에서 재현된 현실이라고 해도 장애는 여전히 장애로 존재한다. 많은 경우 소설은 장애의 존재를 지울 뿐이다. 하지만 세계를 처음부터 다시 쌓아올려 본다면 어떨까?

SF 작가이자 편집자인 앤디 뷰캐넌Andi C. Buchanan은 「우주선을 설계해보세요」[2]라는 글에서 독자에게 '거주 가능한' 우주선이나 우주 정거장, 인공 행성을 상상해보라고 제안한다. 어떤 우주 공간이 '거주 가능한habitable' 곳이 되려면 몇 가지 조건을 충족해

---

2 Andi C. Buchanan, "Design a Spaceship", *Uncanny Magazine: Disabled People Destroy Science Fiction!*, Issue 24, 2018.

야 하는데, 말 그대로 인간이 거주 가능한 환경을 생각해보면 될 것이다. 물이 있고, 호흡 가능한 공기가 있고, 온도 변화가 너무 급격하지 않아야 하며, 낮과 밤의 주기가 적절해야 하고, 생명체를 구성하는 생화학적 물질들이 있어야 한다. 행성이 아닌 우주선이라면 공기와 물, 빛, 영양분이 인간의 생존에 적합하게 제공되는 시스템을 갖추어야 한다. 그런데 이 우주선에 인간만 타고 있는 것이 아니라고 상상해보자. 만약 우리와 다른 생화학적 구성을 가진, 이를테면 대기 중의 메탄을 호흡하거나, 탄소 대신 규소에 기반한 외계인이 타고 있다면? 그들이 인간에 비해 압도적으로 많다면 또 어떨까? 그러면 '거주 가능한'이라는 조건은 달라질 수밖에 없다. 인간이 상상한 거주 가능한 환경은 인간의 기준에 맞춰져 있기 때문이다. 만약 과반을 차지한 외계인들이 자신의 기준으로 우주선을 만든다면, 인간들은 이 우주선에서 제대로 살아갈 수 없을 것이다. 아마 '인간 전용 구역'을 따로 만들어 격리되어야 할지도 모른다.

이번에는 우주선에 탄 사람들이 대부분 장애인이라고 가정해보자. 우주선은 장애인 승무원들 각각의 필요에 맞추어 설계될 것이다. 휠체어가 다닐 수 있는 통로, 호흡기 질환을 가진 승무원을 위한 개별화된 1인실, 저시력 승무원들이 인식하기 쉽도록 대조적인 색상으로 배색된 우주선 내부 디자인이 준비될 것이다. 이런 조건 없이 그냥 우주선을 설계하라고 했을 때 우리가 상상할 수 있는 공간은 어떤 모습일까. 아마도 우리는 자신을 기준으로 놓고 '내가 거주 가능한' 우주선만을 떠올릴 것이다. '우주선 설계하기'는 장애가 환경과 상호 작용하여 구성되는 상황에 대한 하나의 사고 실험이다. 건강하고 장애 없는 몸을 가진 개인조차 그를 환대하지 않는 물리적, 사회적 환경에서는 얼마든지 장애를 경험할 수 있다. 이 사고 실험은 접근 가능한 세계를 단지 '상상하는' 일조차도 단순하지 않다는 것을 깨닫게 한다. 완전한 상상의 영역에서도 보편은 거기 속하지 못한 이들을 밀어낸다.

이처럼 다른 세계를 상상하는 SF 장르에서도 그 상상은 현실에 묶여 있기 때문에 SF에서 장애를 다루는 방식은 여전히 전형적이라는 비판을 받는다. 장애학과 SF를 연구하는 캐스린 앨런 Kathryn Allan은 SF에서 흔히 볼 수 있는 장애 표현을 다음과 같이 분류했다. 1) 치료가 필요한 상태로서의 장애 2) 초월 조건으로서의 장애(기술적으로 매개된 초월) 3) 현재에 위치하지 않은 장애 4) 사이보그와 포스트휴먼을 만드는 장애 5) 초인간을 만드는 장애 6) 비인간으로서의 장애.[3] 이러한 전형적인 장애 표현들은 실제의 장애 경험을 반영하지 못하고, 장애를 마치 벗어나야 하

---

3 [Blog Post] Kathryn Allan, "Categories of Disability in Science Fiction", January 27, 2016(https://www.academiceditingcanada.ca/blog/item/317-disability-in-sf-article). 본래 "SF 101: A Guide to Teaching and Studying Science Fiction", Ritch Calvin, Doug Davis, Karen Hellekson and Craig Jacobsen (eds), *Science Fiction Research Association*, 2014(Ebook)에 수록되었던 글로, 일반 독자를 대상으로 원고를 수정하여 Kathryn Allan's Blog에 재공개한 것이다.

는 상태처럼 묘사한다는 문제가 있다.

손상을 가지고 태어난 인물들이 첨단 보철물을 사용하거나 수술로 교정되어 향상된 신체를 갖게 되는, SF에서 흔한 설정을 생각해보자. 이때 그들은 치료가 필요한 상태로 규정되거나, 혹은 이미 치료되어 인간보다 나은 신체를 갖게 된 사이보그다. TV 시리즈나 영화와 같은 영상 매체에서는 장애인이 슈퍼히어로나 빌런으로 등장하는 경우도 흔한데, 이들은 기술에 의해 보통의 인간이 가진 능력을 뛰어넘었기 때문에 사실상 장애가 큰 의미를 갖지 못한다. 또 다른 작품들에서는 장애인들이 아예 태어나지 않거나, 선별 검사를 통해 지워졌어야 마땅한 존재로 그려진다. 가상세계나 사이버 공간의 '자아'로만 살아가는 장애인들도 있다. 장애인들이 손상된 몸 그대로 미래에 존재하는 이야기는 흔치 않다.

영화 〈아바타〉의 주인공 제이크 설리는 장애를 치료하고 능력을 회복하기를 원하는 인물로 자신의 다친 다리를 고치려면 거금의 수술비가 필요하기 때문에 치료를 위해 회사와 거래를 한다. 다른 신체에 접속한 설리는 자유롭게 걷고 뛰며 해방감을 느낀다. 그는 교정을 원하는 장애인이고, 장애로부터 해방된 대안적 자아를 갖는다. 드라마 〈데어데블〉의 주인공은 시각장애인이지만 시각 외의 감각은 매우 뛰어난 초감각의 소유자로, 전형적인 슈퍼장애인Super Crip 설정으로 등장한다. 〈스타트렉: 더 넥스트 제너레이션(TNG)〉의 조르디 역시 시각장애인이지만, 첨단 보철인 '바이저'를 지니고 있어 다른 크루들에 비해 매우 넓은 범위의 전자기파를 감지할 수 있다. 조르디의 장애는 사이보그 기술이 그를 탁월한 존재로 만드는 설정으로서 작용한다.

앤 맥카프리Anne McCaffrey의 『노래하는 배』에는 사지를 쓸 수 없는 상태로 태어난 헬바라는 소녀가 주인공으로 나온다. 헬바의 부모님은 아이를 안락사하거나 뇌를 '배brain ship'로 옮겨 살아가도록 하는 두 가지 선택지를 제안받고, 후자를 선택한다. 인간의 신체가 아니라 기계에 이식되어 살아가는 헬바는 인간 이상의 능력을 가진 초월적인 사이보그가 된다. 도나 해러웨이는 「사이보그 선언」에서 유일한 장애인 사이보그의 예시로 이 이야기 속의 소녀를 언급했다. 또 당대의 비평은 『노래하는 배』를 긍정적인 장애 표현의 예시로 들기도 했다. 그러나 사실 이것은 헬바에게는 해방적일지 몰라도 장애인에게 해방적인 이야기는 아니다. 장애를 가진 몸에서 벗어난 헬바는 우주를 가로지르는 모험을 하지만, 그 모험은 장애인으로서의 모험이 아니라 초월적 존재로서의 모험이다. 이러한 미래에서 헬바처럼 태어난 아이들은 장애가 없는 사이보그가 되거나 안락사를 당한다. 장애인으로서 평범하게 존재하는 선택지는 없다.

이렇게 SF 속의 전형적인 장애 표현을 볼 때마다 나는 그래도 작품 어디에도 장애인이 등장하지 않는 것보다는 훨씬 낫다는 생각을 한다. 이 밖의 수많은 이야기들에는 마치 그 세계에 장애가 없는 것처럼 장애인이 아예 등장하지 않는다. 당연하게도

9장 장애의 미래를 상상하기

장애라는 개념이 없는 세계는 존재하기 어렵기 때문에 그 세계
는 장애가 없는 세계라기보다는 장애를 보이지 않게 숨긴 세계
다. 장애인들이 기술의 도움을 받아 장애를 치료하거나, 평범한
사람들보다 놀라운 능력을 발휘하거나, 아예 인간 이상의 초월자
가 되는 이야기는 적어도 장애의 존재를 숨기지는 않는다. 다만
그런 이야기 속의 해방은 나와 같은 장애인 독자들을 그냥 이 자
리에 남겨놓을 뿐이다. 기술을 장애의 유일한 해답으로 제시하는
테크노에이블리즘처럼, SF 속의 '손쉬운' 장애 해결책은 "이런 미
래가 되어서야 네 문제가 해결될 수 있을 거야"라고 말하는 듯하
다. 그런 미래는 너무 까마득한 데다가 여전히 장애는 해결해야
할 문제로 규정된다. 게다가 이런 이야기는 주로 장애인 캐릭터
의 탁월한 성취와 능력만 주목하며 능력차별주의를 서사의 중심
에 둔다.

　캐스린 앨런은 SF 창작의 영역에도 장애학의 관점을 도입
할 필요가 있다고 주장하면서 2015년에 SF 선집 『미래에 접
근하기』를 기획한다.[4] 이 책의 서문을 쓴 조셀 밴더호프Joselle
Vanderhooft가 말하는 SF와 접근성에 대한 이야기를 함께 살펴보

---

4 Kathryn Allan and Djibril al-Ayad, *Accessing the Future: A Disability-Themed
Anthology of Speculative Fiction*, Futurefire.net Publishing, 2015. 캐스린 앨런은 이
책의 기획 의도를 이렇게 소개한다. "이 선집의 목표 중 하나는 장애를 가진 사람들
이 자신의 삶을 스스로 결정할 권리를 표현하는 것이다. 독립은 많은 장애인에게 중
요하지만, 그것이 모두의 목표는 아니다. 독립성과 달리 자기결정권은 선택 의지와
상호 의존성을 동시에 강조한다."

고 싶다. 밴더호프에 의하면, SF는 접근성이라는 개념을 다시 생각해보게 하는 장르다. 인간은 건강하고 전형적인 몸을 가지고 있을 때조차 질병과 환경에 취약하며 특정한 온도 범위와 대기 환경에서만 살 수 있다. 약간이라도 춥거나 더워지면 난방 시설을 설치하거나 몸을 식혀주는 도구를 이용하고, 서로 다른 의복을 갖춰 체온을 조절한다. 우주로 나가는 상황을 생각해보면 더욱 그러하다. 인간의 신체는 우주에 적합하지 않기 때문에, 무중력 상태와 대기권 안팎을 오갈 때의 중력 가속도, 압력, 공기가 없는 환경에서 살아갈 수 있는 장치를 만든다. 그래서 밴더호프의 말처럼 많은 SF는 "접근성을 탐색하는 이야기"가 되는 것이다. SF 속 인물들은 과거와 미래, 다른 시공간, 우주와 심해에 접근하기 위해 인간을 그곳에 데려갈 장치를 고안하고 설계한다. 『미래에 접근하기』에 실린 소설들에서도 작가들은 장애와 관련된, 장애인을 보조하는, 미래에는 가능할 기술들을 상상한다. 그것을 장애인에게 주어지는 '자유'로 단순하게 묘사하지 않고, 위험과 이점을 살피며 장애와 기술의 복잡한 관계를 다각도로 탐구해나간다. 개인을 교정하는 것으로 장애를 해결하는 대신 환경과 접근성의 문제를 고려해 다른 세계를 설계한다. 장애가 사라지거나 감춰진 미래가 아니라 장애인들이 세계의 일부로 살아가는 미래가 이 선집에 참여한 작가들의 관심사인 것이다.

화성의 인류학자들

『어둠의 속도』를 처음 읽었던 날이 생각난다. SF 작가로 막 데뷔한 이후 한국에 번역 출간된 SF 작품들을 손에 잡히는 대로 찾아 읽던 시기였다. 그 산더미 같은 책들이 앞으로 써나가야 할 글의 방향을 제시해줄 것이라고 생각했지만, 내가 관심 있는 바로 그 질문을 파고드는 작품은 좀처럼 찾기 어려웠다. 그러던 어느 날 엘리자베스 문Elizabeth Moon의 『어둠의 속도』를 읽기 시작해 그날 저녁 마지막 페이지를 덮었을 때, 마침내 내가 찾던 그 소설을 찾았다고 생각했다. 이 소설이 던지는 질문은 이렇게 요약해볼 수 있다. 기술의 급격한 발전과 함께 변화하는 미래 사회에서 장애는 결국 '무엇'이 될까? 기술이 개인의 삶과 세계에 막대한 영향을 미칠 때, 장애 역시 기술에 따라 다른 방식으로 규정되고 재현될 것이다. 기술과 의학이 장애를 완벽하게 치료할 수 없다고 해도 새로운 치료 기술의 등장은 개인과 사회에 큰 사건임이 분명하다. 『어둠의 속도』는 이런 사건에 대한 사고 실험을 하고 있다.

『어둠의 속도』의 주인공 루는 개입 치료를 받았지만 완전히 치료되지는 않은 자폐인이다. 루는 자폐에 대한 초기 치료가 이미 보편화되어 더는 자폐 아이들이 태어나지 않는 시대에 자폐인의 마지막 세대로 살아가고 있다. 루의 1인칭 시점에서 진행되는 이 소설은 자폐인이 바라보는 '정상인'들의 행동과 언어를 묘사한다. 루가 보기에 그들은 분명한 패턴을 갖지 않는 이해하기 어렵고 이상한 존재들이지만, 루는 자기 방식대로 사람들과 관계를 맺고 살아간다. 그러다 남아 있는 자폐인들을 치료할 수 있는 실험적인 치료법이 개발되면서 소설은 새로운 국면으로 접어든다. 자폐인들을 고용하던 회사의 상사가 자폐인 직원들을 위해 추가로 지출되는 비용 문제를 들어 그들에게 치료를 받도록 강요한 것이다. 자기 자신으로 살아가고 있던 루는 갑자기 '정상인'이 되어야 한다는 압박을 받게 된다. 치료가 루에게 더 행복한 삶을 가져다줄 것이라는 '정상인'들의 주장은, 루의 관점에서는 이상하고 당황스러운 이야기다.

다행스럽게도 『어둠의 속도』의 루는 최소한 자폐인을 사회 구성원으로 받아들이는 사회에 살고 있었다. 그래서 충분히 고민하고 스스로 결정을 내릴 수 있었다. 우리의 현실과 소설을 비교해보면 문제가 더 복잡하다. 현실에서 농인 아이가 인공 와우 수술을 받을지 말지 결정해야 하는 상황이라면 어떨까. 농인에게는 소리가 들리지 않는 것이 편안하고 당연한 상태일 것이고, 어쩌면 농인 아이는 소리를 들어야 할 필요를 느끼지 못할 수도 있다. 하지만 현실의 장애인 배제는 『어둠의 속도』 속 사회보다 훨씬 더 심각하기에 가족과 주변 사람들은 수술을 권유할 것이다. 루보다 더 강력한 사회적 압박 속에 놓여 있는 것이다. 『어둠의 속도』의 루는 상사로부터 가해지던 부당한 압박에서 벗어나고, 온전히 자신만의 결정을 할 수 있게 된 상황에서 고민 끝에 치료를

받기로 결심한다.[5]

『어둠의 속도』와 유사한 문제의식에 기반하지만 다른 결론으로 향하는 소설도 있다. 낸시 풀다Nancy Fulda의 단편 「무브먼트」[6]는 『어둠의 속도』와 마찬가지로 자폐인의 1인칭 서술을 통해 진행되는 과학소설이다. 그러나 여기에 등장하는 자폐 역시 현실의 자폐와 완전히 같은 개념은 아니다. 이 이야기에 등장하는 '시간적 자폐temporal autism'는 유전자 돌연변이의 결과로, 이것을 가진 사람들은 흘러가는 시간을 비자폐인과 다르게 경험하고 그로 인해 언어 능력이 감퇴하게 된다. 한나는 부모님이 자신의 치료를 결정하기 위해 나누는 대화를 엿듣는다. 10대인 한나가 치료를 받을지 말지에 대한 결정권은 부모에게 위임되어 있다. 발레에 뛰어난 재능이 있는 인물이기도 한 한나의 1인칭 서술은 장애가 단지 결함이기만 한 것이 아니라, 세계의 아름다운 움직임을 포착해내는 섬세한 능력이자 다양성의 일환일 수 있음을 보여준다. 한나는 자신의 시간적 자폐를 치료하기보다 유지하기를 원한다. 그는 자신이 세계를 바라보는 관점을 좋아하고 선호한다.[7]

---

5 이 결심의 과정은 치료의 장점과 단점을 당사자의 관점에서 살피며 매우 섬세하게 흘러가지만, 한편으로는 장애를 대하는 사회의 태도에 주목해왔던 앞의 문제의식을 약간은 흐리게 만들기도 한다.

6 2012년에 발표된 단편으로 휴고상, 네뷸러상 등 여러 문학상 후보에 올랐다. 한국어 번역본은 없지만 작가의 블로그에 전문이 공개되어 있다(http://www.nancyfulda.com/movement-a-short-story-about-autism-in-the-future).

루도 한나도 자신의 내면을 오랫동안 마주하며 스스로 결정을 내린다. 비슷한 관점으로 출발하지만 서로 다른 결론에 도달한 두 이야기는 발전한 미래, 장애를 기술로 '제거'하기를 선택할 수 있는 미래에도 여전히 장애는 복잡하고 논쟁적인 자리에 놓이게 될 것임을 암시한다. 장애를 치료하기를 원하는지 그렇지 않은지, 장애를 자신의 정체성으로 받아들일 것인지, 또는 치료를 선택하면서도 여전히 장애를 자신의 일부로 여길 것인지 누구도 한 사람의 삶과 경험을 자세히 들여다보지 않고서는 쉽게 말할 수 없다. 장애 정체성에는 간단히 단정 지을 수 없는 복잡하고 미묘한 여러 결이 깃들어 있기 때문이다.

어떤 SF가 현실의 장애 문제를 가져와 새로운 관점으로 다룬다면, 또 다른 SF는 가상의 존재들을 그려내 장애인들의 지지를 받는다. SF에 등장하는 수많은 괴물과 외계인들은 오랫동안 '비인간성'을 지닌 존재로 여겨졌다. 규범을 벗어나는 몸과 정신을 가진 그들은 인간의 세계를 침범하고, 오염시키고, 인간의 동질성을 위협하는 존재였다. 때로는 정신적, 신체적 장애를 가진 인물들이 인류의 적이라는 노골적인 설정으로 등장했다. 아이러니하게도 현실의 장애인 독자들은 이 '괴물'들에게 깊은 애정을 표

---

7 『어둠의 속도』와 「무브먼트」가 자폐를 치료하는 기술에 대해 서로 다른 결론을 내리는 것에 관한 분석은 Christy Tidwell, "Everything Is Always Changing", Kathryn Allan (eds), *Disability in Science Fiction: Representations of Technology as Cure*, Palgrave Macmillan, 2013을 참조했다.

해왔다. 특히 외계인들은 자폐인, 신경다양인들의 은유로도 흔히 여겨질 만큼 큰 연관성을 지닌다.

영화 〈스탠바이 웬디〉의 주인공 웬디를 살펴보자. 웬디는 지역재활센터에 거주하는 자폐인이고, 동시에 〈스타트렉〉 시리즈의 열렬한 팬이다. 〈스타트렉〉에는 이성과 논리로만 사고하는 벌컨 종족과 지구인 혼혈 스팍이 나오는데, 감정을 엄격하게 통제하는 벌컨의 특성 때문에 스팍은 지구인들과의 관계에서 많은 오해를 빚는다. 웬디는 그런 스팍에게 깊게 이입하고 스팍이 나오는 팬 시나리오를 쓴다. 〈스탠바이 웬디〉는 웬디가 팬 시나리오 공모전에 작품을 제출하기 위해 처음으로 혼자 긴 모험 길에 오르는 이야기다. 우여곡절 속에서 웬디를 목적지로 향하게 하는 것은 〈스타트렉〉 시리즈에 대한 열정이고, 영화 후반부에서 절망에 빠진 웬디를 구해내는 것도 같은 〈스타트렉〉의 팬이 건네는 '외계의 말'이다.

웬디의 이야기는 영화 바깥의 현실에 기반한다. 실제로 많은 자폐인들이 스팍 캐릭터에 애정과 연결감을 표해왔다. 널리 알려진 동물학자이자 자폐인인 템플 그랜딘Temple Grandin은 자서전 『나는 그림으로 생각한다』에서 스팍에 대한 자신의 동일시를 이야기했고, 스팍을 연기한 배우 레너드 니모이Leonard Nimoy가 세상을 떠나자 추모의 글을 통해 자폐인들이 스팍에게 갖는 특별한 마음을 알리기도 했다.[8] 인간과 같은 감정을 느끼지는 못하지만 언제나 인간을 관찰하고 분석하는 안드로이드 '데이터' 역시 템플 그랜딘이 좋아하는 캐릭터로, 스팍과 함께 자폐인 팬들에게 특히 인기가 많다고 알려져 있다. 이처럼 SF의 세계에 한 명의 동료로 자연스럽게 받아들여지는 다른 존재들이 등장할 때, 이들은 현실의 '다르게 살아온' 독자들에게는 연결감을 주고, 친구와 가족들에게는 그들의 생각과 감정을 이해할 수 있는 계기를 제공한다.

스티브 실버만이나 올리버 색스Oliver Sacks 같은 작가들이 자폐인들을 만나며 공통적으로 알게 되는 사실은 많은 자폐인들이 SF와 판타지 속 세계에 매우 열광한다는 점이다. 『뉴로트라이브』의 한 챕터는 자폐 커뮤니티와 SF 팬덤 간의 오랜 친연성의 역사를 추적한다. 자폐인 중 많은 수가 정량화된 데이터와 조직화된 시스템, 복잡한 기계에 매료되며, 그 관심은 쉽게 과학으로 향한다. 실버만은 많은 자폐인들이 아마추어 무선통신을 이용한 SF 팬덤 속에서 자신들의 공동체를 발견했다고 쓴다. 이러한 팬덤은 개개인의 별난 점과 차이, '괴짜다움'을 포용하는 당대의 드문 공동체였다. 실버만은 또한 SF의 확장에 크게 기여해 휴고상의 이름으로도 남아 있는 휴고 건즈백Hugo Gernsback도 자폐 스펙트럼에 속했을 가능성이 높다는 분석을 남긴다.[9] SF에 푹 빠

---

8 Temple Grandin, "The Effect Mr. Spock Had on Me", *The Conversation*, March 9, 2015.

9 스티브 실버만, 앞의 책, 6장(무선통신의 왕자).

져 있던 자폐인들은 이곳 지구보다 상상 속의 세계를 오히려 가깝게 여겼을지도 모른다. 템플 그랜딘은 신경의학자 올리버 색스와 나눈 대화에서 자신은 사람들 사이에 있을 때 화성의 인류학자가 된 기분이라고 말한다. "저기 보이는 사람들을 연구하는 기분, 원주민들을 파악하려고 애를 쓰는 기분이거든요."[10] 때로 자폐인들에게는 '신경전형성'을 가진 사람들이 같은 지구인이 아니라 화성인들처럼 당혹스러운 존재로 느껴지는 것이다.

자폐인이 아니더라도 이 사회에 자신을 위해 마련된 자리가 없다고 느껴본 사람이라면 자기 내면의 어떤 근본적인 소외감, '외계성'을 감각해본 적이 있을 것이다. 장애를 외계성으로 비유하는 것이 항상 적절하지는 않겠지만, 이 비유에서 적어도 한 가지 의미를 발견할 수 있다. 하나의 행성이든 우주선이든 어떤 공간을 공유하며 살아가야 하는 외계 종족을 만났을 때 함께 살아가기 위해 그들을 무작정 인간과 같아지도록 교정하는 것은 가장 폭력적인 해결책이 되리라는 것이다. 인류가 그보다 현명하다면, 다른 존재로서 서로를 조금씩 불편하게 만들고 또 서로 적응해가며 같이 살아가는 법을 찾으려 할 것이다. 인간으로의 일방적인 동화를 요구하는 대신 이 사회 속에 다른 존재들의 자리를 만드는 방식으로. 비록 픽션에서조차도 그 과정은 험난한 가시밭길이지만, 그럼에도 언제나 가볼 만한 가치가 있는 길이다.

10 올리버 색스, 이은선 옮김, 『화성의 인류학자』, 바다출판사, 2015, 365쪽과 376쪽.

사이보그 중립

장애가 사라진 미래가 올 수 있을까? 비장애중심주의, 즉 능력차별주의[11]는 취약한 몸, 손상된 몸, 의존하는 몸에 대한 혐오이며, 건강하고 탁월하고 독립적인 몸을 훨씬 더 가치 있게 여기는 관념이다. 취약하거나 건강한 몸으로부터 산출되는 능력은 언제나 상대적으로 평가되기 때문에, 능력차별주의가 미래에도 지배적인 이념으로 남아 있는 한 어떤 몸들은 늘 멸시의 대상이 된다. 지금 장애로 간주하는 것을 이후에 기술이 제거하거나 더 나은 상태로 만든다고 하더라도 또 다른 무언가가 장애의 자리에 있게 될 것이다. 노화와 질병과 죽음이 모두 사라진 다소 소름 돋는 유토피아를 만드는 게 아니라면, 아무리 발전한 미래라도 누군가는 상대적으로 '취약한 몸'을 가질 수밖에 없다. 놀라운 치료 기술이 계속해서 등장하더라도 말이다.

무르 래퍼티Mur Lafferty의 장편 『식스 웨이크』에는 휠체어를 타는 의사 조애나가 나온다. 이 소설은 DNA가 동일한 클론으로 정신을 옮겨 몇 번이고 다시 사는 것이 보편화된 미래를 배경으로 하는데, 조애나는 DNA 해커를 고용해 다리가 말라비틀어진 채로 태어나는 유전적 기형을 바로잡는다. 하지만 새로운 몸으

---

11 여기서는 장애 차별이 '능력 없음'을 멸시하는 총체적 차별이라는 의미를 드러내기 위해 능력차별주의로 썼다.

로 살게 된 후 새 다리가 '익숙하지 않다'는 것을 깨닫는다. 자신의 몸이라는 생각이 들지 않았던 것이다. 조애나는 다음 번 클론으로 옮길 때는 다시 원래대로 뒤틀린 다리를 달겠다고 결정하고, 장애를 가진 채로 살아가기를 선택한다. 조애나는 결국 장애인으로 남았지만 그것이 불행한 선택은 아니었다. 나는 이 조애나라는 인물이 장애의 미래, 미래의 장애 정체성에 대해 많은 것을 이야기해준다고 생각한다. 장애는 그 사람의 삶에 새겨지는 경험이며, 치료가 반드시 답이 될 수는 없고, 어떤 이들은 장애인으로 살아가기를 선택할 수도 있다는 점에서 말이다.

현실에도 이미 조애나와 비슷한 사례가 있다. 올리버 색스는 『화성의 인류학자』에서 평생 시각장애인으로 살다가 수술로 시력을 회복한 버질이라는 남자의 이야기를 다룬다. 시각장애인으로 살던 버질은 실명된 눈을 다시 검진해보았다가 백내장 수술을 통해 시력을 회복할 수 있다는 진단을 받는다. 가족들은 버질이 시력을 회복하는 '기적의 순간'에 감격의 눈물을 흘리지만, 정작 버질의 시력 회복 과정은 혼란스럽기만 하다. 그는 수술 이후에 색상과 움직임, 형체를 볼 수 있었지만 그것을 인식하는 시각 기억이 없었다. 시력을 되찾았지만 오히려 보이는 세계에 당혹감을 느끼고, 예전처럼 시각장애인으로 살아갈 수도 없어 갈등하던 버질은 폐렴과 합병증으로 우연히 2차 실명을 맞는다. 버질이 다시 촉각의 세계로 돌아와 느낀 것은 절망이 아니라 '제 집 같은' 편안함이다. 그는 낯선 자극의 세계에서 혼란을 겪다가 비로소 본래 자신이 속해 있던 친밀한 감각의 세계로 돌아간 것이다.[12] 장애를 가지고 살아간다는 것은 장애인의 몸으로 물질세계와 직접 상호 작용하는 구체적인 경험이고, 그 경험은 개인의 자아와도 밀접하게 연결된다. 조애나가 건강한 복제로 태어날 수 있었음에도 다시 뒤틀린 다리를 가진 몸으로 돌아간 것과도 통하는 일이다.

어쩌면 미래의 기술, 미래의 과학은 장애인들에게 지금보다 더 많은 선택지를 제공해줄지도 모른다. 그렇다면 그 발전은 분명히 좋은 일이다. 하지만 그것이 '장애의 종식'을 의미하지는 않는다. 우리는 결함 없는 완전한 기술을 거머쥘 수 없고, 불멸에 도달할 수도 없다. 대신 우리는 다른 대안을 생각해볼 수 있다. 바로 능력차별주의를 끝내는 것. 그것은 손상과 취약함, 의존에 대한 우리의 근본적인 태도를 바꾸는 것이다.

작년 봄, 짧은 소설을 하나 의뢰받았다. '바디 포지티브body positive', 즉 자기 몸 긍정하기 운동이 주제였다. 바디 포지티브는 주로 해외 패션업계에서 이끄는 캠페인으로 시작되었는데, 아주 마른 체형의 모델이나 글래머러스한 연예인을 미의 획일적인 기준으로 삼는 대신 다양한 몸의 아름다움을 긍정하자는 취지였다. 하지만 바디 포지티브가 여성에 대한 또 다른 억압으로 작용하거나 패션업계의 마케팅 문구로만 활용된다는 비판도 이

---

12 올리버 색스, 앞의 책, 173~225쪽.

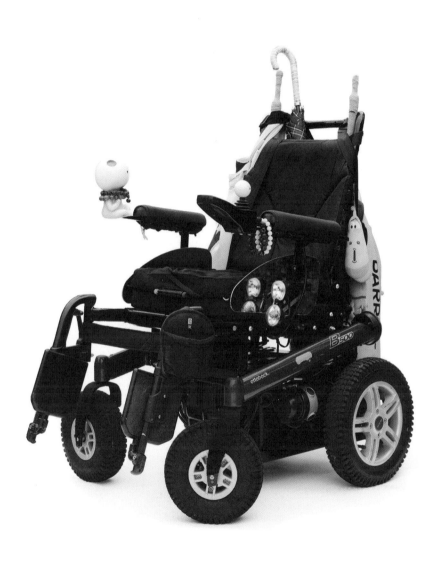

"장애를 가지고 살아간다는 것은 장애인의 몸으로 물질세계와 직접 상호 작용하는
구체적인 경험이고, 그 경험은 개인의 자아와도 밀접하게 연결된다."

어졌다. '모든 여성은 아름답다'는 말은 결국 여성에게 아름다움의 가치를 요구하는 것이고, 이러한 요구는 다양한 몸을 아름답게 보이기 위해 끊임없이 무언가를 소비하게 만들기 때문이다. 이후에 '자기 몸 긍정' 대신 '자기 몸 중립body neutrality'이 더 나은 방향이라는 의견이 나왔다.[13] 모든 몸의 아름다움을 찾는 대신 우리 몸이 굳이 아름다울 필요는 없다고 생각하자는 것이고, 자신의 몸에 굳이 찬사를 보내는 대신 '중립'적인 태도를 취하자는 것이다.

나는 '#Cyborg_positive'라는 제목의 소설을 썼다. 사고로 눈을 잃은 후 인공 눈을 착용하기 시작한 리지의 이야기였다. 소셜 미디어에서 인기를 끌고 있는 리지는 일상 브이로그나 인공 눈리뷰 영상을 찍어 올려 인공 신체도 미적으로나 기능적으로 원래 신체만큼 혹은 원래 신체보다 더 훌륭할 수 있다는 것을 보여준다. 장애인 사이보그에 대한 편견과 멸시를 정면에서 깨부수는 인물인 셈이다. 그런데 인공 눈을 제작하는 회사에서 리지에게 '모든 사이보그는 아름답다'라는 취지의 사이보그 포지티브 캠페인의 모델이 되어달라는 제안을 하자, 리지는 제안을 수락해도 될지 한참을 고민한다. 문득 리지는 '보통 눈'을 가진 소녀들이 리지의 아름다운 기계 눈을 동경하면서 달던 댓글들을

---

13 Anna Kessel, "The Rise of the Body Neutrality Movement: 'If You're Fat, You Don't Have to Hate Yourself'", *The Guardian*, July 23, 2018.

떠올린다. "저도 언니처럼 예쁜 기계 눈을 달고 싶어요." 사이보그 눈의 아름다움을 강조하는 일은 결국 아름답지 않은 눈과 아름다운 눈 사이에 또 다른 위계를 만들지도 모른다. 리지는 결론을 내리지 못하고, 한 페이지 분량의 이 짧은 소설은 리지가 망설이는 장면에서 끝이 난다.

말하자면 나는 '사이보그 중립'의 개념을 생각해보고 싶었다. 현재 장애인 사이보그들의 삶은 장애의 낙인에서 결코 자유롭지 않지만, 한편으로 사이보그 기술은 인간의 향상과 직접적으로 맞닿아 있다. 아마도 기술이 지금보다 많이 발전한다면 사이보그를 패션의 아이콘이나 멋진 이미지로 장식하는 것은 그다지 어려운 일이 아닐 것이다. 사이보그는 언제나 멸시와 우월 사이에 있는 위태롭고 불안정한 존재다. 그렇다면 트랜스휴먼의 최전선에 서 있는 아이콘이 아닌, 마주치는 사람마다 인상을 찌푸리는 소외된 기계 인간도 아닌, 단지 인간이 가진 하나의 중립적 특성으로서 '사이보그성'을 상상할 수 있을까. '사이보그 중립'에는 몸의 위계를 줄 세우고 적합한 몸만을 세계의 구성원으로 받아들이는 정상성 규범에 저항하는 일이 전제된다.

몸의 위계, 능력의 위계가 사라진 세계를 상상하는 것은 쉽지 않다. 부적절한 신체를 가진 사람들이 차별에서 자유로울 세계를 그려보는 것조차 막연하고 어렵다. 차라리 인간이 죽음, 노화, 질병으로부터 자유로워진 세계를 묘사하는 것이 더 쉬울지도 모르겠다. 그렇지만 설령 그것이 아주 어려운 상상이라고 해도 나는 모든 사람이 '유능한' 세계보다 취약한 사람들이 편안하게 제 자신으로 존재하는 미래가 더 해방적이라고 믿는다. 어떤 손상도 존재하지 않는 것처럼 보이는 미래보다는 고통받는 몸, 손상된 몸, 무언가를 할 수 없는 몸들을 세계의 구성원으로 환대하는 미래가 더 열려 있다고 믿는다.

그러기 위해 우리가 미래에 개입할 수 있다는 인식에서, 그리고 밀려오는 미래를 그저 받아들이는 것이 아니라 우리가 미래의 방향을 바꿀 수도 있다는 감각에서 출발하고 싶다. 다른 존재들이 하나의 공간을 공유하며 살아가는 우주선을 다시 설계해보자. 그러한 설계에는 수많은 사람들의 도면이 필요할 것이다. 우리는 각자가 가진 도면을 교환하고 살펴보며 단 한 사람에게 맞춰진 도면이 얼마나 많은 존재들을 배제하는지 알게 될 것이다. 지금까지의 세계가 얼마나 일부의 사람들에게만 맞춰진 세계였는지, 그 공간에 맞지 않는 수많은 이들을 격리하고 밀어냈는지 또한 알게 될 것이다. 그러나 우리가 그 무수한 도면을 함께 살피고 계속해서 수정해나간다면, 지금과는 다른 미래를 만들어갈 수 있을지도 모른다. 기술과 긴밀히 결합하고 얽히면서 '접근 가능한 세계'를 구성하는 장애인 사이보그들의 경험은 그 과정에서 중요한 역할을 할 것이다. 지금 이곳에서 바라보는 미래에는 현재 우리가 가진 가치와 지향이 투영되기에 그것은 자기실현적 예언이기도 하다.

이제 나는 우리가 다른 미래에 도달하는 상상을 한다. 그 미래는 건강하고 독립적인 존재들만의 세계가 아니라 아프고 노화하고 취약한 존재들의 자리가 마련된 시공간이다. 그리고 서로의 불완전함, 서로의 연약함, 서로의 의존성을 기꺼이 받아들이는 세계이다. 그곳에서는 삐걱대는 로봇도, 허술한 기계 부품을 드러낸 사이보그도 완전한 타자가 아닐 것이다. 그들은 이미 미래의 일부일 것이다.

10장   잇닿아 존재하는 사이보그

김원영

두 발로 선다면 의존하지 않아도 될까

2004년 서울대 황우석 교수 연구팀이 인간 배아 줄기세포 복제에 성공했다는 내용을 담은 논문을 발표하자 세계의 이목이 집중되었다. 언론은 "산업혁명에 버금가는 성과"라고 보도했고 한국 정부는 황우석 교수 연구팀에 265억 원이 넘는 지원을 약속했다. 과학계만이 아니라 거의 모든 국민이 황우석의 연구를 주목하고 응원했다. 특히 만성질환자나 장애인, 그 가족의 지지가 무척 높았다. 2005년 11월 황우석 교수의 줄기세포 연구를 지원하기 위해 난자기증재단의 설립을 주도한 사람들도 장애인과 그 가족이었다. 재단 이사장을 맡은 사업가 이수영 씨의 남편은 사고로 중증 장애를 가지게 되었으나 미국 뉴욕에서 검사로 일하면서 이름이 알려진 한국계 미국인 정범진 씨였다. 한국척수장애인협회장 정하균 씨가 창립 발기인으로 참여했고 재단의 이사를 맡았다. 난자기증재단에 대한 국민의 호응이 높아서 재단 설립 이틀 만에 70명이 난자 기증을 약속했다.[1]

물론 우리가 알고 있듯이, 인간 배아 줄기세포를 복제했다는 연구 논문은 황우석 연구팀의 조작이었음이 판명되었다. 이 사

---

1 재단 설립 행사에 참석한 사람들이 난자 기증 의사를 밝혔고, 이 가운데는 40대 어머니와 20대 딸 둘이 함께 기증을 약속한 경우도 있었다(「"연구용 난자 기증" 민간 재단 출범」, 『중앙일보』, 2005년 11월 22일).

실이 밝혀진 후에도 황우석이 재직했던 서울대학교 정문 앞에서
는 지지자들이 한동안 시위를 계속했고, 그 가운데는 휠체어를
탄 장애인도 있었다. 언젠가는 걸을 수 있다는 꿈을 꾸던 사람들
은 서울대 조사위원회의 공식 발표를 믿지 않았다. 사실 난자기
증재단이 설립될 당시는 이미 황우석 교수의 연구가 조작이라는
제보와 언론 보도가 잇따르던 때였다. 정하균 한국척수장애인협
회장은 2006년 조작 사실이 확인된 시점에도 "지금 곧바로 증명
이 되지 않는다고 줄기세포가 없다고 생각하지 않는다"라고 말
했다(이는 마치 "없음이 입증되지 않는 한 우리는 믿는다"라는 신 존재 증
명과 닮았다).[2]

어떤 배경이 있었기에 이 사기극이 모든 국민을 열광시킨 걸
까. 물론 황우석의 연구 성과가 '산업혁명'에 해당한다면, 과거
영국이 세계를 지배했듯이 대한민국이 줄기세포 연구를 앞세워
경제 대국이 될지도 모른다는 기대가 모두에게 있었다. 하지만
그것만이 아니다. 2005년 2월 우정사업본부가 황우석 교수의
연구 성과를 기념하기 위해 발행한 '인간 복제배아 줄기세포 배
양 성공 특별' 기념우표 속 이미지에 주목해보자.

우표 속에서 휠체어를 탄 남성은 조금씩 몸을 일으키다가, 마
침내 두 발로 서서 휠체어를 버리고 앞에 서 있는 여성에게 달
려가 안긴다(성별이 명시되어 있지는 않으나 그림으로 디자이너의 의도

---

2 「황 교수 "난자 제공 팬 줄기세포 재연"」, 『서울신문』, 2006년 1월 2일.

'인간 복제배아 줄기세포 배양 성공 특별' 기념우표(출처: 우정사업본부)

를 쉽게 짐작할 수 있다). 줄기세포 연구를 비롯해 최첨단 생명공학 연구들은 흔히 윤리적 논쟁을 불러온다. 인간이 신이나 자연에게만 허락된 영역을 침범하는 것으로 보이기 때문이다. 이럴 때 훌륭한 디자이너라면 이 줄기세포 연구가 절대 인간성과 멀어지는 길이 아니라, 오히려 더욱 '인간적인' 길임을 보이고 싶을 테다. 황우석 기념우표의 유능한 디자이너는 그래서 가장 '인간적인' 상징을 들고 나온다. 장애라는 역경을 이겨내고 마침내 온전한 인간이 되어 다른 온전한 인간과 포옹하는 이미지를. 왜 이이미지는 그토록 '인간적'일까?

돌봄care은 우리 삶의 근본 조건이다. 어린아이 시절 우리는 전적으로 어른의 돌봄에 의존했으며, 나이가 많이 들면 다시 누군가에게 의지할 것이다. 젊은 시기에도 병에 걸리면 누군가의 돌봄을 받아야 한다. 많은 이들이 자기 몸을 스스로 가눌 수 없을 만큼 나이가 들었을 때나 알츠하이머(치매)가 찾아온 미래를 떠올려보라고 하면 "아이고, 빨리 죽어야지!"라고 답한다.[3] 의존은 ('휴머니즘적 주체'인) 우리에게 공포다. 나이가 들든, 사고나 질병으로 걷지 못하게 되든, 얼마의 시간이 지나면 우리는 자신의 몸에 나름대로 적응할 수 있다. 하지만 내가 의존적인 존재로 규정되는 일에는 아무리 오랜 시간이 흘러도 적응하기 어렵다.

돌봄을 받는 일은 두렵지만 누군가를 돌보는 일도 그만큼 버겁다. 우리 사회에서 취약한 사람을 돕는 역할은 거의 그 가족이 전담한다. 노화를 포함한 '불치병'은 가족 전체의 어려움이나 비극으로 여겨진다. 그리고 돌보는 사람은 많은 경우 여성이다. 한국 사회에서 여성은 남성보다 훨씬 긴 시간 돌봄 노동을 수행한다.[4] 오랜 기간 여성의 돌봄은 경제적, 사회적 가치를 가지는 일로서 존중받지 못하고 비가시화되었다. 다른 한편으로 여성 가족이나 연인은 독립성의 위기에 처한 '휴머니즘적 인간(남성)'을 헌신적으로 돌볼 때 숭고한 사회적 서사의 조연으로 재탄생하곤 했다. 클론이라는 팀으로 활동하며 최고의 인기를 얻었던 가수 강원래 씨가 교통사고로 척수장애인이 되었을 때, 그의 곁을

---

3 전희경, 「시민으로서 돌보고 돌봄 받기」, 생애문화연구소 옥희살롱 엮음, 『새벽 세 시의 몸들에게: 질병, 돌봄, 노년에 대한 다른 이야기』, 봄날의책, 2020, 48쪽.

4 통계청 생활시간조사에 따르면, 기혼 여성은 직장 생활을 하는 경우에도 무직인 남편보다 돌봄·가사 노동을 3배나 많이 하는 것으로 나타났다. 일하는 여성은 돌봄 (33.4분)과 가사(174.9분)에 하루 평균 208.3분을 쓴 반면, 남성은 무직인 경우에도 돌봄(18.2분)과 가사(54분)에 72.2분을 썼다(「돌봄·가사 노동, 일하는 아내 하루 208분… 무직 남편은 72분」, 『중앙선데이』, 2018년 4월 21일).

지키는 아내 김송 씨의 헌신이 특히 화제가 되었다. 이수영 씨는 IT업계의 성공한 사업가로 이미 유명세가 있었으나 대중 일반에게는 중증 장애인 엘리트 남성 법조인과의 바다를 건넌 사랑으로 더 크게 알려졌다. 이수영 씨의 '헌신적인 순애보'는 큰 화제를 낳았다.

황우석의 연구는 그가 의도했든 아니든 바로 이 돌봄의 비극과 돌보는 사람의 '숭고한 보호자 서사'에 적극 개입했다. 그는 2005년 KBS 간판 프로그램 〈열린음악회〉에 출연했을 때 강원래 씨가 휠체어를 타고 무대에 오르자, "강원래가 다시 걷는 것을 보고 싶다"고 의미심장하게 말하기도 했다. 뛰어난 사업가로서가 아닌, 정범진이라는 장애인 엘리트 남성의 배우자로서 이수영 씨는 황우석의 연구를 지원하기 위한 난자기증재단의 이사장을 맡았다.[5]

이처럼 기념우표의 이미지는, 황우석의 연구가 대중의 열광 속에서 비판적 논의의 대상이 되지 못한 데에는 돌봄을 향한 우리 사회의 특정한 태도가 작용했음을 상징적으로 보여준다. 누군가의 도움을 받아야 하는 '비극적' 처지에 놓인 남성이 황우석 교수의 줄기세포 연구 덕분에 휠체어를 버리고 자신의 두 다리로 벌떡 일어나 그동안 자신을 위해 헌신한 (비장애인) 여성 가족과 포옹한다. '돌봄의 비극'을 극복하고 그간 헌신해온 사람을 해방시키는 이 기술을 누가 문제 삼을 수 있을까(나는 지금 강원래 씨나 김송 씨를 비롯해 사랑하는 사람을 돌보고 지지하는 개개인의 구체적인 관계에 대해 논평하는 것이 아님을 분명히 하고 싶다. 내가 뭘 안다고 그럴 수 있을까? 나는 이러한 관계들에 부여되는 사회적 의미와 해석에 관해 말하는 중이다)?[6]

돌봄이 필요한 가족을 돕는 일은 어렵고 힘들며, 긴 시간 누군가의 곁을 지키는 사람들의 행위에는 숭고하고 아름다운 면이 있다. 이들을 조금이라도 도울 수 있는 좋은 기술이 있다면

5 이수영 씨는 언론과의 인터뷰에서 자신이 난자기증재단 이사장을 맡은 취지가 장애인 가족을 두었기 때문이기도 하지만, 난자 기증의 절차를 보수적으로 수립해 여성의 건강을 보호하려는 취지라고도 밝혔다(「난자 기증 오해 풀어달라」, 『미디어오늘』, 2005년 12월 11일). 이러한 노력은 실제로 절실했다. 난자를 기증했던 여성 가운데 일부는 부작용에 시달렸다. 미즈메디병원 등에서 채취 시술을 받고 후유증에 시달리던 여성들이 병원과 국가를 상대로 소송을 제기했다. 난자 채취 후 14개월이 지난 시점에 대한민국을 상대로 손해배상 청구 소송을 제기했던 피해 여성은 "난자 채취의 위험성이나 부작용에 대해 전혀 설명을 듣지 못했"으며 "동의서 작성 시 부작용에 대한 언급은 있었지만, 제가 겪은 고통에 비하면 경미한 것이었고, 불임이나 사망에 이를 수 있다는 사실은 전혀 몰랐"다고 말한다. "지금도 지속성 신체장애와 불면증, 식욕 부진 등의 증상을 겪고 있는데, 그것보다 더욱 두려운 건 향후 불임이 될 수도 있다는 것입니다."(「[현장] 난자 채취 그 후… '회한과 분노'의 14개월」, 『한겨레』, 2006년 4월 21일)

6 생명윤리 논쟁에서 대체로 보수적인 입장을 대변하는 가톨릭계조차 한국에서는 강력한 반대 의견을 내지 못했다. 정진석 당시 대주교가 황우석 교수의 연구에 반대한다는 의견을 내자 서울대교구가 부랴부랴 이를 해명하는 언론 보도자료를 뿌릴 정도였다. 서울대교구는 "가톨릭의 공식 입장은 황우석 교수의 연구 전체를 반대하는 것이 아니라 인간 배아 줄기세포 연구를 반대하는 것"이라고 해명했다. 그러면서 "배아 줄기세포 연구를 반대한다고 해서 마치 가톨릭교회가 난치병 환자의 고통과 아픔을 외면하고, 마치 난치병 치료의 새로운 방법 자체를 부인하고 있는 것으로 오해하고 있는 것 같아 안타깝게 생각한다"고 밝혔다(「가톨릭 "황우석 교수 연구 전체 반대는 아니다"」, 『중앙일보』, 2005년 6월 12일).

마다할 이유가 없다. 또한 난자나 혈액 등 인체유래물[7]을 잘 검토된 신중한 절차에 따라 기증한다면 윤리적으로 문제라고 보기 어렵다. 그렇다고 해도 누군가에게 의존하는 삶이 언제나 비극은 아니며, 누군가를 돌보는 삶도 그저 동정의 대상이나 숭고한 예찬의 조건으로만 이해될 수 없다. 돌봄은 관계의 문제이므로 휠체어를 탄 남자가 벌떡 일어선다고 해서 그에게 돌봄 노동을 제공하던 여성이 반드시 '해방'되는 것도 아니고, 휠체어를 타는 사람이 언제나 돌봄을 받기만 하는 수동적인 존재인 것도 아니다. 사람과 사람 사이의 관계에 대한 성찰을 결여하고 누군가를 돕기 위한 기술에 열광한다면, 자칫 서로에 대한 착취를 강화할 위험이 있다.

돌보고, 돌봄을 받는 사람들을 '구원'하는 기술이 아니라, 돌보는 일을 돕고 돌봄을 받는 사람이 더 잘 돌봄을 받도록 돕는 기술도 가능할까? 인간의 의존성을 긍정하고 더 잘 의존하도록 만드는 기술에 대해 이야기해보자.

7　인체유래물人體由來物이란 인체로부터 수집하거나 채취한 조직·세포·혈액·체액 등 인체 구성물 또는 이들로부터 분리된 혈청, 혈장, 염색체, DNA(Deoxyribonucleic acid), RNA(Ribonucleic acid), 단백질 등을 말한다(「생명윤리 및 안전에 관한 법률」제2조 제11호).

나를 돌보는 로봇, 내가 돌보는 로봇

전쟁에서 경추 손상을 입은 미국의 상이군인 로미 카마고 Romy Camargo의 집에 2017년 토요타가 개발한 인간지원로봇Human Support Robot(HSR)이 도착했다. 로미는 목 아래부터 전부 마비된 상태로, 호흡을 이용해 전동 휠체어를 조작한다. 들숨과 날숨, 숨의 크기와 길이로 조이스틱을 제어하고 휠체어를 움직인다. 하지만 물을 마시거나 창문을 여는 등 복잡한 일상 동작은 어렵다. 이때 HSR이 그를 돕는다. 음성으로 된 명령을 받으면 HSR은 바퀴로 굴러가 '상체'에 달린 로봇 팔로 물통을 집어 들고, 로미에게 다가와 로미의 얼굴까지 팔을 들어 올려 물을 먹여준다. 문을 열거나 닫고, 포크와 숟가락을 이용해 음식 먹는 일도 도울 수 있다.[8] 이미 일본의 병원에서는 다양한 형태와 기능을 가진 HSR이 상용화되어 있다. 조지아공학연구소는 2010년 코디Cody라는 이름의 목욕 로봇을 개발했다. 코디는 피부의 색조를 구별해 각질 부위를 인식하고, 목욕이 어려운 노인이나 장애인의 때를 96퍼센트까지 제거한다. 파나소닉은 24개의 손가락 기구와 각각에 부착된 센서로 머리를 감겨주는 로봇을 2012년 개발했다.[9]

---

8 April Glaser, "Watch Toyota's New Robot Assistant Help a Disabled American Vet", *Vox*, June 30, 2017.

9 송영애·김현정·이현경, 「간호, 로봇, 과학기술 혁명: 간호 업무 지원을 위한 로봇 시스템」, 『노인간호학회지』, 특별호, 2018, 146~147쪽.

움직이기 어려운 사람들의 신체 활동을 보조하는 것 외에도 정서적인 지원을 위한 로봇도 진작부터 연구, 개발되어 우리 삶에 도입되었다. 파로Paro는 이 역할을 성공적으로 수행한 대표적인 로봇이다. 2001년 일본 산업기술총합연구소가 개발한 파로는 아기 하프물범을 닮았다. 표면은 보송보송한 털로 덮여 있다. 쓰다듬거나 부르면 특유의 소리를 내면서 반응한다. 파로는 병원이나 집에서 주로 혼자 시간을 보내는 노인의 곁을 마치 반려동물처럼 지킨다. 2014년 소프트뱅크 사는 인간의 목소리, 얼굴 표정, 신체의 움직임을 더욱 정교하게 인식하고 사람과 대화하는 휴머노이드 로봇 페퍼Pepper를 출시했다. 페퍼는 일본의 백화점과 가정은 물론 영국의 병원 등에서도 이미 상용화되어 있다.[10] 어린아이 정도의 키에 상반신은 눈코입이 있는 얼굴, 양 팔과 가슴 모니터로 이루어져 있고, 인어공주를 닮은 하체의 바닥에는 바퀴가 눈에 잘 띄지 않게 부착되어 있다. 페퍼는 대화하고, 춤추고, 사람을 따라 움직인다. 자녀를 독립시킨 일본의 노인들은 페퍼와 이야기를 나누고, 카드 게임을 하며, 페퍼에게 전통의상을 직접 만들어 입히고 함께 춤을 춘다.[11]

우리의 몸과 마음을 이처럼 로봇에게 맡겨도 괜찮을까? 우리

---

10 송영애·김현정·이현경, 앞의 글, 148쪽.

11 Journeyman Pictures, 「Japanese Robots are Challenging What it Means to be Human」, 2017년 4월 20일(https://youtu.be/SlmkFqKDN1M). 이 다큐멘터리 영상은 일본인들이 로봇과 맺는 관계를 생생하게 묘사한다.

나라 노인 전문 요양시설에 입원한 65세 이상 알츠하이머 환자를 대상으로 파로의 효과를 연구한 한 논문은 환자들이 파로와 함께 지낸 후 기분이 좋아지는 등 긍정적 정서가 증가하고, 문제 행동 점수는 낮아지는 효과가 있었다고 보고한다.[12] 2018년 40대 이상의 일본인 1238명을 대상으로 오릭스리빙 사가 시행한 조사에서는 조사 대상의 84.3퍼센트가 로봇에게 돌봄을 받는 데 긍정적이라고 답했다.[13] 사람들은 돌보는 로봇에 그다지 거부감을 느끼지 않는다.

로봇에게 돌봄을 받는다면, 매일 같은 방식으로 일정한 돌봄을 안정적으로 받을 수 있어 좋을 것이다. 로봇은 감기에 걸리지도 않고, 주식 투자를 하거나 고양이를 기르지도 않으므로 특별히 기뻐서 덜렁대거나, 너무 슬픈 채로 나를 도우러 오지는 않을 테니 말이다. 성별도 없고 사람과의 사이에서 쉽게 발생하는 권력 차이도 없다. 용변이나 목욕에 도움을 받아도 로봇이라면 수치심이 들지 않을 것이다. 이렇게 본다면 돌봄 테크놀로지의 발전은 장애나 질병 여부를 떠나 우리 대부분이 100세 내외까지 살게 될 시대에, 우리가 존엄하게 삶의 마지막 순간까지 자율적이고 독립적인 주체로 우리 자신을 지킬 수 있는 축복처럼 보인다.

---

12 송정희, 「치매 노인에 대한 동물로봇 매개 중재 프로그램의 효과」, 『대한간호학회지』, 39권, 4호, 2009, 562~573쪽.

13 "Over 80% of Japanese Positive about Robotic Nursing Care", *Japantimes*, November 15, 2018.

타인의 얼굴을 보지 않아도 되는 삶

　내가 열다섯 살 무렵 PC통신에도 접속할 수 없던 시골 마을에 전화 사서함이라는 일종의 만남 플랫폼이 유행했다. 특정 번호로 전화를 걸어 자신의 사서함을 개설해두고, 서로 무작위로 사서함 번호를 눌러 자기 소개와 전화번호를 담은 메시지를 남기고는 응답이 오기를 기다리는 식이었다. 이 플랫폼을 통해 나는 거의 처음으로 또래의 이성 친구를 여러 명 사귈 수 있었다. 물론 그 친구들에게 나는 강릉에 위치한 중학교에 다니고, 농구를 좋아하고, 자전거를 자주 타며, 공부도 잘하는 남자아이였다(현실에서는 온종일 방 안에 갇혀 만화 『슬램덩크』를 읽고, 혼자 팔굽혀펴기를 하고, 바닥에서 빙그르르 돌고, 16비트 게임을 하루 3시간씩 했다).

　전화 속 나의 '아바타'는 인기가 많았고 누구보다 당당했다. 하지만 당시 알게 된 이성 친구 중 누구와도 나는 실제로 만나지 않았다. 거짓말을 무마해도 좋을 만큼 정서적으로 가깝다고 믿었을 때조차 그랬다. 그중 한 명에게는 내가 장애인이고, 학교에 다니지 않으며, 자전거는커녕 휠체어도 타지 않고, 농구를 좋아하지만 집 안에서 혼자 만화책을 보다가 플라스틱 골대에 작은 공을 던져 넣을 뿐이라고 털어놓았다. 그래도 그 아이는 내게 만나자고 제안했는데, 나는 결국 이리저리 둘러대며 거절했다. 나를 설명하는 정보의 집합을 솔직하게 고백했지만 그것이 전부가 아니었던 셈이다. 나는 '몸'을 가진 인간으로서 타자를 대면

할 수 없었다.

만약 내가 지금처럼 소셜 네트워크 서비스SNS를 비롯해 디지털 세계 안에서 사람들과 교류하는 플랫폼이 넘치는 시대에 살았다면 훨씬 덜 외로웠을 것이다. 할머니가 내 점심을 차려주기 위해 굳이 밭일을 멈추고 오지 않더라도 배달 앱으로 쌀국수를 시켜 먹고, 온라인 게임을 하다가 검정고시 준비 동영상 강의를 듣고, 운 좋게 대학에 진학하면 줌zoom을 통해 교수의 강의를 들으며 대학 교육을 받았을지 모른다. 굳이 내 몸으로 타인과 마주하지 않고도, 휠체어에 파묻힌 내 모습을 직면하기 위해 정체성의 혼란을 겪지 않고도 페이스북과 인스타그램에 꽤 그럴싸한 포스팅을 주기적으로 올리며 나름의 사회적 인격으로 살아갔을 테다.

윤리학자 아만다 샤키Amanda Sharkey와 노엘 샤키Noel Sharkey는 노인을 위한 돌봄 테크놀로지에 관한 논의에서 몇 가지 문제를 제기한다. 로봇이 알아서 우리의 신변을 돌보고, 스마트 홈 시스템이 자체적으로 집 전체를 관리, 제어하며 안전을 확보하고, 파로나 페퍼와 같은 반려 로봇이 우리 곁을 지킬 때 우리가 자기 삶에 대한 통제력을 지나치게 잃어버릴 우려는 없을까? 화재를 감시하거나 혼자 있다가 넘어졌을 때 119를 출동시킨다는 명목으로 나이 든 우리의 일상이 전부 모니터링된다면, 우리는 사생활을 지닌 개인이 아니라 그저 안전과 보호의 대상으로만 존재할 가능성이 있다. 무엇보다 아만다와 노엘이 지적하는 중요한

문제는 돌봄 테크놀로지의 발전이 노인들의 사회적 접촉 기회를 앗아갈지도 모른다는 것이다.[14]

장애인이나 노인 등 돌봄이 필요한 사람들(특히 도시에 사는 이들) 다수는 집에서 혼자 시간을 보낸다. 이들이 얼굴을 맞대고 상호 작용하는 대상은 가족의 일부 또는 요양보호사나 활동지원사뿐이다. 노인회관이나 복지관마저 없다면 낮 시간에 사람과 교류할 기회가 거의 없다. 발전된 돌봄 테크놀로지가 지금처럼 활발히 도입되어 토요타의 인간지원로봇이 혼자 살면서 거동이 어려운 사람의 식사를 차려주고, 페퍼가 말동무가 되어주며, 파나소닉의 로봇이 머리를 감기고, 조지아공학연구소의 목욕 로봇이 피부 각질의 96퍼센트를 알아서 벗겨준다면, 그나마 가끔 얼굴을 내밀던 가족이나 요양보호사, 활동지원사가 찾아오는 시간도 크게 줄어들지 않을까?

물론 굳이 직접 만나야 하느냐고 되물을 수 있다. 노인들이 쉽게 사용할 수 있는 인터페이스를 통해 멀리 떨어진 가족이나 사회복지사 등과 화상으로 만나게 해주는 로봇들도 있다. 영국과 미국의 스타트업들이 개발한 루디Rudy, 엘리큐ElliQ 등이 그런 예다. 이 로봇들은 지금 우리가 일상에서 사용하는 인공지능 스피

14 Amanda Sharkey and Noel Sharkey, "Granny and the Robots: Ethical Issues in Robot Care for the Elderly", *Ethics and Information Technology*, Vol. 14, No. 1, March 1, 2012, pp.27-40.

커보다 정서적인 교류 기능이 뛰어나고, 더 접근이 쉬운 인터페이스에 바탕을 둔다. 이용자와 직접 대화하고, SNS와 연계해 외부 사람들과 집 안에 혼자 머무는 사람을 편리하게 연결한다. 사회적 상호 작용 자체를 높이는 데에는 이러한 종류의 테크놀로지를 적극 도입하는 것이 효과적일 수 있다.

그럼에도 우리가 누군가를 실제로 만나는 '대면face-to-face' 상호 작용의 가치를 포기해도 괜찮을지에 대해서는 여전히 의문이 남는다. 우리 인간이 완전히 디지털 세계의 '정보 패턴'으로 전환되지 않는 이상, 몸(얼굴)을 지닌 타인과 가까운 거리에서 마주했을 때 일어나는 의사소통 경험을 디지털 인터페이스가 그대로 구현할 수는 없기 때문이다(아주 먼 미래에는 달라질지도 모르지만). 같은 시공간에서 우리가 어떤 존재와 대면하는 것, 철학에서 현전presence이라고도 부르는 이 만남의 힘은 공연 예술을 생각해 볼 때 명료해진다.[15] 유튜브에서도 〈백조의 호수〉나 〈지젤〉 같은 고전적인 발레 작품의 수준 높은 공연을 관람할 수 있지만, 발레 팬들은 큰돈을 주고 직접 공연을 보러 예술의 전당을 찾아간다. 영국 국립극장에서는 NT Live라는 서비스를 통해 세계적 수준의 공연을 유튜브와는 비교가 되지 않는 화질과 음향으로 제공

---

15 철학자 휴버트 드레이퍼스Hubert Dreyfus는 인터넷이 세계를 온전히 연결하기 어려운 한계의 근거로 '현전성'을 강조한다(휴버트 드레이퍼스, 최일만 옮김, 『인터넷의 철학』, 필로소픽, 2015).

하며, 이는 우리나라 국립극장의 거대한 스크린에서 상영되기도 하지만 역시 배우의 몸과 호흡을 경험하는 현장 공연과 비교하기는 어렵다. 우리는 어떤 사람과 하나의 시공간을 점유할 때에만 이미지와 소리에 제한되지 않는 풍부한 총체를 경험할 수 있다.

내가 나의 '아바타'를 버리고 휠체어를 탄 채 누군가를 직접 만나는 부담을 떨쳐낸 시점은 어쩔 수 없이 세상에 나와 다양한 경로로 타인들을 만난 후였다. 지하철에서 마주한 사람들, 교복을 입고 학교에서 어울린 아이들, 마트에서 물건을 사며 만난 판매원이나 구매자들은 때로 불편하고 종종 불쾌했지만, 곧 익숙해졌다. 물리적 세계에서 타인을 만나는 일은 언제나 약간의 위험을 수반하기 마련이다. 타인이란 애초에 온갖 바이러스와 세균, 편견과 다른 생각, 동의하기 어려운 이념의 운반체다. 코로나 바이러스가 초래한 상황이 절절히 보여주듯이 사회적 거리두기(물리적 거리두기)는 우리의 생물학적 안전에 이롭다. 그러나 우리가 잘 아는 편안한 공동체를 벗어나 바깥세상을 향할 때, 열려 있는 상호 작용의 장으로 나아갈 때, 그 위험과 불일치 속에서만이 가능한 우정, 환대, 사랑과 연대의 만남들이 있다. 정치사상가 아이리스 영Iris Young은 이처럼 사람과 사람이 무수히 (대면하여) 만나고 헤어지는 가능성을 지닌 도시적 삶을 '에로틱'하다고 묘사했다. 그리고 바로 이런 도시적 삶의 매력을 지키면서도 더불어 안전하고 정의로운 사회의 핵심 가치로서 '차이'를 강

조한다.[16]

스마트폰을 이용해 카페 직원을 대면하지 않고 커피를 주문하는 사이렌 오더 기능이 도입되자 청각장애가 있는 내 친구는 기뻐했다. 의아한 표정으로 자신을 쳐다보는 카페 직원에게 "프라푸치노에 시나몬을 얹고……"를 구구절절 설명할 필요가 없어서다. 나는 이것이 친구에게 정말로 잘된 일이라고 생각한다. 그러나 모든 것이 사이렌 오더의 형식을 띠는 사회가 되었을 때, 청각장애인이 자신의 목소리나 수어로 말하고 비청각장애인이 그 말을 듣는 의사소통의 순간이 더는 발생하지 않는다고 생각하면 얼마간 혼란스럽기도 하다. 그런 세상은 늘 '안전'하겠지만 차이를 존중할 필요가 없을 것이고, 차이가 만들어내는 어떤 이음새도 없을 것이다.

연립의 존재론 - 함께 있음을 돕는 기술

돌봄 테크놀로지의 발전이 우리를 그저 안전과 보호의 대상으로 격하시키고, 자율성을 빼앗는 것은 아닌지에 대한 우려를 살펴보자. 인지적인 장애를 수반하는 장애인이나 유사한 사정에

---

16 아이리스 매리언 영, 김도균·조국 옮김, 『차이의 정치와 정의』, 모티브북, 2017, 504~506쪽.

놓여 있다고 할 수 있는 알츠하이머를 앓는 노인의 돌봄 테크놀로지가 특히 논쟁적이다. 이들은 신체 활동에 큰 어려움은 없지만, 길을 잃어버리거나 먹어서는 안 될 약을 섭취하는 등 일상생활에 필요한 정보를 처리하고 자신의 목적에 요구되는 작업을 수행하는 데 어려움을 겪는다. 잘 설계된 AI 돌봄 시스템은 이러한 사람들을 위해 데이터를 수집·처리하고, 작업 수행을 돕고, 위험하거나 비용이 많이 드는 행위를 피하도록 특정한 방향으로 행동을 유도할 수 있다.

지금은 보통 가족이나 사회복지사, 요양보호사나 장애인 활동지원사가 이러한 역할을 한다. 약은 잘 먹었는지 확인하고, 외출할 때 길을 잃지 않도록 돕고, 커피를 지나치게 많이 마시면 안 되는 사람에게는 적정한 양의 커피를 마시도록 권유한다. 하지만 인간 돌봄자carer는 자주 선을 넘는다. 성인 발달장애인은 성인인 이상 스스로 선택하여 마시고 싶은 만큼 커피를 마실 수 있다. 건강에 해악이 발생하는 것은 본인이 감수할 일일 뿐이다 (역류성식도염이 있는 나에게 의사는 커피를 자제하라고 말하지만, 나는 그 말을 듣지 않고 하루 세 잔씩 마신다). 물론 인지적 장애가 있는 사람들은 건강의 해약 정도를 정확히 예측하지 못할 수 있고, 의사의 권고가 가지는 중요성을 잘못 해석할 수 있다. 돌봄자는 커피를 자제해야 할 이유를 최대한 설명하며 마시는 양을 줄이라고 하지만, 아예 마시지 못하도록 강제할 권리는 없다. 인간 돌봄자는 그럼에도 건강을 걱정한 나머지 커피를 감추고, 마시려고 하면 강제로 빼앗는다. 인공지능에 기반해 특정한 행동을 유도하거나 아예 금지하는 시스템과 인간 돌봄자 중 어느 쪽이 돌봄이 필요한 사람의 자율성을 더 침해하는 것일까?

인간은 나쁜 의도에서든 보호하겠다는 선한 의도에서든 쉽게 돌봄받는 사람의 자율성을 빼앗을 수 있다. 그러나 다른 한편 인간은 이 문제를 두고 고민하고 토론한다. 나는 종종 장애인거주시설 직원들을 상대로 인권 강의를 하는데, 커피와 콜라에 관한 물음이 자주 등장한다. 혈당이 높아 단 음식을 자제하라는 의사의 권유를 들은 시설 이용자를 어떻게 돌보아야 하느냐는 질문이다. 사실 인권에 관한 강의 시간이 아니라 일상생활에서라면 이런 토론이 이뤄지기는 쉽지 않다. 특히 장애인거주시설이나 요양보호시설처럼 일정 집단에게 돌봄을 제공하는 공간에서는 더 그렇다. 그럼에도 (양식 있는) 돌봄자들은 고민에 휩싸이며, 개인의 권리를 존중하면서 건강이라는 중대한 이익을 보호하는 방안을 찾기 위해 애쓴다. 돌봄자-돌봄을 받는 자 사이의 관계는 무수히 다양하기에 몇 가지 원칙으로 해결할 수 없는 새로운 윤리적 물음이 매 순간 끝없이 제기된다. 모든 인간은 이러한 물음을 완전히 무시할 수 없으며, 적지 않은 이들이 실천적으로 가장 지혜로운 결론에 이르려 노력한다.

돌봄 테크놀로지의 발전에서도 인지적 장애가 있는 사람의 자유로운 선택과 건강 보호라는 딜레마 사이에서 균형을 추구하는 일이 불가능하지는 않을 것이다. 치매가 많이 진행된 75세 A씨를 위해 그가 커피를 좋아하는 정도, 혈당 수준, 커피 믹스에 따른 혈당 수치 증가 사이의 함수를 고려하고, 그가 치매에 걸리기 전에 했던 말과 행동으로부터 자유로운 선택권과 건강 유지라는 가치에 각각 부여했던 가중치를 추정할 수도 있을 것이다. A씨에 관한 데이터가 축적될수록 그의 행위에 개입하는 돌봄 방식도 신중하고 정교해질 것이다. 이미 텔라닥Teladoc을 비롯한 원격의료 회사들이 당뇨병, 정신질환 등에 관한 사용자 데이터를 수집하고 일정한 정도의 행동 교정까지 시도하고 있으니 아주 먼 미래의 이야기도 아니다.

그러나 이러한 시스템이 개별 사안에 직면하여 함께 토론하는 돌봄의 공동체보다 개인의 자유를 더 온전하게 보장하는 방법이라고 확신할 수 있을까? 몇 년 전 '당뇨와 커피 믹스'에 관한 토론을 하다가 이런 이야기를 들었다. 한 장애인거주시설에 당뇨병이 심각한 상황임에도 커피 믹스를 매일 열 잔 넘게 마시는 이용자가 있었다. 아무리 설득해도 그는 커피를 조금도 줄이지 않았다. 시설에서는 그의 건강 문제를 두고 고민이 많았는데, 어느 날 사회복지사가 다른 장소에서 만난 자폐성 장애인이 손으로 종이를 툭툭 끊어내는 행동을 반복하는 것을 보고는 커피 믹스를 매일 열 잔 이상 마시던 그 이용자를 떠올렸다. 혹시 그가 커피가 아니라 커피 믹스의 포장지 떼어내는 일을 좋아하는 것이 아닐까(실제로 그랬다!)? 현실의 돌봄 공동체는 우리가 상상한 미래의 돌봄 시스템에 비하면 비효율적이고 안정적이지도 않아 보이지만, 언제나 다른 존재들과 연결되어 있기에 돌봄을 둘러싼 물음의 형식을 해체할 수도 있다. 발달장애인에게 심한 당뇨가 있으니 강제로라도 커피 믹스를 자제시켜야 하는가라는 돌봄 윤리의 문제는, 자기결정권과 건강 보호라는 가치 충돌에 관한 물음으로 보였다. 그러다 손으로 종이를 끊어내는 자폐성 장애인이라는 '타자'와 연결되자, 돌봄의 대상과 목적이 완전히 다른 차원으로 옮겨갔다. 완벽한 돌봄 시스템보다 타자와의 연결이 중요한 이유는, 우리가 직접 얼굴을 맞대고 서로를 마음과 몸으로 도울 때 고취되는 도덕적 의미를 훌쩍 뛰어넘는다.

노인이나 장애인을 돌보는 기술이 지향해야 할 바는 개인을 다른 존재와 잘 연결해주는 것이어야 하지 않을까? 실제로 일본의 노인들은 집에서 페퍼와만 대화하면서 이웃이나 자녀들로부터 소외되는 것이 아니라, 페퍼를 '통해서' 다른 사람들과 연결된다. 페퍼의 귀엽고 신기한 모습이 사람들을 페퍼 주변으로 불러들이는 것이다. 노인과 '놀아주는' 로봇이 아니라 여러 사람이 한자리에 모이게 하는 로봇을 우리는 충분히 상상해볼 수 있다. 발달장애인의 '커피 마시기'를 통제하는 정교한 스마트 홈 시스템을 구축하기보다, 설령 커피를 마시는 것이 얼마간 건강에 해가 되더라도 그 자폐성 장애인 자신이 왜 커피 마시기를 계속 이어가고 싶은지를 다른 사람들에게 잘 전달할 수 있는 커뮤니케이션 디바이스를 만들 수도 있을 것이다. 장애인에게 특정한 행동을 '시키기' 위한 도구가 아니라 그가 어떤 행동을 하는 이유를 비장애인이 이해할 수 있게 돕는 의사소통 보조기구 말이다.

한편 돌봄자를 돌보는 기술도 매우 중요하다. 누군가를 장기간 돌보는 사람의 심리 상태를 체크하고, 서로 시간이 될 때 돌봄 노동을 나누는 사회적, 기술적 플랫폼을 정교하게 설계할 수도 있다. 휠체어를 타는 사람도 아이를 돌보거나, 나이 든 부모님을 모시고 '보호자'로서 얼마든지 병원에 갈 수 있는 시스템을 고민해볼 수도 있다. 중증 장애인이 로봇의 지원을 받아 고양이를 돌보고, 그 고양이는 비장애인 가족을 정서적으로 도우며, 비장애인 가족은 중증 장애인을 지원하는 장면을 상상해보라. 이 돌봄의 순환 속에서는 중증의 장애를 가진 사람을 포함해 누구도 일방적으로 돌봄을 제공하거나 받기만 하는 존재가 아니다.

장애인 인권운동가 김도현은 장애인운동의 목표란 자립自立이 아니라 연립聯立을 기본적인 삶의 조건으로서 지향하는 것이라면서, 이때 자기결정권(자율성)이란 "여러 주체들이 상호 의존적 관계 속에서 서로의 의견과 판단을 소통하고 조율해가며 실현할 수밖에 없는 권리"임을 강조한다.[17] 나는 연립이라는 삶의 조건을, 지금 여기를 사는 사람들의 협력과 연대, 연결을 넘어 언제 등장할지 모르는 '타자'와도 잇닿는 삶이라고 말하고 싶다. 타자는 나를 돕는 활동지원사이고, 안내견이고, 휠체어이며, 보청기이고, 오토박스이고, 청테이프이고, 친구들이며, 관객이고, 독자

---

17 김도현, 『장애학의 도전』, 오월의봄, 2019, 344쪽.

⟨에메랄드 시티⟩ (2019년 '정상 궤도' 전시)

"도무지 생각지 못했던 어떤 세계와 정체성으로 우리를 이동시키는
이 '타자'들은 확고하다고 믿었던 지식과 기술, 사상, 정치적 신념과 지혜의
매끄러운 질서에 오류로서 등장한다."

들이다. 동시에 타자는, 아직은 곁에 없지만 미래의 어느 시점에 등장할지도 모를 어떤 존재다. 그는 종이를 뜯는 행동을 반복하는 사람일 수도 있고, 거울 속에서 "너는 도대체 누구냐?"라고 묻는 기묘한 형상의 10대 소년일 수도 있으며, 혜성처럼 나타나 이제껏 본 적 없는 우주 영웅을 그려내는 SF 소설가일 수도 있다. 어쩌면 동물의 얼굴일지도 모른다. 도무지 생각지 못했던 어떤 세계와 정체성으로 우리를 이동시키는 이 '타자'들은 확고하다고 믿었던 지식과 기술, 사상, 정치적 신념과 지혜의 매끄러운 질서에 오류로서 등장한다. 돌봄의 공동체는 그런 오류를 배제하고, 몰아세우고, 깔끔히 치료하고 쓸어버리는 대신 오류가 열어둔 이음새 사이에서 새로운 탐사를 시작한다. 타자를 돕고, 타자로서 돕고, 타자를 돕는 일을 도우며, 미래-타자의 출현에 열린 지식과 기술은 어떤 얼굴일까.

대담   김초엽 김원영

파트너가 되다

초엽　　　　　먼저 우리 프로젝트의 시작에 대해 이야기해볼까요? 2018년 말에 원영 님이 처음 메일을 주셨던 걸로 기억해요. 우리가 공유하는 생각, 또 우리의 차이가 교차하는 지점에서 '몸'에 대한 이야기를 해보자는 제안이었죠.

원영　　　　　맞아요. 2년 전이네요. 과학을 전공한, 소설가인데 장애인으로서의 고민이 있는 사람을 만난 게 반가워서 연락을 했었지요.

초엽　　　　　저는 그 전에도 원영 님의 칼럼을 자주 찾아 읽었고, 『실격당한 자들을 위한 변론』도 인상 깊게 읽었던 터라 보내주신 메일이 반가웠어요. 원영 님의 책을 계기로 장애학과 장애권리운동에 관심을 갖게 되기도 했고요. 협업 프로젝트를 해보면 좋겠다고 생각했지만, 이런 주제나 형식이 될 줄은 몰랐죠. 원고를 어느 정도 완성한 지금 시점에서 이 기획을 돌아보면, 우리가 맨 처음 뭔가를 같이 해보자고 이야기를 나눴을 때와는 좀 달라졌잖아요. 처음 제안은 확실히 우리의 차이에 집중한 기획이었던 것 같아요. 그렇다 보니 초고를 쓰는 과정에서 아무래도 서로의 차이를 어떻게 드러낼까 하는 고민을 많이 했었고요. 그런데 결과물을 보면, 서로 다른 지점에 주목하고 있긴 하지만 가고자 하는 방향 자체는 비슷해 보여요. 여러 곳으로 조명을 비추고 있지만, 어쨌든 같이 가는 팀이라고 할까요. 원영 님이 처음 제안하신 '몸'의 경험이라는 주제에서도 생각보다는 멀리 온 것 같고요.

제가 원영 님과 달리 일상이든 운동으로서든 '장애 커뮤니티'에 속하는 경험을 거의 못 해봐서 글을 쓰면서 많이 조심스러워지더라고요. 당사자라고는 하지만 마치 외부인이 말을 얹는 것처럼 보이지 않을까 하는 고민이 있었던 것 같아요. 원영 님은 어떤 계기로 이 프로젝트를 시작하셨나요? '몸'이라는 주제에 대해서는 좀 더 하고 싶은 이야기가 있긴 한데, 먼저 원영 님의 계기를 들어보고 싶어요.

원영　　　　저는 서문에 썼듯이 황우석 전 교수의 사건이 과학기술과 장애에 관한 입장을 고민하게 만든 가장 큰 계기였어요. 과학사회학에 관한 논의들에 관심을 가져왔는데, 구체적으로 진행시키지는 못했죠. 그러다 소위 '4차 산업혁명' 등의 말들 속에서 웨어러블 로봇을 입은 장애인의 이미지가 다시 곳곳에 등장하자, 황우석 교수 사건 당시에 가졌던 고민이 되살아났어요. 그 무렵에 마침 김초엽이라는 사람을 발견하고 이 작업을 같이해야겠다고 생각했지요.

초엽 님이 말씀하신 것처럼, 처음에는 확실히 우리의 차이에 대한 관심이 컸어요. 특히 저는 우리가 장애의 유형이나 젠더에서도 차이가 있지만, 10년이라는 시간의 차이가 어떤 다른 경험이나 입장을 만들어낼지가 궁금했던 것 같아요. 그 10년이 한국 사회에서 장애인들의 삶이 크게 달라진 시간이었으니까요. 그런데 생각보다 과학기술을 바라보는 입장의 차이는 크지 않구나, 각자가 인식하는 비판적인 지점이나 우려하는 부분은 유사하구나 하는 생각을 많이 했어요. 그건 아마 우리가 살고 있는 시대가 과학기술의 거대한 전환기(라고 말해도 좋다면)이면서, 동시에 그에 대한 비판적인 시각도 다양하고 풍성하게 등장하는 시기이기 때문인 것 같아요. 우리가 관심을 가지고 읽은 텍스트들이 유사했기 때문이기도 하겠죠. 우리는 확실히 20세기 후반 장애권리운동이나 비판적 장애 담론의 영향에서 성장한 사람들이구나, 라는 생각을 했어요. 달리 말하면 이는 우리 두 사람 모두의 한계일 수도 있겠지만요.

초엽   10년이라는 시간의 차이를 중요하게 보셨군요.

원영   네. 저의 주관적인 감각에서 1990년대 후반과 2000년대 후반이 너무 달랐거든요.

초엽   저도 원영 님 책을 읽으면서 그런 생각을 했어요. 그런데 저의 개인적인 성장 과정에서는 장애학이나 장애권리운동을 가까이 접할 계기가 없기도 했고, 비수도권 대학은 관련 논의가 굉장히 늦는 편이어서 체감을 못 하기도 했어요.

원영   그럴 수 있을 것 같아요. 하지만 제가 페이스북에서 처음 초엽 님 글을 보고 느낀 건 그런 권리운동의 자장 안에서 활동하느냐 아니냐와 관계없이 장애를 바라보는 새로운 태도와 시각을 가진 당사자들이 이제는 많구나, 라는 거였어요. 예전에는 소위 명문대에 다니는 사람들은 자신이 장애를 극복했다는 스토리를 내세우는 경우가 많아서 어린 시절에 저는 그게 좀 재수 없었어요. (웃음)

초엽   생각해보니 원영 님이 보셨다는 그 글은 장애학을 접하기 전에 쓴 것인데도 어느 정도 영향을 받았네요.

생존 이상의 이야기

원영   그런데 바꿔 말해보면 이게 저희 두 사람의 한계와도 맞닿아 있다는 생각이 들었어요. 이 글을 쓰는 내내 사이보그와 장애를 연결 짓는 시도가 지나치게 사변적이고(물론 사변적인 분석과 논의도 중요하다고 생각하지만), 현실 문제와 유리되는 것이 아닐까, 김초엽과 김원영이라는 21세기에 대학을 나온, 이런저런 유행하는 논의를 접하기 쉬운 장애인들이 만나서 유행하는 논의를 한 것에 불과하지 않나, 라는 비판적 물음이 자주 떠올랐거든요. 그런데 초엽 님이 이 논의를 '일상을 살아가는, 지금 이 순간 우리에게 도움이 되는 기술들'에 주목하는 방식으로 서술하는 걸 보면서 저의 고민이 다소 해소되었어요.

다만, 그러면서도 저는 장애가 있는 나의 몸 자체, 나라는 존재 자체를 새롭게 인식하는 계기로서, 거창하게 말한다면 사이보그적 존재론을 검토하고 싶었어요. 그것이 앞서 물으셨던 '몸'에 관한 문제이기도 할 텐데요. 저는 몸의 구체적인 기능(능력)보다는 몸의 '디자인'에 늘 관심이 많았어요. 이건 단순하게 말하면 외모 콤플렉스에 불과할 수도 있고, 조금 더 진지하게 이야기한다면 어떤 몸을 정상적이고 아름답다고 규정하는 힘에 대한 의문이었어요. 눈에 보이는 장애와 보이지 않는 장애를 가진 사람이 경험하는 차이일 수도 있겠지요. 기계와 결합한 몸이 어떻게 해석되고 받아들여질까. 그 몸은 단지 여성(으로 젠더화된) 사이보그에 주로 부여되는 판타지처럼 페티시적인 것은 아닌가. 아무리 기능적으로 우수해져도 그 몸이 보기에 부담스럽다면? 이런 질문들을 계속 던져보게 되었어요.

초엽 님은 작업 초기에는 몸의 경험에 대해 말하기가 어렵다고 하셨잖아요. 소설가라서 자기 이야기를 하는 게 힘든 걸까, 라고 생각했어요. 그런데 점차 몸의 경험에 대해 많은 이야기를 들려주셔서 원고를 받아서 읽어보는 게 점점 더 재미있었어요.

초엽　사이보그 디자인에 대한 글, 저도 정말 흥미롭게 읽었어요. 공감하는 주제였지만 저라면 쓰지 못할 글이라고도 생각했던 것 같아요. 몸과의 어떤 불일치감, 표준형 외모나 아름다움과 거리가 있는 거울 속 나에 대한 위화감은, 제가 감각장애인이기 때문에 그렇겠지만, 장애인으로서가 아니라 여성으로서 겪어본 적이 있다는 생각을 했어요. 물론 종류가 좀 다르긴 하겠지만요.

다시 '몸'이라는 주제로 돌아가 보면, 처음에 원영 님이 '몸'을 주제로 목차를 제안하셨을 때 굉장히 흥미롭다고 느끼면서도 제가 쓸 수 있을지 걱정이 되었어요. 그러니까, 읽고는 싶지만 내가 쓰는 게 가능할지는 알 수 없는 주제랄까요. 아마 그런 식의 답장도 한 번 드렸던 것 같은데요. 장애나 질병을 다루는 책들이 주로 몸을 이야기하잖아요. 지금 제 책장에만 해도 『어쩌면 이상한 몸』, 『거부당한 몸』, 『기억하는 몸』, 『보통이 아닌 몸』이 꽂혀 있는데, 그런 책들을 읽으면 많은 부분 공감하면서도 저와 구별되는 지점들을 발견하기도 해요. 장애에 대한 낙인, 고통, 수치심을 공유하면서도 구체적인 삶의 경험이 너무 다르니까요. 감각과 정신이 몸의 일부인 건 맞지만, 아무래도 우리가 이원론적인 문화 속에 살고 있어서 그런지 혹은 제 장애의 경험이 특히나 더 사회적이기 때문인지, '몸'이라는 주제에 감각의 이야기를 녹일 수 있을지 고민이 되었어요. 그래서 저는 지금의 주제가 오히려 더 포괄적인 이야기를 할 수 있어서 좋았어요.

그리고 원영 님이 말씀하신 사이보그와 장애라는 주제가 현실과 너무 유리되어 있지 않느냐는 고민에 의견을 더해볼게요. 2019년에 『시사인』에 연재를 할 때도 우리가 많이 고민했던 부분이잖아요. 장애인들이 당면한, 더 시급한 이슈가 많은데, 우리는 현실과 너무 동떨어진 이야기를 하는 게 아닐까.

원영   맞아요. 그때도 우리가 그 생각을 했죠.

초엽   네, 저도 계속 염두에 두고 있던 부분인데요. 이번 책을 준비하면서 좀 신기하게 느꼈던 게 2020년으로 넘어오면서 장애계에서도 이 주제가 굉장히 시의성을 띠게 된 것 같아요. 일단 올해 출간된 장애 관련 책들의 상당수가 짧게라도 장애와 기술, 장애의 미래-존재론을 언급하고 있었고, 또 마침 올해 기업들이 약속이라도 한 듯이 비장애중심적인 기술 홍보 영상을 쏟아내고 있잖아요. 생존도 중요하지만, 문화와 프라이드도 중요하니까요. 2020년으로 넘어와서는 오히려 지금 더 이 이야기를 해야 한다, 미루고 싶어도 지금 책을 내야 한다는 생각을 하게 되었어요. 장애 관련 칼럼을 쓰는 필자들이 기술-과학에 대해 이야기하는 것도 최근에 더 자주 본 것 같아요. 아마 제 관심이 여기에 쏠려 있어서 그렇기도 하겠지만요.

원영   저도 초고를 마감하기 직전 다기능 전동 휠체어를 구매한 김상희 님의 고민이나 새로 이사한 집의 '매끄러운' 환경(출입문부터 터치스크린으로 모조리 바뀌었다지요)이 어떻게 시각 장애인을 배제하는지에 대한 김헌용 님의 글[1]을 『비마이너』에서 읽으면서 초엽 님과 비슷한 생각을 했어요. 지금 논의해야 할 쟁점이구나, 라고요.

초엽   저도 그 칼럼들이 반가웠어요. 우리만의 관심사가 아니었구나 하는 생각이 들었거든요. 그 밖에도 『비마이너』의 최근 기사들이 관련 문제를 많이 다뤘어요. 그리고 칼럼이나 정식 지면의 형태로 나타나지는 않아도 환우 카페 등을 살펴보면 기술에 대한 낙관과 비관, 값비싼 기술에 대한 접근성 문제 같은 것들을 많은 당사자들이 고민하고 있잖아요. 단지 이런 이야기들을 '장애와 기술'의 문제라고 명명한 경우가 적을 뿐이라는 생각이 들었어요.

장애와 과학기술의 복잡한 관계를 바라보기

원영   하지만 이런 물음도 있었어요. 초엽 님이 본문

---

1   김헌용, 「인식의 영역까지 아우르는 보편적 디자인을 위하여」, 『비마이너』, 2020년 12월 7일.

에서 다뤄주었듯 기술을 통해 '처음 소리를 듣는 순간'이나 '걷지 못하던 사람이 두 발로 걷는 순간'을 묘사한 영상 콘텐츠와 그에 달린 댓글들을 보면 정확히 동일한 감동 서사가 놀라울 정도로 반복되고 있잖아요. 댓글의 유형도 똑같지요. 이런 광고가 지닌 기술중심주의, 장애를 늘 불완전함이나 결핍으로만 구현하는 방식과 그에 대한 사회의 '감동 포르노'식 소비를 비판하면서도 때로는 걱정이 되어요. 누군가에게는 절실한 문제일 수도 있잖아요. 예를 들어 제가 앞에서 소개한 안구 마우스는 10여 년 전만 해도 1000만 원이 넘는 가격이었어요. 그런데 2014년 삼성전자가 기업의 사회공헌 프로젝트의 일환으로 보급형 개발에 힘썼고, 이것이 널리 알려지고 관련 연구들을 자극한 계기에는 '연세대 호킹'이라고 불린 신형진 씨가 계셨어요. 신형진 씨에게는 정말 필요하고 절실한 기술이었고요. 시장의 수요는 적지만 지금 이 순간 누군가에게는 꼭 필요한 기술들이 개발되고 보급되도록 애쓰면서, 동시에 그러한 기술이 생산되고 보급되는 과정에서 장애인을 그 기술에 모든 걸 걸고 기다리는 절망에 빠진 사람들로만 묘사하지 않는 방식과 조건이 무엇인지 고민스럽더라고요.

초엽　　　　같은 고민을 했어요. 기술까지 가지 않더라도, 장애인 당사자가 나오는 휴먼 다큐멘터리를 예로 들면 그 콘텐츠가 사회적으로는 장애에 대한 과한 동정과 시혜적 시선을 불러 일으키더라도 거기 나온 당사자에게는 분명 큰 도움이 될 수 있거든요. 저만 해도 10대 시절에 집이 많이 가난했던 터라 그런 자선사업의 도움을 크게 받았어요. 자선이 아니라 시스템의 개선이 중요하다는 걸 알아도 그런 시혜를 당장 필요로 하는 사람들이 있다는 것도 아니까 마냥 나쁘게만 볼 수는 없죠.

다만 제가 이 책을 위해 자료조사를 하며 느낀 것은 똑같이 장애인에게 도움이 되는 기술을 이야기하더라도 다른 톤으로 다룰 수 있다는 거였어요. 예를 들어 사이배슬론에 대한 소개 글이 저한테는 그렇게 다가왔는데요. 국내 언론에서는 사이배슬론을 '장애를 극복하는 사이보그 올림픽', '따뜻한 기술' 등으로 소개하지만 사이배슬론 공식 홈페이지에서는 그런 자선이나 시혜적인 관점을 전혀 드러내지 않아요. 오히려 너무 건조하다 싶을 정도죠. 장애 당사자의 필요, 장애 정의의 관점에서 소개하려는 의도가 눈에 띄었어요.

한국에서는 장애 당사자에게 실제로 도움이 되는 기술이든, 기업 홍보에 치우쳐 정작 당사자의 필요를 반영하지 못한 기술이든 지나치게 자선-시혜-온정의 시선으로 뭉뚱그려지는 경향이 있어요. 이를테면 이번에 화제가 된 '고요한 택시(청각장애인 기사가 운행하는 택시로 앞자리와 뒷자리에 설치된 태블릿을 이용하여 기사와 승객이 의사소통을 할 수 있다)' 있잖아요. 저는 이 아이디어가 청각장애인 당사자의 필요와 택시 승객의 필요를 모두 만족시키는 멋진 기술이라고 생각했는데, 홍보는 지나치게 '따뜻한 기술',

'대통령도 감동시킨' 같은 문구들에 초점을 맞추더라고요.
사실 이 고요한 택시 이야기도 본문에 넣으려고 했다가 결국 뺐
어요. 초고 본문에는 있었는데, 그런 홍보 문구를 사용하는 기업
만 비판할 일이 아니라는 생각이 들었거든요. 결국 한국 사회가
장애인에 대한 시혜와 온정만을 긍정적으로 바라보기 때문이 아
닌가, 장애인을 위해 갖춰야 할 접근성을 사회 정의의 실현으로
보는 관점 자체가 자리 잡지 못했기 때문이 아닌가 싶었어요.
그래서 저 나름대로 정리한 입장은, 기업의 기술 홍보 영상이나
장애인을 위한 접근성 기술이 항상 '따뜻한'이라는 수식어와 함
께 등장하는 것을 비판적으로 바라보지만 기본적으로는 '없는
것보다는 낫다'는 것이에요. 제가 맨 마지막 장에서 SF에 등장하
는 장애인 캐릭터들이 다소 전형적이지만 그래도 없는 것보다는
낫다고 썼는데, 비슷한 생각입니다.

원영   과학기술에 관한 이야기는 아니지만 몇 년 전
에 몇몇 장애인 대학생들이 강남의 클럽에 놀러 간 이야기가 인
터넷에서 화제가 되었는데, 저는 다양한 장애를 가진 사람들이
휠체어를 끌거나 목발을 짚고 클럽에 가서 신나게 놀다 온 이
장면이 너무 재밌었거든요. 그런데 그 이야기가 알려지자 클럽
에서 '착한클럽 ○○○'라고 홍보를 하는 바람에 어딘가 일탈적
이고 파격적인 그날 이야기의 매력이 다 사그라지고 말았어요.
도대체 왜 그러는 걸까요? 다시 과학 이야기로 돌아오면, 온정

주의적 시선이 지속되는 건 그냥 그런 시각 이외의 관점은 생각하지 않기 때문일까요? 아니면, 온정주의적 시각을 유지해야 홍보나 연구비 조달에 도움이 되기 때문일까요?

초엽　　　　두 가지 이유가 다 있겠지만, 언론의 경우는 다른 관점을 생각해보지 않아서가 더 크다고 생각해요. 그래서 저는 언론을 좀 더 강한 어조로 비판하고 싶어요. 저만 해도 데뷔 초기에 저의 청각장애를 지나치게 온정적인 시선으로 다루거나, 괜한 희망이나 비애의 정서를 읽어내는 기자 분들이 있었는데, 그게 저의 작가 활동에 도움이 된 것 같지는 않거든요. 자선사업과 장애인이라는 주제는 그것 하나로 책을 써도 될 만큼 복잡한 생각이 들어요. 포스터 아동도 생각나고요. 그래도 아동 후원단체 등의 빈곤 포르노그래피에 대한 비판이 꾸준히 이어지고, 그 결과 대역 아동을 쓰거나 가이드라인이 생기는 등 개선이 되는 것을 보면 지금은 비판이 중요한 시기라는 생각이 들어요. 일단 그런 기업 광고에는 '감동적이다'라는 댓글밖에 없기 때문에……. 장애 당사자들의 문제 제기 자체가 가시화되기 어려운 상황 같아요.

원영　　　　네, 동의해요. 한 발 더 나간다면, 장애와 관련한 과학기술이 유통되는 방식이나 메시지, 그에 대한 사회의 반응을 비판하는 것을 넘어서 어떤 기술을 '생산'해야 하는지에 관해서도 새로운 접근이 필요하다는 생각이 들어요. 시각장애인이 사용하기 편한 키오스크를 낮은 비용으로 생산하는 일이 불가능하지는 않겠지요. 하지만 그에 관한 연구 개발에 나서는 사람이 적고, 시장성이 없으면 확산되지 않아요. 인간의 어떤 필요에 초점을 맞춘 테크놀로지를 개발할 것인가는 결국 정치와 경제의 문제이기도 하잖아요. 그런 점에서 장애인을 비롯해 기술 개발을 촉진할 정도의 '구매력'을 가진 집단으로 인식되지 않는 사람들이 더 적극적으로 기술에 관한 논의에 참여하고 목소리를 내는 게 중요하다고 생각해요.

물론 장애인에게 필요한 기술을 개발하는 일에만 집중하는 재활공학연구소 등에서 많은 역할을 하고 있어요. 하지만 현실을 살아가는 개개인들이 관심을 가지고 내놓은 아이디어가 큰 비용이나 첨단 기술 없이도 삶을 변화시키는 사례도 적지 않았어요. 이를테면 딸이 휠체어를 타는데 지하철을 환승할 때마다 엘리베이터가 설치된 환승구를 찾는 시간이 너무 길어서 휠체어를 고려한 지하철 환승 지도를 만든 무의MUI의 홍윤희 씨 같은 분이 계시죠. 지금 이 지도가 카카오맵에 들어가 있어요. 또 초엽 님이 앞서 소개한 토도웍스의 심재신 씨 이야기도 그런 것이지요. 이전까지 전동 휠체어를 통째로 차에 싣기 위해서는 리프트나 개조 차량 등을 이용했는데, 그 비용이 엄청나게 비쌌거든요. 연세대학교 학생들은 신촌 일대 음식점들로 배리어 프리 지도를 만들었어요. 서울대도 몇 년 전 학부생이던 장애 학생이 일명 '샤

로수길' 음식점들의 배리어 프리 지도를 앱으로 만들고, 1층이
지만 턱이 하나 정도 있는 식당에는 작은 경사로를 설치해주는
스타트업을 만들기도 했어요.

초엽　　　　　　말씀하신 대로 장애인 당사자들의 접근성 요구
가 소비자운동으로만 전개되는 건 한계가 뚜렷해요. 장애 당사
자들의 아이디어와 지식 생산, 그리고 비장애인 대중의 관심과
연대, 기업들의 사회적 책임도 중요할 것 같아요. 이건 최근 자
료조사 과정에서 알게 된 사례인데, 트위터 공식 계정에서 새로
운 기능을 준비 중이라며 음성 메시지 같은 '보이스 트윗' 기능
을 암시했거든요. 해외의 장애인 사용자들뿐만 아니라 많은 사

람들이 보이스 트윗이 청각장애인 배제적일 수 있다는 점을 지적했어요. 얼마 뒤에 트위터 공식 계정이 나름대로 접근성을 고민하고 있다고 뒤늦게 해명을 했고요. 기업에서 접근성 부서를 애초에 잘 운영하면 좋겠지만 아직 그 수준까지 가기 힘들다면, 대중의 연대가 큰 역할을 하는 것 같아요. 그래서 저는 소셜 미디어와 유튜브를 통해 전개되는 장애권리운동도 중요하게 생각하고 있어요. 물론 장점만 있지는 않고 기존의 운동 방식도 무척 중요하지만, 장애권리운동의 대중성을 위해서는 필요한 영역이라고 봐요.

몸 혹은 존재를 드러낼 계기, 온라인과 오프라인에서

원영   네, 저도 새로운 매체들의 역할이 중요하다고 생각해요. 다만, 여기서 '몸'에 관한 이야기가 다시 나오게 되는데 장애권리운동에서는 여전히 현장에서 '몸'을 가진 존재로서 물리적 공간을 점거하거나 특정 장소를 점유하면서 목소리를 내는 운동이 중요하다고 생각하는 것 같아요. 저도 좀 그런 쪽이고요. 디지털 공간에서는 저나 초엽 님이나 누구보다 자유롭고 차별이 없겠지요. 우리는 글자를 타이핑하는 데 장애가 없고, 문장을 쓰고 읽는 데도 어려움이 없으니까요. 그런데 저는 장애를 가진 사람들이 궁극적으로 사회에서 받아들여지고, 한 사람의 동등한 시민이 되기 위해서는 장애가 있는 몸 그 자체가 가진 힘을 드러내야 한다고 생각해요.

초엽   아, 맞아요. 『비마이너』에서 전에 굉장히 인상 깊은 인터뷰를 봤는데요, 거리의 투쟁을 물리적으로 조직하는 것이 왜 중요한지에 대한 이야기였어요. 장애인들이 거리를 점거하는 것이 중요하다고요.

원영   시위와 같은 직접적인 정치 행동뿐 아니라, 일상에서도 저는 장애를 가진 몸들이 물리적으로 사방에 많이 존재하는 게 무척 중요하다는 생각을 자주 해요. 디지털화된 사회가 그런 점에서 오히려 장애를 가진 몸을 사회의 실재 공간에서 더 격리시킬 위험은 없을까 하는 생각도 해보고요. 본문 마지막 장에서 잠시 다뤘던 내용이죠.

초엽   공감하지만 저는 온라인이 굉장히 유용한 도구라고 생각해요. 원영 님은 어떠셨는지 모르지만, 저는 일상에서 제가 그 공간의 유일한 장애인이었던 경험이 대부분이었거든요. 물론 저처럼 겉으로 드러나지 않는 장애인이 또 있었겠지만, 서로의 존재를 잘 몰랐어요. 다른 장애인들을 만나 가까워진 건 서울에서 열린 장애 학생 취업설명회나 해외 연수 프로그램에서가 처음이었어요. 한국에서는 대학이 퀴어, 장애 학생, 페미니스트들이 처음으로 고립에서 벗어나는 계기가 되는 경우가 많잖아요. 비수도권에 살거나 대학에 진학하지 못하는 경우에는 현실에서 나와 같은 소수자성을 공유하는 타인을 만나는 경험 자체가 제한적일 수도 있다는 생각이 들어요.

우리가 현실에서 우리를 드러내고자 했을 때, 사실 혼자 그런 마음을 먹기란 너무 어렵고 두 번째 사람과 연결되는 계기가 필요하잖아요. 제가 그랬던 것처럼, 오프라인 세계에서는 그 두 번째 사람을 만날 계기가 거의 없는 사람도 많거든요. 비장애인들만 가득한 사회 속에서 고립되는 거죠. 그렇게 고립되어 있던 장애인 개인에게는 온라인이 너무나 중요한 계기가 된다고 생각해요. 그게 다시 오프라인으로도 이어진다면 더 좋겠고요. 말씀하신 대로 현실에서 존재를 드러내는 것도 중요하니까요.

그런 계기를 갖는 것에도 가시적, 비가시적 장애의 경험에서 오는 차이가 있을 것 같아요. 저는 청각장애가 있다고 공개적으로 밝힌 다음부터 저를 넌지시 불러서 자신에게도 실은 청력 손상이 있다거나 한쪽 귀가 안 들린다고 말씀하시는 분들이 많았거든요.

원영　　　　초엽 님의 이런 이야기가 제게는 흥미로워요. 저는 과거에(최근까지도) 자기 주위에는 '장애를 가진 사람이 전혀 없다'는 것을 얼마간 자부심인 듯 말하는 사람을 만난 적이 있어요. 자신에게는 비장애인 연인, 가족, 친구밖에 없음을 강조하는 것이죠. 저는 이런 말을 들을 때면, 그가 자신은 (장애가 있음에도 불구하고) 딱히 차별받지 않았고 소외되지도 않았다며 어색한 구별 짓기를 시도한다는 생각이 들곤 했어요. 그 정도까지는 아니어도 사회적 소수자에 해당하는 사람들과 덜 연결된 삶이 더 평범하고 정상적이라는 기대 같은 것이 많은 이들에게 있지 않았을까요. 하지만 이제는 소수자운동, 소수자 커뮤니티의 역사와 공간에 연결되어 있지 않았음을 아쉬워하는 사람들이 있는 거죠. 특히 초엽 님은 그 단절을 자신의 한계처럼 이야기하고 있잖아요.

초엽   아마 자부심이라고 말씀하시는 분들도 사실은 고립감을 느끼지 않았을까 생각해요. 저는 20대가 되어서 장애학을 알게 된 것도 그렇지만, 온라인으로 느슨하게나마 다른 장애인들을 알게 된 것이 저의 장애 정체성 형성에 굉장히 중요한 일이었어요. 물론 장애라는 게 대단히 복잡하고 다층적인 정체성이다 보니, 다른 장애인들을 만나는 게 처음부터 즐겁고 유쾌한 경험이었다고 말하기는 어려워요. 저도 처음 장애 대학생들과 해외 연수를 준비하게 됐을 때 어색하기도 하고 기분이 좀 이상했어요.

원영   어떤 점에서 이상했는지 궁금해요.

초엽　　　　저에게도 비장애인의 시선이 내면화되어 있었던 것 같아요. 장애 대학생 행사에 갔는데 앞에서는 문자통역과 수어통역이 제공되고, 행사는 전반적으로 뭔가 어수선한 분위기 속에서 조금씩 느릿느릿 진행되고 있었어요. 누군가는 도움을 주고, 또 누군가는 도움을 받는 모습이 여기저기서 보이는데 그게 편안하기보다는 어색하게 느껴졌어요. 저 역시 앞에서 하고 있는 문자통역의 도움을 받는 상황이었는데도 제가 그곳에 있는, 도움이나 보조가 필요한 사람들 중 하나라는 걸 받아들이기 어려웠던 거예요. 원영 님이 이번 책에서도 그렇고 앞서 출간한 책들에서도 장애인 친구들 사이에서 '나는 저 애들보다 독립적이야' 같은 미묘한 마음을 느꼈던 경험을 이야기해주셨잖아요. 제가 처음에 느낀 감정도 비슷했어요. 나의 의존성을 인정하기 싫은데, 다른 장애인들을 만나면 나 자신에게서 눈을 돌릴 수가 없게 되는 거죠.

그렇지만 장애를 개인의 결핍이나 결함으로만 여기는 게 아니라 정체성의 문제로 재규정하는 과정에는 다른 장애인들과의 연결이 정말 중요한 역할을 한다고 봐요. 저도 이 문제를 자세히 생각해본 적은 없었는데, 이번에 일라이 클레어의 『망명과 자긍심』을 읽으면서 생각을 좀 다시 해보게 됐어요. 나와 같은 정체성을 가진 사람들을 만나기 전에는 나를 어떻게 규정해야 할지 몰랐던 것 같아요.

원영　　　앤드류 솔로몬이 동시대를 살아가는 유사한 경험을 가진 사람들의 '수평적 정체성'을 강조하면서 그것이 인터넷 시대에 우리가 누릴 수 있는 소중한 연대라는 취지로 말하잖아요. 우리는 다른 문화와 도시에 속해 있지만, 나와 연결된 어떤 경험을 가진 사람을 찾을 수 있는 시대를 살아가고 있으니까요. 지금 하는 이야기를 대담에 실어도 좋을지 잘 모르겠지만, 초엽 님과 이런 이야기를 나누는 건 참 좋네요.

초엽　　　네, 저도 재미있어요. 현실에서 고립된 개인을 벗어나 수평적 정체성을 가진 타인들과 연결되는 데 온라인이 무척 중요한 역할을 한다고 보지만, 그 연결을 다시 오프라인 영역으로 가져가는 흐름이면 좋을 것 같아요.

장애 경험의 고유성

초엽　　　이번 책, 쓰기 어렵지 않으셨어요?

원영　　　네…… 어려웠죠.

초엽　　　저는 주제에 대한 관심이나 흥미와는 별개로, 『시사인』에 연재할 때부터 너무 머리가 복잡했거든요. 과학기술이나 의학이 장애를 바라보는 시선을 비판하면서, 동시에 장애인의 사이보그적 존재론과 장애인이 중심이 되는 기술과학을 고민하는 거잖아요. 저는 후자가 특히 다루기 어려웠어요. 시중에 포스트휴머니즘을 다루는 책이 꽤 많은데, 장애의 관점에서 포스트휴먼을 이야기하는 글은 별로 없더라고요. 절대적인 양의 차이로 보아도 그렇고요.

원영   그렇네요. 너무 조심스러운 주제라고 생각하는 것인지…….

초엽   그리고 과학기술학, 즉 STS에서도 '페미니스트 기술과학 연구'는 이미 수십 년 된 중요한 분과잖아요. 그런데 장애학과 STS를 접목하는 건 해외에서도 정말 최근에야 다루기 시작한 주제더라고요. 또 제가 쓴 부분에만 한정되는 이야기이긴 한데, SF를 장애학의 관점에서 읽는 비평도 흔하지는 않아요. 처음 자료조사를 할 때 해외 자료가 아주 많을 거라 기대했는데 별로 그렇지 않았어요. 영어 자료만 조사했다는 한계가 있지만 몇 권의 장애 SF 앤솔러지와 비평서, 학술 저널 특집 정도가 다였거든요.

원영   확실히 문헌이 많지 않죠.「크립 테크노사이언스 선언」을 보고 무척 반가웠지만, 그 글이 실린 잡지에서 특집으로 논문 몇 개를 다뤘을 뿐 구체적인 예시들은 별로 보지 못했어요.

초엽　　　네, 제가 소개한 참고 자료들도 그 분야에서 인용이 아주 많이 된 논문이라기보다는 이제 막 논의되기 시작한 것들이 많아요. 그게 중요하지 않아서가 아니라, 덜 주목받고 있어서 그렇구나 싶었어요. 저는 학자가 아니니까 새로운 무언가를 제시한다기보다는 논픽션을 쓰는 소설가로서 그 논의를 대중적으로 소개하는 일을 할 수 있겠다고 생각했어요. 한국에 이런 논의들을 소개하고 같이 고민해보자고 독자들에게 제안하는 의미로요. 말씀 들어보니 원영 님은 거기서 조금 더 나아가고 싶으셨던 것 같아요.

원영　　　기술에 관한 논의가 어느 때보다 폭발적으로 터져 나오고 있지만 장애를 가진 사람들의 구체적인 경험과 고민이 아직은 충분히 알려지지 않았잖아요. 그래서 저도 우선은 장애인들이 어떤 고민을 하고, 기술에 대해 얼마나 새롭게 인식하고 있는지를 독자들에게 소개하는 게 중요하다고 생각했어요. 다만 이러한 고민들이 기술을 개발하고 사용하는 사람들에게 장애를 이해시키기 위한 것에 그치지 않고, (거창하게 말해본다면) 새로운 '세계관'과 연결되는 것임을 말하고 싶었다고 할까요. 포스트휴머니즘 내부의 여러 입장을 비롯해 인간중심주의적 철학에서 벗어나려는 현대 철학의 논의들이 많이 전개되고 있고, 장애라는 경험은 실제로 이러한 논의들 속에서 많은 통찰을 주는 것 같아요. 이번 책에서 다루지 못한 이야기도 많지만, 2020년대가 시작되는 이 시점에 초엽 님과 제가 이런 이야기를 지금과 같은 형식으로 꺼내놓는다는 것 자체가 무엇보다 중요하다고 생각해요. 독자들이 이 논의를 진지하고 재미있게 읽을 수 있는 책이 된다면 좋겠어요.

초엽   맞아요. 저도 독자들에게 최대한 흥미롭게, 새로운 영역에 대한 탐구로 읽혔으면 하는 바람이 있어요. 본문에서 소개한 이토 아사의 책에서 시각장애인 청중에게 '보이는 상상'이 어떤 건지 작가가 설명하는 대목이 나오거든요. 시각장애인 청중이 그걸 다 듣고는 "그쪽 보이는 세계 이야기도 재미있네요!"라고 말하는데, 그런 느낌의 접근도 어느 정도는 필요하다고 생각해요. 장애를 다루는 책에서요.

원영   그게 우리가 '장애 경험의 풍요로움'이라는 주제로 써보려고 했던 것이죠. 저는 그 점을 잘 다루지 못했는데, 초엽 님은 9장에서 다루셨잖아요.

초엽   사실 저도 그런 걸 많이 얘기해보고 싶었지만, 조금 조심스럽기도 했어요. 아까부터 우리가 계속 얘기했던, '이게 지금 당장 시급한 문제냐' 같은 셀프 제동 때문에.

원영   다른 감각-몸-정신의 경험에 주목하고, 그 경험이 단지 결여가 아니라 어떤 풍요로움일 수도 있다는 것, 그것이 주는 통찰이 있다는 것. 그런 부분을 강조하는 게 우리 책의 전제를 강화하는 일이라는 생각이 들어요. 그런데 '셀프 제동'이라니요…….

초엽   그래도 언급은 해볼 수 있었어요. 언젠가는 자기 검열을 좀 더 줄이고 다뤄보고 싶기도 해요.

원영   저는 이 점이 궁금했는데, 우리가 보통 개인이 지닌 어떤 조건에 잠식당하지 않으려면 그걸 '외화'하는 전략을 쓰기도 하잖아요. 이를테면 내게 정신적 트라우마가 있다면 그 트라우마 경험을 나와 분리해서 바라보려고 애쓰는 거죠. 초엽 님은 보청기를 외화해서 바라보는 것이 나 자신을 청각장애인으로'만' 보는 태도를 줄이는 데 도움이 된다고 생각한 적이 있나요? 저는 이 점이 고민스러울 때가 많았는데요. 제 경우는 휠체어를 몸의 일부로 삼는 과정이 장애를 정체성으로, 온전한 내 삶의 한 요소로 바라보는 데 도움이 되었어요. 그러나 나는 장애인'만'은 아니잖아요. 그리고 어떤 사람들에게는 보조기기를 '외화'하는 것이 자신을 지키는 일일지도 모르지요. 특히 후천적 장애인이라면요. 갑자기 좀 무거운 질문을 던졌네요.

초엽   보조기기를 외화한다는 게 어떤 의미인지 궁금해요. 내가 아닌 다른 것, 도구일 뿐이라고 보는 관점인가요?

원영   그 기계를 그냥, 우리 책의 논조와는 다소 다른 셈인데 완전히 객관적인 사물로만 바라본다는 의미예요.

초엽   아, 그렇군요. 그렇게 보려고 한 적은 없는데, 사실 보조기기에 대한 원영 님과 제 경험이 상당히 다를 거예요.

원영   맞아요. 그래서 궁금해요.

초엽   원영 님과 다르게 저는 보조기기를 착용하지 않는 시간이 훨씬 길어요. 외출할 때도 미팅이나 행사가 있는 게 아니라면 보청기를 안 써요. 이번에 이물감이 좀 덜한 새 보청기를 사면서 예전보다는 많이 쓰게 되긴 했는데, 기본적으로 보청기는 제게 좀 이물질에 가깝다고 할까요. 착용하면 바로 빼고 싶은.

원영   그렇군요.

초엽   그래서 청각장애를 보청기에 투영하지는 않아요. 대신 보청기가 청각장애의 '낙인'처럼 작용한다는 감각은 확실히 있어요. 그게 저에게는 좀 분리되는 느낌이에요. 청각장애는 그냥 제가 가진 거고, 보청기는 나의 장애가 투영되는 대상이라기보다는 약간 걸리적거리는 보조기기, 그리고 어쨌든 이걸 드러내는 일은 장애의 낙인을 외부로 보이는 일(그렇게 보면 안 되겠지만 사회적으로 그렇게 여겨지는)이라는 세 레이어가 따로 있어요.

원영　　　　보청기가 없을 때 오히려 초엽 님은, 소리를 더 잘 듣고 아니고와 상관없이 자신이 더 온전하다고 느끼는 것 같아요. 저는 6장에서 인용한 에이미 멀린스의 말처럼, 휠체어가 없으면 발가벗은 기분이 들어요.

초엽　　　　여기서 우리의 경험이 큰 차이를 보이네요.

원영　　　　그런데 재미있는 건 저는 휠체어가 없어도 잘 움직이거든요. 계단도 올라갈 수 있어요. 두 손 두 발로 잘 움직여요. 불이 난다면 저는 휠체어를 버리고 두 팔로 계단을 내려갈 거예요. 무용 공연 같은 걸 할 때는 일부러 휠체어 없이 바닥에서 움직이는 방법을 계속 찾고 있어요. 하지만 연습 때나 공연 때 무척 힘들어요. 정말 옷을 벗고 공연하는 느낌이에요.

초엽　　　　원영 님의 그런 감각, 휠체어가 없으면 어색한 느낌은 어디서 오는 걸까요? 타인의 시선에서 비롯된 것이라고 봐야 할까요? 에이미 멀린스 이야기를 읽으면서 원영 님은 어떨지 궁금했어요.

원영　　　　정확히는 모르겠어요. 그냥 휠체어가 없는 상태로 공공장소에 있어 본 일이 거의 없기 때문일 거예요. 그리고 그냥 제 생각일 뿐일지도 모르지만 제 몸의 조형적 '비정상성'이 휠체어를 타야 커버된다고 믿었던 오랜 시간들 때문인 것 같아요.

초엽　　　　원영 님은 집에서도 휠체어를 오래 쓰시나요?

원영　　　　집에서는 아무도 없기 때문에 잘 안 써요.

초엽　　　　그렇다면 확실히 보여진다는 것이 어떤 역할을 하는 거네요.

원영　　　　분명히 타인에게 보여지는 방식과 관련이 있다고 생각해요. 그렇지만 우리가 집에서 혼자 있을 때도 옷을 잘 차려입거나 화장을 했을 때 내가 더 온전하다고 느낄 수 있잖아요. 그것처럼 집에서 움직이기에 더 편리해서 휠체어를 타지 않기도 하지만, 누군가 나를 보고 있지 않다고 해도 휠체어 위에 제대로 앉아서 핸드림을 잡고 바퀴를 밀며 움직일 때 내가 한 명의 인격체로서 더 온전하다는 느낌을 받아요. 그러니까 이 느낌은 분명 타인의 시선에서 시작되었겠지만, 그 시선이 제 마음 속에서도 작동하는 셈이죠.

초엽　　　　굉장히 많은 생각이 들어요. 저도 다른 사람을 만나 말소리를 잘 들어야 할 때만 보청기를 쓴다는 점에서는…… 다르면서도 또 비슷한 경험인 것 같기도 해요. 저는 미팅이나 행사가 있으면 보청기를 챙겨야 한다는 생각에 좀 긴장하거든요. 안 챙긴 적은 없지만, 만약 안 챙기면 엄청 불안할 것 같아요.

원영　　　　그럴 수 있겠네요. 제가 잘 모르겠는 건 이런 점이에요. 보조기기를 내 몸의 일부라고 생각하는 것이 어떤 새로운 방식으로 내 정체성을 규정하는 것이라고 생각하지만, 어쩌면 이건 오히려 매우 방어적인, 그러니까 '정상적인' 인간이고 싶어서 사용하는 부득이한 수단에 불과한 게 아닐까, 라는 고민을 해요.

초엽　　　　저는 보조기기를 몸의 일부로 생각하는 게 방어적이거나 정상성에 대한 갈망 때문이라는 생각은 들지 않아요. 일단 보조기기를 몸의 일부로 여기는 느낌 자체가 장애 유형에 따라 너무나 다르고, 개인에 따라서도 너무 다르니까 오히려

원영 님이라는 개인이 자기 몸의 고유한 경험을 정체화하는 과정의 일부라는 생각이 들어요. 만약 제가 보청기를 착용했을 때 편안하고 이물감이 안 느껴진다면, 웬만하면 하루 종일 사용할 것 같거든요. 어쨌든 보조기기가 기능상의 이점을 주니까요. 이물감이 드는 보청기를 계속 착용하고 대화에 참여하는 것이 저에게는 체력 소모가 매우 심한 일인데, 원영 님에게는 휠체어를 타는 경험이 그렇지는 않잖아요.

원영　　　　　　보청기와 휠체어의 사용 경험이 다르다는 걸 알고는 있었지만 이렇게 구체적인 이야기를 하다 보니 더 흥미롭네요. 이런 점만 보아도, 우리가 어떤 기술과 결합하는 경험을 낭만화하거나 낙인찍는 일이 바람직하지 않을 뿐 아니라, 현실과도 얼마나 동떨어진 것인지 알 수 있어요. 초엽 님이 본문 후반부에 쓴 '사이보그 중립'이라는 개념과도 연결되는 것이겠죠?

초엽   보조기기와 연결되는 것, 연결되지 않는 것 또는 그 사이에 있는 것 모두 그 자체만으로 가치 판단을 하지는 않겠다는 점에서는 연관이 있다고 볼 수 있죠. 보조기기와 장애인의 신체를 연결 지어 바라보는 일조차 개인에 따라 너무나 다른, 고유한 경험으로 봐야 할 것 같아요. 어떤 사이보그는 보조기기를 몸의 일부로 느끼고, 어떤 사이보그는 보조기기와의 연결을 끊고 싶어 하는, 그런 다양한 삶의 양식이 있다는 생각이 들어요.

누가 한 말인지 기억이 안 나서 인용을 못 하고 있는데, 소셜 미디어에서 제가 팔로우하는 장애학자 중 한 명이 "사이보그의 경험 중에서 가장 짜릿한 부분은 기계에서 해제되는 순간이다"라고 말한 적이 있어요. 보청기를 빼면 너무 편안하다고 하면서요. 그 말을 봤을 때 저는 정말 공감했지만, 한편 모든 보조기기 사용자가 기계에서 멀어지는 것을 편하게 여기는 건 아니잖아요. 또 어떤 사람들은 편하든 그렇지 않든 그것과 연결된 상태(이식되거나 이식에 가까운 상태)로 살아야 하고요. 『기억하는 몸』에서 장애인들의 신체 기억을 다룬 이토 아사의 말을 빌려오자면, 사이보그 신체의 경험도 개인마다 '압도적인 고유성'을 갖는 것 같아요. 그래서 그 고유함과 다양성을 드러내고 싶었는데 본문에서는 충분하지 않았어요. 이렇게 대담으로 얘기해볼 수 있어서 좋네요.

원영　　　네, 지금 이 이야기가 무척 재미있고 저 개인적으로도 의미가 커요.

초엽　　　우리가 글을 따로 쓸 때는 오히려 이런 차이를 발견하기 어려웠던 것 같아요.

사이보그라는 상징에 관하여

원영　　　우리가 이 책에서 말하는 주제를 다루기 위해서 왜 굳이 '사이보그'라는 상징을 끌어온 걸까요?

초엽　　　그러게요. 어쩌다 사이보그가 됐죠?

원영　　　보청기와 휠체어의 경험에서 출발해서일까요?

초엽　　　우리가 주고받은 메일의 역사를 다시 살펴봐야

겠어요.

원영   '사이보그가 되다'라는 말을 꺼낸 후부터는 그냥 그게 계속 제목처럼 되어버린 것 같은데…….

초엽   그런데 우리가 처음에 막연하게 떠올린 '사이보그'라는 비유가 생각보다 장애인과 연관이 깊더라고요. 일단 사이보그와 장애인을 단순하게 연결하는 이미지, 그러니까 로봇 다리를 착용한 휴 허로 대표되는 이미지가 만연해 있다는 것에 놀랐어요. 반대로 기술과 긴밀히 연관되어 살아가는 장애인의 삶을 '크립-사이보그'로 정치화하는 시도들이 이미 진행되어 왔다는 것에도 놀랐고요. 해러웨이의 사이보그 페미니즘에 비해서 크립-사이보그의 등장은 꽤나 늦어졌다는 것도 또 다른 의미에서 놀라운 지점이었어요.

처음에는 너무 단순한 연상 작용으로 '장애인 사이보그'를 말하기 시작한 건 아닐까 걱정도 했는데, 자료조사를 하며 글을 써 나가다 보니 생각보다 더 의미 있는 영역에 들어왔구나 싶었어요. 그냥 장애와 기술이라고 말하는 것보다 사이보그가 좀 더 부정적으로든 긍정적으로든 강력하게 각인이 되기도 하고요. 다만 이건 처음에도 그랬고, 지금도 여전히 하는 생각인데 '사이보그'가 포괄하지 못하는 경험들이 많다는 생각은 들어요. 앨리슨 케이퍼도 『페미니스트, 퀴어, 크립』에서 이 크립-사이보그를 탐구하지만 동시에 한계도 인정하고 있어요.

원영　　　　그렇네요. 사이보그라는 상징이 여러 방식으로 다뤄지는데, 피스토리우스 같은 육상 선수는 주류 대형 미디어에서 사이보그로서 크게 홍보가 되었지요. 반면 스티븐 호킹은 '사이보그'라고 호명되지 않잖아요. 4장에서 다룬 내용이기도 한데, 호킹은 오히려 가장 강렬한 '인간'이었죠. 호킹이 사이보그로 불려야 한다는 의미는 아니에요. 하지만 사이보그라는 상징 자체가 장애인의 존재를 드러내기에 분명 충분하지 않다는 방증 같아요. 앨리슨 케이퍼가 말한 한계란 어떤 것이었죠?

초엽　　　　예를 들면 사이보그라는 상징은 시각장애인보다는 청각장애인을 더 잘 설명하는 말이고, 다운증후군보다는 절단장애에 적합하다는 거죠. 한편으로는 앨리슨 케이퍼가 『페미니스트, 퀴어, 크립』을 쓴 2013년보다 지금 장애와 기술이 더 긴밀하게 연관될 가능성이 높아졌기 때문에 그 범위는 얼마든지 유동적으로 변할 수 있다고 생각해요. 장애인 사용자를 위한 스마트폰 앱 같은 건 그때는 드물었으니까요.

원영　　　　저는 사이보그라는 상징이 꼭 기계나 기술과 결합한 존재만을 상기시킬 필요는 없다고 생각했어요. 타자와 연결되고 뒤섞인 잡종의 존재, 그러니까 이른바 '자유주의적 주체성'으로 설명할 수 없는 존재 방식에 주목하는 데 도움이 된다는 점에서 이 상징의 유효성이 있다고 본 것이죠(물론 이 '잡종성'이라는 것도 어딘가 공허하다는 느낌을 나중에는 받게 되었지만요). 그렇더라도 굳이 왜 '사이보그'라는 말이 필요할까요? 페미니즘, 포스트휴머니즘을 비롯한 현대의 철학적 논의들이나 장애권리운동 같은 소수자운동이 독립성이나 자율성보다 돌봄, 의존, 연대, 취약함 같은 가치들에 이미 주목하고 있는데 말이지요.

다른 한편으로, 예를 들어 다운증후군을 가진 사람은 상대적으로 기계나 기술과 관련이 적어 보이지요. 실제로는 IT 기술을 활용해 일상생활을 누리고 교육을 받는 등 결코 그렇지 않지만요. 그럼에도 여전히 사이보그라는 말은 인공 보철에 더 많이 의존하는 신체장애인(지체, 감각 등) 중심의 비유는 아닐까, 라는 의문이 계속 들었어요.

초엽　　　　맞아요. 앨리슨 케이퍼도 언급하는 점이 사실은 장애와 기술, 연립을 둘러싼 정치학을 설명하는 데에 반드시 사이보그 비유가 필요하지는 않다는 거예요. 그럼에도 이 이미지의 강력함, 각인 효과를 말하고 싶어요. 사이보그라는 이미지가 아직 과학·기술·의학 비평의 영역에서 장애의 문제가 제대로 드러나지 않았다는 점을 좀 더 확실하게 보여준다는 의미에서요. 우리의 통념과 문화 속에 자리 잡은 사이보그에 대한 이미지가 있고, 거기에는 이미 과학기술에 대한 우리 사회의 기대와 장애-과학기술의 역학 관계가 투영되어 있잖아요. 그게 아니다, '현실의' 사이보그는 그렇지 않다고 뒤집어 말하는 것에서, 그러니까 익숙한 이미지를 해체하고 재구성하는 것에서 오는 어떤 효과가 있지 않을까 생각해요. 우리는 학술적인 글을 쓴 건 아니니까 그게 학술적으로 갖는 의미에 대해 말하기는 어렵지만, 적어도 우리 글을 읽는 독자들에게는 기억에 남는 비유가 되기를 바랐어요.

그리고 여기서 사이보그라는 것을 기계-유기체의 혼성체일 뿐만 아니라 기술, 환경, 동물과 상호 작용하는 포스트휴먼으로서의 장애인으로 확장해볼 수 있어요. 앨리슨 케이퍼는 호르몬 요법을 받는 트랜스 피플이나 정신약물을 복용하는 사람들도 의료 기술, 자본주의, 의약 산업과 같은 복잡한 관계망 속에 있다는 의미에서 의료적 사이보그의 예시로 들고 있어요. 시각장애인과 안내견의 관계를 사이보그 정치학의 틀에서 해석할 수 있다는 제안도 하고요. 다만 거기까지 가면 제가 초점을 맞추고 싶었던 신체와 감각을 교정하는 기술, 접근성 기술의 범위를 훨씬 넘어서는 것이다 보니 이번 책에서 다루지는 못했어요. 사이보그 비유 자체의 한계라기보다는 우리가 다룬 내용의 한계라고 얘기하고 싶네요.

원영　　　　사이보그 이미지가 우리의 '인간 중심성'을 얼마간 해체한다는 점을 덧붙이고 싶어요. 사실 의존이나 연립에 대해서 이야기해도 우리는 여전히 인간을 주로 생각할 때가 많아요. 이때의 문제는 우선 동물을 배제한다는 점인데, 최근에는 장애운동이 동물의 경험과 강하게 접속하고 있다는 생각이 들어요. 여전히 기술 혹은 사물에 대해서는 그렇지 못한 것 같고요. 과학기술을 그저 장애를 극복하는 수단으로 보는 시각을 비판하는 것을 넘어서, 우리가 어떤 기술과 결합했을 때 비로소 특정한 모습으로 살아가는 존재가 된다는 점에도 저는 주목해야 한다고 생각하거든요. '현실의' 사이보그를 통해 장애나 질병이 있는 존재를 바라보는 일은, 그러니까 장애를 극복하는 테크놀로지에 대한 환상과 비현실성을 지적하는 것이면서, 동시에 기술문명과 무관하게 인간 실존의 한 양식으로서만 장애를 바라보는 것의 한계도 드러내는 일이라고 생각해요.

초엽　　　방금 말씀하신 부분에도 많이 공감이 가요. 인간과 비인간, 인프라, 기술, 도구, 자연 모두를 동등한 행위자로 다뤄야 한다고 말하는 학자들이 있잖아요. 그런 의미에서도 유용한 비유 같아요.

인간과 기술문명의 불가분의 관계

원영　　　　　과학기술-의학을 중요시하는 사람들은 장애가 언제나 기술(지식)의 문제 해결 대상이라고만 생각하지요. 반면 장애를 인간의 다양한 존재 방식으로‘만’ 여기는 사람들은 실제의 장애가 언제나 과학기술과 어떤 식으로든 연결되고 결합되어 존재한다는 점은 과소평가하는 것 같아요. 이를테면 저의 장애와 관련된, 제게 생물학적 손상을 야기한 이 질병을 가진 사람은 현대의 과학기술 문명이 없었다면 그냥 대부분 어린 시절에 사망해서 아예 인류 공동체에 존재하지 않았을 거예요. 제가 존재하는 건 제가 어떤 특정한 지식, 테크놀로지와 결합했기 때문이에요.

초엽　　　　　우리가 사이보그, 장애와 과학기술이라는 주제를 함께 즐겁게 쓸 수 있었던 이유도 같은 문제의식이 있었기 때문인 것 같아요. 장애권리운동과 장애학의 전제에 매우 동의하면서도, 동시에 인간 바깥의 어떤 물질적인 구성 요소들을 다소 홀대하고 있지 않았나 하는 생각도 들어요. 장애와 기술의 관계는 복잡해요. 저도 카카오톡이 개발되기 이전의 세계에 살았다면 상당히 고립된 삶을 살지 않았을까 자주 생각하거든요.

원영　　　　　카카오톡이 없었다면 우리의 공동 작업도 훨

씬 힘들었겠지요. 지하철역에 엘리베이터가 없었다면 저는 초엽
님을 만나러 갈 수도 없었을 거예요. (웃음)

초엽　　　　맞아요. 그렇지만 좋거나 나쁜 것으로 나누어
생각할 수는 없겠지요. 사실 저는 스마트폰 앱이 점점 발전하면
서 일상생활이 굉장히 편리해졌거든요. 아무래도 전화나 대면으
로 처리하던 것들을 요즘은 앱으로 많이 하게 되었잖아요. 키오
스크도 저에게는 직원의 말을 되물을 일이 없어 편해요. 하지만
접근성을 고려하지 않은 스마트폰 앱이나 키오스크는 시각장애
인이나 노인들에게 큰 장벽이 되고 있어요. 유튜브 같은 자막 없
는 영상 매체들이 유행하기 시작하던 무렵에는 좀 당황스러웠어
요. 유튜브가 막 성장하던 초창기에는 어떤 시대적 흐름에서 내
가 소외되고 있구나 하는 생각도 들었어요. 나라는 개인, 특히
장애를 가진 개인은 기술과의 관계에서 굉장히 수동적일 수밖에
없다는 무력감을 느꼈거든요. 그것이 나에게 좋든 나쁘든 그 변
화의 영향을 일방적으로 받아들여야 한다는 점에서요. 이번 책
을 쓰면서 생각이 바뀌었어요. 기술에 적극적으로 개입해서 바
꾸려는 사람들의 사례를 많이 접하다 보니까, 기술과 나의 관계
가 반드시 수동적일 이유는 없다는 것을 알게 됐어요. 개인적으
로도 긍정적인 생각의 변화를 경험했어요.

원영　　　　지금 초엽 님 이야기를 들으면서 명료해진 용

어가 기술과의 관계에서의 '수동성'이에요. 그 인식이 중요하다고 생각해요. 특정한 기술 혹은 기술문명 자체에 대한 찬양이나 비판은 적절한 접근법이 아니라고 봐요. 다만 우리의 존재 조건에 기술문명이 깊이 결합되어 있다는 점을 인식해야 한다고 생각해요. 모든 현대 인류가 그렇겠지만, 특히 '장애를 가진 사람'에게 이 관계는 훨씬 더 '유동성'이 크다고 말해야 할까요? 어떤 종류의 의약품, 의료기기, 커뮤니케이션 매체, 모빌리티의 등장과 활용 방식에 따라 삶의 조건과 전개 양상이 크게 달라지니까요. 다만 그것의 등장, 수용, 활용, 접근에 있어서 '수동적'이라는 점을 우리가 돌파해야 한다고 생각해요. 이 역시 장애인에게만 해당하는 문제는 당연히 아니고요.

초엽　　　　어떤 흐름에 막연히 휩쓸리는 것이 아니라, 그 흐름에 대해 어떻게든 이야기하고 또 개입할 수 있다는 감각이 중요해 보여요. STS에서 말하는 과학기술에 대한 시민 참여, 기술의 민주화와도 관련이 있는 부분이에요.

원영　　　　수동성을 돌파하는 길은 과학기술 지식의 생산과 유통, 활용에 능동적으로 개입하는 것이라고 볼 수 있겠죠. 하지만 이것으로 충분할까, 라는 고민도 있어요.

초엽　　　　원론적인 이야기지만, 비판을 넘어서 장애 정의가 기술 설계의 한 가지 원칙이 되는 것이 중요하다는 생각이 들어요. 「크립 테크노사이언스 선언」에서도 장애인들이 기술 지식의 일방적인 수혜자가 아니라 생산자가 되기를 강조하는데 이게 반드시 전문가로서만 가능한 것은 아니거든요. 『난치의 상상력』을 쓴 안희제 님의 자막 달기 운동 이야기를 하고 싶은데요. 페이스북에서 자주 보이던 유튜브 채널이 있는데, 평소에는 그냥 스쳐 지나가다가 어느 날 보니 뭔가 달라져 있어서 자세히 봤어요. 청각장애인용 자막이 달려 있더라고요. 그게 안희제 님이 여러 차례 댓글로 자막을 요구해서 받아들여진 결과라는 걸 나중에 알았어요.

기술의 발전 수준이 문제가 아니라, 장애 정의와 접근성이라는 원칙이 기술의 핵심 가치에 포함되지 않기 때문에 무시되는 것들이 너무 많다고 생각해요. 결국은 다시 원론적인 이야기로 돌아가지만 비판을 통한 개입, 장애 당사자의 지식 생산, 접근성 원칙의 의무화 등 시스템의 변화가 모두 적극적 개입이 될 수 있다고 생각해요.

우리의 삶이 교차한 순간

원영　　　여전히 많은 고민과 궁금증이 남지만 우리의 긴 작업을 이제 마무리해야 할 것 같아요. 초엽 님과 이 작업을 함께해서 정말 좋았다고 말하고 싶어요. 조금 아쉬운 건 코로나 바이러스 등으로 우리가 만나서 대화를 나눌 기회가 제한적이었다는 점이에요. 물론 온라인으로 이야기를 나눈 시간들도 좋았지만요.

초엽 그러게요. 1월에 한창 자료조사를 할 때만 해도 원영 님이랑 북토크를 어마어마하게 많이 하겠다는 계획이었는데……. 코로나 상황이 끝나고 행사를 할 수 있게 되면 책을 내자고 서로 얘기했던 것 기억하시나요. 독자들과 직접 만나는 자리는 당장은 좀 어렵게 됐네요.

원영 기억합니다. 과학기술 관련 세미나나 컨퍼런스 같은 데 함께 참여해서 배우고 관련된 이야기도 나누고 싶었어요. 다른 사람들의 의견도 많이 듣고 싶었고요. 이 작업이 끝난 후에는 무엇을 하시나요?

초엽 먼저 원영 님 계획부터 들어볼까요. 웹진에 몸과 춤에 대한 이야기를 연재하셨잖아요. 이제 그 글을 책으로 묶을 예정인가요? 스포일러가 되지 않는 선에서 이것저것 계획하고 계신 것들을 듣고 싶어요. 우리 주제에서 혹시 영향을 받은 것도 있을까요?

원영   이번 작업에서 저의 몸을 특정한 기계 혹은 타인과 연결된 존재로서 인식하고 이야기하는 과정이 있었잖아요. 춤에 관한 이야기에서는 결국 엉성하고 삐거덕거리는 몸이지만 그 몸이 도달할 수 있는 다른 모습 혹은 가장 좋은, 가장 자유로운 모습을 찾는 과정을 다루게 될 것 같아요. '사이보그가 되었다'면 이제는, 말하자면 '무용수가 되다'에 관해 쓰는 셈이죠. 초엽 님도 본문에서 소개해주셨지만 MIT의 휴 허 교수가 보스턴 마라톤에서 폭탄 테러로 피해를 입은 무용수를 위해 인공 보철을 제작해주잖아요. 그 무용수는 절단된 다리에 보철을 착용하고 휴 허의 테드 강연 마지막에 나와서 춤을 추죠. 그런데 영국의 데이비드 툴David Toole 같은 무용수는 다리 없이 두 팔로만 바닥에서 춤을 춰요. 내가 '온전한' 내 몸으로 춤을 춘다면, 그건 어떤 모습이어야 할까요? 인공 보철로 다리를 보완해 춤을 추는 무용수 쪽일까요, 아니면 바닥에서 두 팔로만 춤을 추는 데이비

드 툴 쪽일까요? 둘 다 '온전한' 제 모습이라고 말할 수도 있겠지만, 내가 도달할 수 있는 내 몸의 가장 자유롭고 '좋은' 모습은 무엇일까요? 이런 물음들이 초엽 님과 함께한 이번 작업에서 저의 다음 작업으로 이어질 고민일 것 같아요.

초엽   확실히 원영 님은 존재론이라는 주제에 관심이 많으신 것 같아요.

원영   제가 살 만해서 그런 걸까요? 사실 그렇지도 않은데…….

초엽   저는 그런 이야기 읽는 것 좋아해요. 장애 정체성이든 그 외의 무엇이든 명확한 건 없잖아요.

원영   이런 물음들은 사실 정치적, 사회적 실천보다는 창작자로서의 동기에서 시작되는 것 같아요.

초엽   맞아요. 실천이 아니라 좀 더…… 소설의 영역인 것 같아요. 분명하지 않은 것들에 대해 분명하지 않게 말하는 것이요.

원영   실천이 '아니'라기보다는 '소설에 더 가까운'이라고 말하고 싶어요. (웃음) 초엽 님의 소설이 정치적인 실천이 아닌 것은 아니니까. 초엽 님의 계획도 궁금합니다. 소설을 계속 쓰시나요, 아니면 과학자가 되시나요?

초엽   음, 당분간은 글을 쓸 거예요. 원영 님 이야기를 들으면서 좀 재미있었던 게 원영 님은 이제 차기작에서 몸이라는 주제를 깊게 탐구하시는 거잖아요. 저는 다음에 낼 두 번째 소설집이 다른 감각을 가진 존재들이라는 테마를 공유하거든요. 의식적으로 그렇게 한 건 아닌데, 어쩌다 보니 쓰는 소설들이 다 그렇게 묶이더라고요. 그 소설들을 쓴 시기가 이 사이보그 프로젝트를 계속 생각하고 또 집필한 시기와도 겹치고요. 어쨌든 우리의 관심사가 여기서 한 번 교차한 다음에는 다시 각자의 영역으로 가는 그런 느낌도 있네요.

원영   그렇네요, 정말. 또 이렇게 각자의 작업을 하다가 10년쯤 지나서 다른 작업을 함께해요.『사이보그가 되다 2』일 수도 있고. (웃음)

초엽   네, 좋아요. 뭐가 될지는 모르겠지만. 저는 이 프로젝트를 같이한 경험이 소설에도 영향을 많이 미친 것 같아요. 정확히 어느 부분에 어떻게 영향을 미쳤다고 말할 수는 없지만요. 이 프로젝트를 하면서 쓴 소설 중에는 장애를 직접 다루는 것도 있고 무관한 것도 있는데, 되도록이면 제가 직접 규정하지는 않으려고 해요. 아무튼 예전보다 장애라는 주제를 소설을 통해 말하는 일이 편해지긴 했어요. 제게는 긍정적인 영향 같아요. 그렇게 앞으로도 장애와 관련이 있을 수도 있고, 없을 수도 있는 소설들을 계속 쓸 생각입니다. 이상 저의 차기작 보고 끝.

원영   저는 소설가 김초엽이 장애라는 주제 안에서만 규정되지 않기를 바라요. 하지만 동시에 저는 김초엽의 소설에서 언제나 이 경험에 대한 고민의 흔적을 찾을 것 같아요.

초엽   네, 저도 독자들이 그렇게 읽어주시면 기쁠 거예요. 원영 님이 그렇게 읽어주신다니 좋네요.

나오며

김초엽

나는 자연과학을 전공했고, SF 소설가이고, 여성이고, 청각장애인이다. 이 상황과 조건들은 나에게 익숙한 것이었지만 이 모든 것을 하나의 흐름으로 연결해서 보는 데에는 오랜 시간이 걸렸다. 이를테면 나는 내가 여성이고 청각장애인이지만 두 가지는 완전히 별개의 문제이고, 또 내가 SF를 쓰는 것이나 자연과학을 전공한 것과도 무관하다고 생각했다. 『사이보그가 되다』를 쓰면서 그 생각을 재검토해보았다. 여성으로서 나의 정체성이 장애 정체성을 받아들이는 일에는 어떻게 영향을 미쳤는지, 또 과학을 전공하면서 했던 고민들과 SF를 쓰며 하는 생각들, 장애의 경험은 어떻게 연결되어 있는지. 한 번도 해본 적 없는 작업이었다. 내가 청각장애인이라는 사실은 나에게 익숙하지만 여태까지는 그다지 깊이 들여다보고 싶지 않은 부분이었으니까.

김원영 작가에게 공동 프로젝트를 제안받았을 때, 망설임과 기대감을 함께 품었다. 망설임은 나에게 장애인으로서의 경험과 고민이 충분하지 않다는 데에서, 기대감은 김원영 작가의 전작들이 나에게 장애에 관한 새로운 생각을 많이 안겨주었다는 데에서 왔다. 이후에 다른 장애인들의 글과 책을 찾아 읽으며 알게 된 재미있는 사실이 있다. '나는 장애인이야. 하지만 장애인으로서 말하기에는 충분하지 않은 것 같아.' 다들 그렇게 생각하고 있었던 것이다. 장애에 부과된 사회적 낙인이 우리를 '충분히 장애인이 되는 것'에서 한 발 물러나게 하고 있었는지도 모른다. 그것을 알게 된 이후로, 이 책을 쓰는 것은 나에게 마치 '장애인이 되다'를 쓰는 일 같았다. 그 과정은 나의 취약함과 의존성, 장애인으로서의 정체성을 탐구하는 낯설고도 즐거운 일이었다.

『사이보그가 되다』를 처음 쓰기 시작했을 때 내가 반복해서 떠올린 이미지는 블록버스터 영화 속 사이보그들이다. 그들은 매끈한 팔다리를 휘두르며 스크린 속을 날아다닌다. 이런 사이보그들은 내가 선뜻 이입할 수 없는, 감히 이입할 엄두도 내지 못하는 존재들이었다. 하지만 이제 그 사이보그들은 내 옆에 와 지친 표정을 지으며 앉는다. 보철 다리를 분리해서 손에 들고 사실은 이거 좀 걸리적거렸어, 하면서 투덜거린다. 결함을 가진, 그것을 보여주고 싶지 않은, 넘어서려고 하지만 실패하고, 결국은 그 텅 빈 구멍을 자신의 일부로 받아들이는 사이보그들을 상상한다. 무표정하게 내달리는 화면 반대편에 존재하는 복잡하고 불완전한 삶을 생각한다. 그러면 그들이 정말로 이 세계에 존재하는 것처럼, 그리고 바로 나 자신인 것처럼 느껴진다.

이 책을 쓰면서 동시대의 장애인들에게 많이 배울 수 있어서 좋았다. 부지런하게 세계를 고치고, 메꾸고, 덧대고 수선하는 그 상상력으로부터. 도저히 도달할 수 없을 것 같은 세계를 선언하면서도 지금 우리가 할 수 있는 작은 일에서 시작하는 강건함으로부터. 특히 최전선에서 말하고 싸우는 운동가들의 이야기를 읽는 것이 좋았다. 내가 '이게 될까, 다른 문제가 있지는 않을까' 냉소하고 의심할 때 그들은 똑같은 질문을 안고도 한 뼘 더 나아간다. 우리의 세계는 너무나 복잡하고, 어떤 것도 쉽게 단정 지을 수 없다. 그러나 그 복잡함 때문에 무언가를 무작정 보류해서는 안 된다는 것을 그들에게서 배웠다. 무엇보다 이 책을 함께 쓴 김원영 작가의 고민과 태도로부터 많이 배웠다. 그가 남겨둔 여전히 답할 수 없는 질문들을 공유할 수 있어서 좋았다.

사이보그의 삶이 실제로는 이질적인 것들 사이의 불화, 염증과 불쾌감, 모순으로 이루어져 있는 것처럼 장애를 가지고 살아가는 경험 역시 끊임없는 불화의 연속이다. 어떤 투쟁은 이 장애를 구성하는 세계를 향하지만, 또 어떤 투쟁은 결코 해결될 수 없는 개인의 고유한 고통을 향한다. 하지만 가능하다면, 나는 그 불화 속에서 어떤 모순적인 좋은 것들도 발견하고 싶다. 삶은 불행하거나 행복하기만 한 것이 아니며 불행한 동시에 행복하다고, 슬프고 또 아름답기도 하다고 말하고 싶다. 우리의 불완전함

은 때로 다른 세계로 가는 문을 열어준다. 나는 이제 그 사실을
조금은 기쁘게 받아들인다.

이 책의 일부는 2019년 주간지 『시사인』에 연재한 '김초엽·김원영의 사이보그가 되다'에 기고했던 글을 수정하고 보완한 것이다. 『시사인』에서 지면을 주시지 않았다면 우리의 논의는 시작조차 하기 어려웠을 것이다. 장애-기술 연구의 여러 자료를 소개하고, 학술적 검토를 도와준 강미량 님 덕분에 책의 내용이 더욱 풍성해졌다. 또한 이 책에 실린 시각 예술 작업은 이지양, 유화수 작가의 작품이다. 장애를 가진 몸에서 그동안 가려져 있던 경험을 발견하고 조명하는 두 분의 시도에 늘 감사하다. 우리의 고민과 이야기가 2년이 넘는 시간을 지나 비로소 한 권의 책이 된 것은 사계절출판사 덕분이다. 이진 편집자님을 비롯해 함께 일한 편집팀 모두에게 깊이 감사드린다.

—— 김원영·김초엽

강수미, 「인공 보철의 미 – 현대 예술에서의 '테크노스트레스'와 '테크노쾌락'의 경향성」, 『미학예술학연구』, 제39집, 2013.

그레고리 베이트슨, 박대식 옮김, 『마음의 생태학』, 책세상, 2006.

김도현, 『장애학의 도전』, 오월의봄, 2019.

김도현, 『차별에 저항하라』, 박종철출판사, 2007.

김상희, 「보조공학 기기와 나의 삶, 욕망에 대하여」, 『비마이너』, 2020년 9월 16일.

김헌용, 「인식의 영역까지 아우르는 보편적 디자인을 위하여」, 『비마이너』, 2020년 12월 7일.

김혜리, 『나를 보는 당신을 바라보았다』, 어크로스, 2017.

도나 해러웨이, 황희선 옮김, 『해러웨이 선언문』, 책세상, 2019.

로지 브라이도티, 이경란 옮김, 『포스트휴먼』, 아카넷, 2015.

리처드 사이토윅, 조은영 옮김, 『공감각』, 김영사, 2019.

마리 힉스, 권혜정 옮김, 『계획된 불평등』, 이김, 2019.

마이클 샌델, 김선욱·이수경 옮김, 『완벽에 대한 반론』, 와이즈베리, 2016.

마크 오코널, 노승영 옮김, 『트랜스휴머니즘』, 문학동네, 2018.

매슈 크로퍼드, 노승영 옮김, 『당신의 머리 밖 세상』, 문학동네, 2019.

생애문화연구소 옥희살롱 엮음, 『새벽 세 시의 몸들에게: 질병, 돌봄, 노년에 대한 다른 이야기』, 봄날의책, 2020.

송영애·김현정·이현경, 「간호, 로봇, 과학기술 혁명: 간호 업무 지원을 위한 로봇 시스템」, 『노인간호학회지』, 특별호, 2018.

송정희, 「치매 노인에 대한 동물로봇 매개 중재 프로그램의 효과」, 『대한간호학회지』, 39권, 4호, 2009.

수나우라 테일러, 이마즈 유리 옮김, 『짐을 끄는 짐승들』, 오월의봄, 2020.

수전 웬델, 김은정·강진영·황지성 옮김, 『거부당한 몸』, 그린비, 2013.

스테이시 앨러이모, 윤준·김종갑 옮김, 『말, 살, 흙』, 그린비, 2018.

스티브 실버만, 강병철 옮김, 『뉴로트라이브』, 알마, 2018.

아리스토텔레스, 천병희 옮김, 『니코마코스 윤리학(NE 1098a)』, 도서출판 숲, 2013.

아이리스 매리언 영, 김도균·조국 옮김, 『차이의 정치와 정의』, 모티브북, 2017.

안희제,『난치의 상상력』, 동녘, 2020.

앤드류 솔로몬, 고기탁 옮김,『부모와 다른 아이들 1』, 열린책들, 2015.

앨런 뷰캐넌, 심지원·박창용 옮김,『인간보다 나은 인간』, 로도스, 2015.

앨리슨 케이퍼, 전혜은 옮김,「욕망과 혐오: 추종주의 안에서 내가 겪은 양가적 모험」,『여/성이론』, 39호, 2018.

엘리자베스 문, 정소연 옮김,『어둠의 속도』, 북스피어, 2007.

올리버 색스, 이은선 옮김,『화성의 인류학자』, 바다출판사, 2015.

이종관,『포스트휴먼이 온다』, 사월의책, 2017.

이토 아사, 김경원 옮김,『기억하는 몸』, 현암사, 2020.

이토 아사, 박상곤 옮김,『눈이 보이지 않는 사람은 세상을 어떻게 보는가』, 에쎄, 2016.

일라이 클레어, 전혜은·제이 옮김,『망명과 자긍심』, 현실문화, 2020.

임소연,『사이보그로 살아가기』, 생각의힘, 2014.

장석만,「페티시즘의 개념사 – 그 발명과 의미망」,『종교문화비평』, 9권, 2006.

장애여성공감,『어쩌면 이상한 몸』, 오월의봄, 2018.

전치형·홍성욱,『미래는 오지 않는다』, 문학과지성사, 2019.

전혜숙,『포스트 휴먼 시대의 미술』, 아카넷, 2015.

주디 와이즈먼, 박진희·이현숙 옮김,『테크노페미니즘』, 궁리, 2009.

최유경,「농인이 왜 음성 언어로 말해야 하는가?」,『비마이너』, 2020년 4월 6일.

최유미,『해러웨이, 공-산의 사유』, 도서출판b, 2020.

캐서린 헤일스, 이경란·송은주 옮김,『나의 어머니는 컴퓨터였다』, 아카넷, 2016.

킴 닐슨, 김승섭 옮김,『장애의 역사』, 동아시아, 2020.

템플 그랜딘, 홍한별 옮김,『나는 그림으로 생각한다』, 양철북, 2005.

토빈 시버스, 손홍일 옮김,『장애 이론』, 학지사, 2019.

톰 셰익스피어, 이지수 옮김,『장애학의 쟁점』, 학지사, 2013.

하대청,「휠체어 탄 인공지능: 자율적 기술에서 상호 의존과 돌봄의 기술로」,『과학기술학연구』, 19권, 2호, 2019.

한국포스트휴먼연구소·한국포스트휴먼학회,『포스트휴먼 시대의 휴먼』, 아카넷, 2016.

홍성욱,『포스트휴먼 오디세이』, 휴머니스트, 2019.

휴버트 드레이퍼스, 최일만 옮김,『인터넷의 철학』, 필로소픽, 2015.

Aimi Hamraie and Kelly Fritsch, "Crip Technoscience Manifesto", *Catalyst: Feminism, Theory, Technoscience*, Vol. 5, No. 1, 2019.

Aimi Hamraie, "Cripping Feminist Technoscience", *Hypatia*, Vol. 30, No. 1, 2015.

Aimi Hamraie, "Designing Collective Access: A Feminist Disability Theory of Universal Design", *Disability Studies Quarterly*, Vol. 33, No. 4, 2013.

Albert Cook, Janice Polgar, *Assistive Technologies: Principles and Practice*, 4th Edition, Mosby, 2014.

Alice Wong, "The Last Straw", *Eater*, July 19, 2018.

Alison Kafer, "Crip Kin, Manifesting", *Catalyst: Feminism, Theory, Technoscience*, Vol. 5, No. 1, 2019.

Alison Kafer, *Feminist, Queer, Crip*, Indiana University Press(Kindle Edition), 2013.

Amanda Sharkey and Noel Sharkey, "Granny and the Robots: Ethical Issues in Robot Care for the Elderly", *Ethics and Information Technology*, Vol. 14, No. 1, March 1, 2012.

Andi C. Buchanan, "Design a Spaceship", *Uncanny Magazine: Disabled People Destroy Science Fiction!*, Issue 24, 2018.

Anna Kessel, "The Rise of the Body Neutrality Movement: 'If You're Fat, You Don't Have to Hate Yourself'", *The Guardian*, July 23, 2018.

April Glaser, "Watch Toyota's New Robot Assistant Help a Disabled American Vet", *Vox*, June 30, 2017.

Ashley Shew, [Blog Post] "Stop Depicting Technology as Redeeming Disabled People", *Nursing Clio*, April 2019(https://techanddisability. com/2019/05/01/stop-depicting-technology-as-redeeming-disabled-people/).

Ashley Shew, [Blog Post] "Technoableism Cyborg Bodies and Mars", *Technology and Disability*, November 2017(https://techanddisability. com/2017/11/11/technoableism-cyborg-bodies-and-mars/).

Ashley Shew, "Ableism, Technoableism, and Future AI", *IEEE Technology and Society Magazine,* Vol. 39, No. 1, March 2020.

Ashley Shew, "Up-Standing Norms, Technology, and Disability", Presentation as Part of a Panel on Discrimination and Technology at IEEE Ethics

2016.

Christy Tidwell, "Everything Is Always Changing", Kathryn Allan (eds), *Disability in Science Fiction: Representations of Technology as Cure*, Palgrave Macmillan, 2013.

Coreen McGuire and Havi Carel, "The Visible and the Invisible: Disability, Assistive Technology, and Stigma", *The Oxford Handbook of Philosophy and Disability*, 2020.

embracetheplanetnl, [Blog Post] "James Gillingham prosthetic limbs", June 25, 2018 (https://embrace-yourself-embrace-the-world.com/2018/06/25/james-gillingham-prosthetic-limbs/).

Elsa Sjunneson–Henry, Dominik Parisien, Nicolette Barischoff, S. Qiouyi Lu and Judith Tarr (eds), *Uncanny Magazine: Disabled People Destroy Science Fiction!*, Issue 24, 2018.

Emma Grey Ellis, "The Problem With YouTube's Terrible Closed 'Craptions'", *Wired*, October 1, 2019.

Erik P. Rauterkus and Catherine V. Palmer, "The Hearing Aid Effect in 2013", *Journal of the American Academy of Audiology*, Vol. 25, No. 9, 2014.

Faye Ginsburg and Rayna Rapp, "Disability/Anthropology: Rethinking the Parameters of the Human", *Current Anthropology*, Vol. 61, No. S21, February 2020.

Ginny Russell, "Critiques of the Neurodiversity Movement", *Autistic Community and the Neurodiversity Movement*, November 8, 2019.

Graham Pullin, *Design Meets Disability*, MIT Press, Cambridge, 2009.

Heather A. Faucett, Kate E. Ringland, Amanda L. L. Cullen and Gillian R. Hayes, "(In)Visibility in Disability and Assistive Technology", *ACM Transactions on Accessible Computing*, Vol. 10, No. 4, October 5, 2017.

Ian Hacking, "Humans, aliens & autism", *Daedalus*, Vol. 138, No. 3, 2009.

Imogen Blood, Dianne Theakstone and Ian Copeman, "Housing guide for people with sight loss", Thomas Pocklington Trust Homepage (https://www.pocklington-trust.org.uk/supporting-you/useful-guides/housing-guides-for-you/housing-guide-for-people-with-sight-loss/).

Jillian Weise, "The Dawn of the 'Tryborg'", *The New York Times*, November 30, 2016.

John Ingold, "Laura Hershey, 48, Championed Disability Rights", *The Denver Post*, November 27, 2010.

Joshua Earle, "Cyborg Maintenance: Design, Breakdown, and Inclusion", Aaron Marcus and Wentao Wang (eds), *Design, User Experience, and Usability: Design Philosophy and Theory*, Springer, 2019.

Kathryn Allan, [Blog Post] "Categories of Disability in Science Fiction", January 27, 2016(https://www.academiceditingcanada.ca/blog/item/317-disability-in-sf-article).

Kathryn Allan (eds), *Disability in Science Fiction: Representations of Technology as Cure*, Palgrave Macmillan, 2013.

Kathryn Allan and Djibril al-Ayad (eds), *Accessing the Future: A Disability-Themed Anthology of Speculative Fiction*, Futurefire.net Publishing, 2015.

Mallory Kay Nelson, Ashley Shew and Bethany Stevens, "Transmobility: Rethinking the Possibilities in Cyborg(Cripborg) Bodies", *Catalyst: Feminism, Theory, Technoscience*, Vol. 5, No. 1, 2019.

Mara Mills, "Hearing Aids and the History of Electronics Miniaturization", *IEEE Annals of the History of Computing*, Vol. 33, No. 2, February 2011.

Margaret I. Wallhagen, "The Stigma of Hearing Loss", *Gerontologist*, Vol. 50, No. 1, 2010.

Marquard Smith, "the vulnerable articulate: James Gillingham, Aimee Mullins, and Matthew Barney", in Marquard Smith and Joanne Morra (eds), *The Prosthetic Impulse: From A Posthuman Present to A Biocultural Future*, Cambridge, MIT press, 2006.

Monica Westin, "In 'Recoding CripTech,' Artists Highlight the Vital Role of Hacking in Disability Culture", *Art in America*, February 19, 2020.

Nancy Fulda, "Movement", 2011(http://www.nancyfulda.com/movement-a-short-story-about-autism-in-the-future).

Nancy Spector and Neville Wakefield, *Matthew Barney: Cremaster Cycle*,

New York: Guggenheim Museum, 2002.

Natasha Dow Schüll, *Addiction by Design: Machine Gambling in Las Vegas*, Princeton University Press, 2014.

Nelly Oudshoorn, "Sustaining Cyborgs: Sensing and Tuning Agencies of Pacemakers and Implantable Cardioverter Defibrillators", *Social Studies of Science*, Vol. 45, No. 1, 2015.

Nicole Kobie, "Inside the World of Techno-Fetishism Where People Suffer 'Prosthetic Envy'", *Wired*, June 6, 2016.

Norman Daniels, *Just Health: Meeting Health Needs Fairly*, Cambridge Press, 2008.

Physical Medicine and Rehabilitation, "Timeline: Prosthetic Limbs Through the Years", *UPMC HealthBeat*, March 8, 2015.

R. L. Rutsky, *High Techne: Art and Technology from the Machine Aesthetic to the Posthuman*, University of Minnesota Press, 1999.

Robert Andrews, "Hearing Aids for the Unimpaired", *Wired*, August 8, 2005.

Robert Sparrow, "Defending Deaf Culture: The Case of Cochlear Implants", *Journal of Political Philosophy*, Vol. 13, No. 2, 2005.

Rose Eveleth, "The Exoskeleton's Hidden Burden", *The Atlantic*, August 7, 2015.

Sarah Einstein, "The Future Imperfect", *Redstone Science Fiction*, 2010.

Sergei Kochkin, "MarkeTrak VII: Obstacles to Adult Non-user Adoption of Hearing Aids", *The Hearing Journal*, Vol. 60, No. 4, 2007.

Sewell Chan, "Oscar Pistorius Removes His Artificial Legs at Sentencing Hearing", *The New York Times*, June 15, 2016.

Stuart Blume, Vasilis Galis and Andrés Valderrama Pineda, "Introduction: STS and Disability", *Science, Technology, & Human Values*, December 13, 2013.

Temple Grandin, "The Effect Mr. Spock Had on Me", *The Conversation*, March 9, 2015.

Tom Boellstorff, "The Ability of Place: Digital Topographies of the Virtual Human on Ethnographia Island", *Current Anthropology*, Vol. 61, No. S21, August 20, 2019.

Tomoko Tamari, "Body Image and Prosthetic Aesthetics", *Body & Society*, Vol. 23, No. 2, 2017.

Vasilis Galis, "Enacting Disability: How Can Science and Technology Studies Inform Disability Studies?", *Disability & Society*, Vol. 26, No. 7, 2011.

Vilissa Thompson, "How Technology Is Forcing the Disability Rights Movement into the Twenty-First Century", *Catalyst: Feminism, Theory, Technoscience*, Vol. 5, No. 1, April 4, 2019.

사이보그가 되다

2021년 1월 15일 1판 1쇄
2024년 2월 29일 1판 10쇄

지은이 김초엽 · 김원영

편집 이진 · 이창연 · 홍보람 **디자인** 김민해
제작 박홍기 **마케팅** 이병규 · 이민정 · 강효원 **홍보** 조민희

인쇄 천일문화사 **제책** J&D바인텍

펴낸이 강맑실 **펴낸곳** (주)사계절출판사
등록 제406-2003-034호 **주소** (우)10881 경기도 파주시 회동길 252
전화 031)955-8588, 8558 **전송** 마케팅부 031)955-8595 편집부 031)955-8596
홈페이지 www.sakyejul.net **전자우편** skj@sakyejul.com
블로그 blog.naver.com/skjmail **페이스북** facebook.com/sakyejul
트위터 twitter.com/sakyejul

ⓒ 김초엽 · 김원영, 2021

ISBN 979-11-6094-704-5 03300